学科全息育人丛书

丛书主编 朱福荣 饶 英

初中生物学
学科全息育人

本册主编 汪晓珍 石云英

西南大学出版社
国家一级出版社 全国百佳图书出版单位

图书在版编目(CIP)数据

初中生物学学科全息育人/汪晓珍,石云英主编. —重庆:西南大学出版社,2023.4
("学科全息育人"丛书)
ISBN 978-7-5697-1366-4

Ⅰ.①初… Ⅱ.①汪…②石… Ⅲ.①生物课-教学研究-初中 Ⅳ.①G633.912

中国版本图书馆CIP数据核字(2022)第057904号

初中生物学学科全息育人
CHUZHONG SHENGWUXUE XUEKE QUANXI YUREN

丛书主编　朱福荣　饶　英
本册主编　汪晓珍　石云英

策　　划：王　宁　时曼卿　周万华
责任编辑：翟腾飞　曹园妹
责任校对：时曼卿
装帧设计：殳十堂_未氓
排　　版：江礼群
出版发行：西南大学出版社
　　　　　地址：重庆市北碚区天生路2号
　　　　　邮编：400715
　　　　　市场营销部电话：023-68868624
印　　刷：重庆新生代彩印技术有限公司
幅面尺寸：185 mm×260 mm
印　　张：17
字　　数：432千字
版　　次：2023年4月　第1版
印　　次：2023年4月　第1次印刷
书　　号：ISBN 978-7-5697-1366-4
定　　价：51.00元

编委会

丛书主编
朱福荣　饶　英

丛书副主编
贺晓霞　黄吉元

丛书编委（以姓氏笔画为序）
于泽元　王天平　艾　兴　代　宁　朱福荣　朱德全
李　鹏　李雪垠　杨　旭　吴　刚　张　良　陈　余
陈　婷　陈登兵　范涌峰　罗生全　赵　鑫　胡　焱
饶　英　贺晓霞　唐小为　黄吉元　常保宁

本册主编
汪晓珍　石云英

本册副主编
蒋汶洮　文贻勤　任志刚　张　飞

本册编委
王晓泉　吕　涛　霍　静　唐小为　谭兴云　汪晓珍
石云英　蒋汶洮　文贻勤　任志刚　张　飞　李　娟
张雨婷　周仪宣　段　静　汪小蓉　周小容　张芳媛
王艳秋　肖兴红

总序

　　新中国成立以来,我国的教育方针历经多次演进,但强调学生德、智、体等方面全面发展是一以贯之的基本原则和思想。1957年,我国的教育方针是"使受教育者在德育、智育、体育几方面都得到发展,成为有社会主义觉悟的有文化的劳动者"。至1995年,教育方针表述为"教育必须为社会主义现代化建设服务,必须与生产劳动相结合,培养德、智、体等方面全面发展的社会主义事业的建设者和接班人"。2015年,教育方针表述为"教育必须为社会主义现代化建设服务、为人民服务,必须与生产劳动和社会实践相结合,培养德、智、体、美等方面全面发展的社会主义建设者和接班人"。2021年,教育方针表述为"教育必须为社会主义现代化建设服务、为人民服务,必须与生产劳动和社会实践相结合,培养德智体美劳全面发展的社会主义建设者和接班人"。教育方针的演进充分体现了不同时期国家对人的发展的总体方向和要求,但随着时代的发展会增加和融入新的元素和内容。总体而言,对人的身心等方面全面发展的要求始终是我国教育方针的大方向,这也体现了马克思主义关于人的全面发展学说的本质规定性。

　　党的十九大报告指出,"优先发展教育事业。建设教育强国是中华民族伟大复兴的基础工程,必须把教育事业放在优先位置,深化教育改革加快教育现代化,办好人民满意的教育。要全面贯彻党的教育方针,落实立德树人根本任务,发展素质教育,推进教育公平,培养德智体美全面发展的社会主义建设者和接班人"。2019年,中共中央、国务院在《关于深化教育教学改革全面提高义务教育质量的意见》中进一步提出,"坚持以习近平新时代中国特色社会主义思想为指导,全面贯彻党的教育方针,落实立德树人根本任务""培养德智体美劳全面发展的社会主义建设者和接班人"。要"坚持五育并举,全面发展素质教育",要突出德育实效,提升智育水平,强化体育锻炼,增强美育熏陶,加强劳动教育。我国义务教育和普通高中课程方案中都明确提出,课程要"全面贯彻党的教育方针,落实立德树人根本任务""培养德智体美劳全面发展的社会主义建设者和接班人"。可以说,立德树人作为我国教育的根本任务,围绕人的全面发展而提出的"五育并举",以及由此而引发的学校全面、全程、全员育人机制的转变,是新时代教育发展的关键。

"全息"一词原意指一种可以全面、多角度地再现物体的原貌,反映物体所承载的各种信息和状态的光学成像技术。引用其部分含义,教育领域的全息育人指的是学生成长过程中所涉及时空的全部信息都是育人的信息源,发挥这些信息源的共同与合力作用来有效促进学生的各方面发展。作为一种育人理念,其主张调动和运用各种可以利用的因素,全方位、全过程地促进学生各个方面的共同发展。具体到学科领域,在新时期探索"五育"共同发展的过程中,学科教学中"五育融合"的观念应运而生,并开展了诸多有益的实践探索。

我国当前中小学的教学组织形式仍然是班级授课制为主,教学工作仍然是学校的中心工作,学科课程仍然是学校课程的主体,课堂仍然是育人的主阵地。因此,在遵循现行中小学教学形式的前提下,课堂教学还是落实立德树人根本任务、促进学生德智体美劳全面发展的最直接途径。今天,在学科教学中,"育什么人""为谁育人"已经非常明晰,"怎样育人"以及如何提升"育人质量",成为学校教学亟须回答的重大问题。通往学科"育人质量"提升的路径多种多样,全国教育理论研究者和中小学教师都进行了卓有成效的探索,其中"五育融合"是最值得关注的发展方向和路径之一。重庆市北碚区教师进修学院与西南大学教育学部和教育部西南基础教育课程研究中心共同开展的"学科全息育人"研究,就比较好地回答了在学科教学中如何实现"五育融合""怎样育人"的重大问题。他们采取的主要策略是以学科的教科书作为引领载体,以"五育融合"为视角和眼光,以单元教学为单位,按照德智体美劳从学科到单元或主题建立学科育人框架,全面挖掘单元教学内容中的"认知育人点""德性育人点""审美育人点""健康育人点"和"劳动育人点"等,实行基于"五育融合"的整体教材解读和教学设计,进而将德智体美劳等育人要素有机融合,利用课堂主阵地开展学科育人,实现学科教学向学科育人的转变。

重庆市北碚区中小学校实施的学科全息育人,坚持以马克思的"人的全面发展"学说和赫尔巴特的"教育性教学"原则为理论基础,高扬"立德树人"的大旗,以社会主义核心价值观为统领,将"德智体美劳"育人要素融入中小学各学段、各学科,使所有学科都从学科性质、地位、任务出发,既体现学科特质,又彰显育人的特殊功能,指向德智体美劳,实现由"学科教学"到"学科育人"的转变,学生通过学科学习,实现"成人"与"成才"的双统一、双发展。在育人理念层面,以学科育人的"全息性",解决学科价值与育人价值分离或单项推进的问题;在课堂实践层面,以学科育人的全面性,解决学科育人随意化、碎片化或无视化问题;在区域推进层面,通过"全要素落实、全学段推进、全学科联动",有效破解了学校、学段、学科等育人壁垒问题。

学科全息育人需要育人理念的重构。学科课程是学校落实立德树人根本任务的基本载体,每个学科都要围绕"有理想、有本领、有担当"这三个维度培养未来担当民族复兴大任的时代新人,这是对学科课程和教学的基本要求。所有学科都从学科性质、地位、任务出发,把人的发展作为学科教学的旨归,使学科价值与育人价值融合共生,既体现学科特质,又与其他学科协同为学生的成长起作用,彰显育人的特殊功能,把学科价值作为育人价值实现的条件,把育人价值作为学科价值实现的目的。这样就能把"有理想、有本领、有担当"落实到每个学科的综合素养培养中,落实到每节课、每所学校的育人目标中,学生德智体美劳全面发展的总目标就不会落空。无论是学科教学设计还是课堂教学,教学思维的起点就是将这堂课要达成的教学目标,逆向分解成每一个时段的子目标,同时,在教学中又从一堂课的时间轴进行正向思考,依据逆向设计的子目标开展多样化的学习活动。在此基础上,教师还要立体思考,将除本学科认知目标以外的其他育人目标放在何处,以怎样的方式达成,确保每个学科、每节课都将育人贯穿始终。

学科全息育人需要育人课程的设计。课堂教学既是学校教育的主阵地,也是学校教育体系的核心要素,一旦离开学校教育体系,课堂教学很难真正实现学科全息育人。实现学科课堂教学的全息育人,关键就是要找出能包含教学内容的全部信息,或能进行全息育人教学内容的整体信息,我们称之为"关键信息"(关键知识、关键方法、关键思维等)。贯穿于教学活动中的"五育"是具有"五育间性"的,也就是每"一育"既关涉其他"四育",又在教学过程中保持和谐。教学中通过"五育间性"建立基于教育学立场、育完整人的教学生态体系,实现由"渗透"到"互联"至"互育"达"合育"的逻辑演绎。重庆市北碚区的做法是,每个学科以现行国家教科书为蓝本,以"单元"为单位挖掘五育"育人点"和"融合点"。这个"单元"既可以是教科书上所列的单元,又可以是按照综合学习或跨学科学习的主题、专题设置单元,既考虑了各学科独有的"模式语言"特征,做到学科"双基"扎实"有本领",又关注到融合育人的"五育间性",做到铸魂立德"有理想、有担当",同时,避免"穿靴戴帽"式、"空洞说教"式的"五育融合"、学科全息育人。

学科全息育人催生育人方式的转型。育人方式就是要回答"新时代教育三问"的"怎样培养人",对于课堂教学的主体而言,"怎样培养人"一定是贯穿于学科教学始终的,学科全息育人引领下的教学催生育人方式的转型。一是要对"学科全息育人"理念有非常透彻的理解,把育人方式本身作为育人的重要资源;二是要把党和国家的课程方案、课程标准的要求与课堂教学及其评价关联,将"五育"要求与课程核心素养关联,并恰当融入课堂教学活动之中;三是要在课堂教学、作业布置与批改、学生学习指导、考试评价等育人环节以是否有利于学生综合素养、"五育"全面发展来衡量,将那些不经意的细节都看成会给学生带来终身影响的重要环节。特别是在智能化时代,育人方式更要从"重教书"向"重育人"转变,从固定学习到泛在学习,从储备学习到即时学习,从寻找答案的学习到寻找问题的学习,从接受性学习到批判性学习,从独自性学习到合作性学习，从烧脑学习到具身学习，从线下学习到融合学习，切实破解"见分数不见素养""见学科不见学生"的教育难题。

学科全息育人需要育人师资的再造。学科全息育人的成与败都在教师。什么样的教师能够实施学科全息育人？具有"全息"的视野、思维与能力的教师。首先，教师要有"全息"视野，也就是能从"培养完整的人"角度看待"五育"的整体性、统一性，理解德育、智育、体育、美育和劳动教育有机融合对促进学生全面发展的意义，追求"五育"相互融合、有机统一的整体融通式育人观。正如苏霍姆林斯基所言，"没有单独的智育，也没有单独的德育，也没有单独的劳动教育"，这样才能将"全息育人"理念作为学科教学的起点和归属。其次，教师要有"全息"思维，关注育人过程的关联性和整体性，培养教师用关联式、融通式思维设计与实施"全息育人"。教师要摒弃用割裂式思维看待"五育"，简单地将单科对应"单育"，认为学科课程对应智育，体育课程对应体育，音乐、美术课程对应美育。用关联式思维引导教师看到所教学科有"五育"渗透的可能性和必要性，突破"分科单育"的狭隘认知，在落实学科核心目标的同时兼顾渗透并关联其他"四育"，实现学科内的"五育融合"。用融通式思维观念引导教师打破学科逻辑和领域界限，设计跨学科、多学科的综合性主题，看到各学科交叉点与整合点之间的"相融"关系，实现学科间的"五育融合"。

重庆市北碚区中小学学科全息育人研究，切中了近年基础教育时弊，符合教育教学规律以及核心素养教育改革发展方向，以教科书为载体的"五育融合"研究范式切实有效，可借鉴、可推广，其主体研究成果《全息育人教学论》具有学术性和创新性，系列成果各学科全息育人研究对学科开展"五育融合""全息育人"具有较强的指导性和实践性。当然，该项研究主要是在2022年版的义务教育课程方案和课程标准发布之前进行的，可能还与学科课程标准提倡的学科核心素养要求有一定差距，在小学至高中学段也还有个别学科的研究成果没有出来，但是，这些不会影响该项研究及其成果的总结与推广，也希望他们能够继续深入研究，取得更有价值的研究成果。

2022年10月

（朱德全，西南大学教育学部部长，教育学博士、二级教授、博士生导师）

前言

21世纪，人类迈入经济飞速发展、社会高速运转的知识经济时代。知识成为推动社会生产力向前发展的最主要力量，成为世界经济发展的最大动力源。知识经济时代，科学技术广泛应用在各个领域，对人类的生活、学习和生产产生了巨大影响。面对层出不穷的科技创新，现行教育在教育内容、教育手段、教育方法等方面已无法满足新时代对新型人才的需求。2019年中共中央、国务院《关于深化教育教学改革全面提高义务教育质量的意见》把"围绕凝聚人心、完善人格、开发人力、培育人才、造福人民的工作目标，发展素质教育，培养德智体美劳全面发展的社会主义建设者和接班人"作为深化教育教学改革的指导思想。"学科全息育人"顺应了时代发展对人才的需求，它以学科为育人载体，以发展中国学生核心素养为导向，从而实现"培养德智体美劳全面发展的社会主义建设者和接班人"这一教育目标。

21世纪，生物科学成为自然科学的带头学科。细胞生物学、分子生物学、脑科学和生物工程技术等飞速发展，其广阔的应用前景使生物科学产业成为全社会的支柱产业之一。生物科学在解决人口增长、资源危机、生态环境恶化等诸多问题方面发挥的作用越来越大，有力促进了现代社会文明的发展。与此同时，保护自然资源、生物多样性和人类生存系统的安全，维护人类尊严又成为每个人的基本责任。2019年12月以来，一场突如其来的新冠疫情席卷全球，对世界格局和人类未来产生了难以估量的影响。在后疫情时代，作为一个普通的初中生物学教师，在自己的教育教学活动中又该作何思考？例如：病毒溯源、核酸检测、群体免疫、mRNA疫苗等所涉及的态度责任、科学思维和科学技术；个体在疾病预防中所应该具备的健康意识和健康技能；人与人之间、人与社会之间、人与自然之间的和谐共生和兼容互爱；国际的科技交流和成果共享等。而这些，也都与我们开展的"初中生物学学科全息育人"的理念紧密相关。

《初中生物学学科全息育人》结合初中生物学学科的特点及当前生物课堂现状，充分尊重全体学生的个性特质、兴趣爱好和思维方式,深度挖掘教材和生活中的育人要素,从教学设计、教学实施、教学评价和教育研修等多方面探索具有实践性和可操作性的育人路径,为广大一线教师切实推进素质教育提供参考,同时也帮助教师思考自身教学工作,促进教师专业化发展。期望《初中生物学学科全息育人》能够深深滋养我们初中生物学教师育人的情怀,亦期望《初中生物学学科全息育人》在我们的共同实践中不断发展和完善!

《初中生物学学科全息育人》编写组

目录

第一章 初中生物学学科全息育人概述

第一节 初中生物学学科全息育人的内涵与特征　3

第二节 初中生物学学科全息育人的背景　9

第三节 初中生物学学科全息育人的价值　11

第二章 初中生物学学科全息育人点设计

第一节 初中生物学学科全息育人点设计依据　17

第二节 初中生物学学科全息育人框架设计　19

第三节 初中《生物学》(北师大版)全息育人点设计　29

第三章 初中生物学学科全息育人教学设计

第一节 初中生物学学科全息育人教学设计理念　73

第二节 初中生物学学科全息育人教学设计原则　78

第三节 初中生物学学科全息育人教学设计要素　80

第四节 初中生物学学科全息育人教学设计案例分析　88

第四章 初中生物学学科全息育人课堂教学实施

- 第一节 初中生物学学科全息育人的课堂教学理念 129
- 第二节 初中生物学学科全息育人的课堂教学原则 132
- 第三节 初中生物学学科全息育人课堂教学策略 138
- 第四节 初中生物学学科全息育人课例分析 150

第五章 初中生物学学科全息育人教学评价

- 第一节 初中生物学学科全息育人教学评价理念 191
- 第二节 初中生物学学科全息育人教学评价原则 195
- 第三节 初中生物学学科全息育人教学评价的内容和方法 197
- 第四节 初中生物学学科全息育人教学评价案例分析 212

第六章 初中生物学学科全息育人学科研修

- 第一节 初中生物学学科全息育人研修理念 219
- 第二节 初中生物学学科全息育人研修活动原则 221
- 第三节 初中生物学学科全息育人研修设计 223
- 第四节 初中生物学学科全息育人研修案例分析 233

参考文献 255

后记 257

第一章 初中生物学学科全息育人概述

初中生物学学科全息育人

  自20世纪90年代以来,党和国家先后推出一系列重大举措。以人为本的素质教育理念日益深入人心,中小学素质教育呈现出良好的发展态势。围绕全面推进素质教育的思想,全国各地积极探索,建设和发展了如"深度学习""双主共学""生命教育"等课程理念;丰富和完善了如"概念教学""模型教学""探究教学"等多种教学模式。为了进一步推进学科教学向学科育人实质性转化,重庆市北碚区教师进修学院提出了"学科全息育人"的教育理念,将学科认知育人、德性育人、健康育人、审美育人、劳动育人有机融合,真正落实"深化教育教学改革、全面推进素质教育"的要求。

  义务教育阶段是实施素质教育的重要阶段,是学生形成道德认知能力、行为能力、创新能力和实践能力的关键时期。自2011年教育部颁布《义务教育生物学课程标准(2011年版)》以来,经过多年的不断探索与发展,初中生物学在提高学生的生物科学素养,引导学生热爱祖国、崇尚科学、为人友善诚信等多方面发挥了积极作用,为其健康成长打下殷实的基础。结合教育部最新颁布的《义务教育生物学课程标准(2022年版)》,基于重庆市北碚区教师进修学院的"学科全息育人"理念,根据初中生物学的学科特点,为了充分发挥初中生物学独特的育人价值,我们开展了初中生物学学科全息育人研究,本章主要从初中生物学学科全息育人的内涵与特征、提出的背景和育人价值这几个方面对初中生物学学科全息育人作总体概述。

第一节　初中生物学学科全息育人的内涵与特征

学科育人是指在促进学生知识增长、能力提升、思维拓展的同时,培养学生健全的人格,丰富学生的生命内涵。

全息,意为由部分信息折射出全部信息,如同诗人威廉·布莱克在《从一颗沙子看世界》中所说:"世界从一粒沙中见,天堂在一朵花中现。"初中生物学学科全息育人将全息的思想运用于学科教学,将初中学生在生物学的学习过程中所涉及的全部信息都作为育人的信息源,整合教师、学生、教学信息、教学媒体等课堂教学基本要素,把德育、美育、健康教育、劳动教育有机融入学科知识教学,在课前、课中以及课后全程实施,充分彰显初中生物学在德性育人、认知育人、健康育人、审美育人、劳动育人各方面的育人价值。初中生物学学科全息育人内涵丰富,学科特征明显。

一、初中生物学学科全息育人的内涵

(一)全要素育人

初中生物学是构建"五育并举"的教育体系的基础学科之一。学生通过初中生物学的学习,除了发展学科知识和学科能力外,还应在心智能力、情感态度、思想品德、责任态度等方面协调发展[①]。初中生物学学科全息育人注重学生的全面发展,对学生的培养全要素、多角度、立体化,在促进学生增长知识、提升能力的同时,为其提供丰富生命内涵,体验幸福人生的思维和视野。初中生物学学科全息育人围绕着德性育人、认知育人、健康育人、审美育人、劳动育人这五个维度来展开,本质上就是将初中生物学学科育人目标和育人方向具体化,体现全要素育人的学科育人内涵。

德性育人,是指教师有目的地培养学生品德的活动。初中阶段是引导青少年客观地认识世界,理性地分析现象、问题,形成正确的价值观的最佳时期,在这个时期对学生进行德育渗透,可以促进学生在思想观点、态度立场以及道德规范中,通过积极的认识、体验与践行,转化个人品德,提高道德修养。初中生物学德育素材十分丰富。初中

---
① 叶澜.中国基础教育改革发展研究[M].北京:中国人民大学出版社,2009.

生物学教材中记载了我国丰富的动植物资源和多样的生态系统,还记载了许多我国在生物科技方面的成就,这些都为培养学生的爱国思想提供了很好的素材,可以培养学生的国家自豪感和民族自信力。同时初中生物学关于生态系统的知识,可以让学生认识到合理开发和保护自然资源的重要性,以及如何尊重生态发展规律实现可持续发展,增强学生的生态文明意识和责任感。初中生物学教材中有许多对科学史的介绍,科学家严谨的科学态度与认真的科学分析、大胆的科学假设和勇于实践创新的精神,对学生科学品质和科学精神的养成有积极的促进作用。

认知育人,意为教师向学生传授现有的、系统的文化科学知识,并培养和发展学生智能的教育,也可作"育智"。初中生物学认知育人主要表现为基础知识的掌握、学科能力的培养和学科思想的养成,具体包括初中生物学学科涉及的学习主题和概念,培养实验操作、探究实践等重要的学科能力,形成生物学学科重要的生命观念和科学思维。

健康育人,在初中生物学的范畴内,主要体现的是运用初中生物学知识增强体质,培养良好心理和社会适应力的育人活动。初中生物学中有许多富含健康育人的素材。一方面是生理健康,在生物学课堂教学中,通过对营养健康、饮食卫生、人体的生理结构和功能的学习,理解健康的内涵,培养健康的意识和健康的技能,学会健康地生活。如通过学习人体所需的六大营养成分及作用,营养物质摄取不足或过量的危害,对学生养成健康的饮食习惯、注意饮食卫生等产生积极的教育意义;借助运动系统、运动对人体的影响等生物学知识,向学生渗透体育锻炼对人体生长发育的重要意义,并鼓励学生积极参与体育锻炼。另一方面是心理健康,初中学生正处于青春期,随着身体的形态和生理等方面的变化,他们会有好奇、疑惑、害羞等多种心理,这就需要生物学教师借助生物学学科中关于人体结构和功能方面的知识,引导学生注意青春期卫生,形成健康良好的生活习惯,引导学生科学认识人的生殖发育过程,与异性相处做到有礼有节、行为举止大方、谈吐文雅庄重,提升自我的心理素养。

审美育人,是指在对客观事物的鉴赏中,通过情感过程的感受、体验、认识和判断,培养学生认识美、欣赏美和创造美的能力的教育。生物学中蕴含了丰富的美,如生物外在的色彩美、形态美、行为美,内在结构和生理过程的有序协调美、生物的适应美、生物的生态美,还有生物科学的逻辑美、实践美以及科学家的人格美等,这些都能增强学生的审美体验,激发学生的审美意识和审美创造。

劳动育人,在《教育大辞典》中定义为劳动、生产、技术和劳动素养方面的教育。主要有两方面任务:一是劳动观教育,包括劳动态度、劳动习惯、劳动意识和劳动观点,二是劳动知识与技能的教育,包括工农业基本知识、生产技能等,有劳动技术教育的含义。生物学是一门以实验为基础的科学,在教学过程中,教师充分利用学生实验和实践活动,可以使学生理解并掌握一定的劳动知识和劳动技术,同时获得劳动体验,养成热爱劳动的习惯,树立正确的劳动观点。

育人为本,德育为先,德育是"五育"的根本,对"智体美劳"起着统领作用。人的全面发展首先是知识、能力为基础的全面协调发展,智育是"五育"的基石,以其系统的知识为"德体美劳"提供科学基础。体育是有效实施"德智美劳"的保证。美育是"五育"的催化剂,发现美、创造美是升华"德智体劳"的关键。劳动教育是"五育"的融合剂,以劳树德、以劳增智、以劳强体、以劳育美、以劳创新,劳动教育对"德智体美"具有综合作用。德智体美劳"五育"融合,才能实现对人的全面发展。

(二)全程育人

初中生物学学科全息育人以小学科学课程为基础。学生在小学科学课程中已经初步学习了绿色开花植物和一些动物的生长繁殖等生命活动的相关常识,具有观察和实验的兴趣,以及乐于实践的态度,初中生物学学科全息育人以此为基础进一步提高学生的生物学科学素养。初中生物学学科全息育人还要着眼于发展学生的生物学学科核心素养,让学生能够正确认识世界、了解国情、把握时代大势,提高分析问题、明辨是非和价值判断能力,做社会主义合格建设者和可靠接班人。因此,需要从整体上把握初中阶段生物学学科的育人地位和作用。

初中学生大多处于12~14岁的年龄,属于青春期阶段。由于其身体发育速度较快,但心理发展的速度相对滞后,这个时期的孩子,身心发展处于不平衡的矛盾时期。因此,初中生物学学科全息育人还应遵循学生在初中不同时期的身心发展规律,循序渐进,环环相扣,对学生进行持续的育人渗透。如刚进入初中阶段的学生,通过引导学生观察生命激发学生探索生命的热情,初步具备探究实践的基本思路和方法;通过认识生物体的结构层次和动植物的生命活动,逐步形成结构与功能观、进化与适应观等基本的生命观念,提高科学思维和探究实践能力。学生开始陆续进入青春期后,则应加强人体结构和功能的教育,从关注自身的健康到关注整个生态系统,增强态度责任意识,强化学生做社会主义建设者的思想意识,从而实现德、智、体、美、劳等方面全面发展。在初中整个阶段的生物学学习中,始终如一地全程开展生物学学科全息育人,提高学生的生物学科学素养,如具备生物学基本的生命观念,说出生物体组成结构与功能之间的关系;能认识到生物学概念和原理是基于科学事实,经过归纳与概括、演绎与推理等方法形成的;能用科学思维方法解释简单情境中的生命现象;能针对生物学问题,根据实验计划,使用简单的实验器具,按照实验操作步骤进行实验,如实记录实验数据,并分析得出结论,写出实验报告并与他人进行必要的交流;认同在生物学的探究过程中开展合作的必要性;形成热爱生命、人与自然和谐共处的基本观念,认同环境保护的必要性和重要性;认同健康文明的生活方式,远离毒品;能对有关生物学的社会热点议题进行理性判断。

初中生物学学科全息育人的全过程育人还体现在课堂教学的各个环节都始终贯穿学科育人理念。从课前的教学设计到课中的课堂实施再到课后的评价。课前的教学设计,需要根据全息育人教学设计的原则,进行全息育人教学设计的要素分析,其中尤为重要的是进行育人目标的建构、育人资源的选择、育人活动设计,来预设课堂中的育人要素的达成。课中的课堂实施,需要关注课堂教学过程,实现全程育人;关注课堂教学内容,实现全域育人;灵活运用多样的教学方式,构建和谐互动的师生关系;聚焦生物学学科核心素养,促进师生共同发展。课后的评价,由单一向"全息"发展,使评价功能全息化;提倡贯穿学科育人理念的综合评价,关注五育融合,评价指标全息化;强调全员参与、自评与他评相结合,评价主体全息化。

(三)全员育人

习近平总书记指出:"办好教育事业,家庭、学校、政府、社会都有责任。"教育涉及千家万户,要发挥学校、家庭、社会各自的优势,才能凝聚起强大育人合力,因此初中生物学学科全息育人还体现在充分发挥全员的育人优势,形成"教师、家庭、学生、社会"四位一体的育人体系。

初中生物学课堂是全息育人的重要阵地,学校具有集中式、系统化、持续性进行育人的优势,因而教师在课堂中要发挥积极性、主动性、创造性,利用初中生物学丰富的教学资源(教材资源、媒体资源、生活资源等),借助信息技术实现各种资源的有机整合。课堂中采取多种多样的教学形式,让教师和每一个学生都尽可能地融入良好的课堂氛围,实现知识传授与价值引领同频共振,实现教师和学生综合素养的共同提高。

通过家校合作可以将全员育人向家庭拓展。家庭是人生的第一所学校,家长是孩子的第一任老师。家长要发挥好独特优势,要给孩子讲好"人生第一课",培养孩子高尚的道德情操、优秀的文明素养、良好的行为习惯,帮助其扣好人生第一粒扣子。初中生物学中丰富的实践活动,能够将教师、家长和学生紧密地结合在一起,共同发挥彼此在初中生物学学科全息育人中的作用。如学生和家长一起捕捉鼠妇,教师和学生共同探究影响鼠妇分布的环境因素;学生和家长一起饲养家蚕,制作泡菜、米酒等,可以将这些活动过程制作成小视频彼此分享,丰富初中生物学学科全息育人的内涵。

通过利用各类学习场所,让全息育人实践得到更广泛的社会参与。初中生物学学科全息育人充分利用本地区的社会性生物学资源,如博物馆、科技馆、医院、园林绿化部门、大专院校以及科研部门等,为学生搭建更多初中生物学学科全息育人的平台,使更多的社会组织、公共服务机构等参与到初中生物学学科全息育人中来,共同担负学生成长成才的责任。例如,组织学生参观西南大学生命科学学院的植物组织培养实验场地;带领学生体验与生物学相关的职业等。

二、初中生物学学科全息育人的特征

初中生物学学科全息育人以初中生物学特有的生命现象为切入点,深入讨论生命本质,体现生命观念和生命态度及价值,具有独特的"生命性"特征;初中生物学学科全息育人能够全面覆盖德育、智育、美育、劳育、健康育人等各方面育人要素,能够更好地实现五育间的有机融合从而达到综合的育人效果,兼具"五育融合"的特征;初中生物学学科全息育人以自然学科的科学思维、科学态度、科学精神和科学实践活动为指导,具备"科学性"特征。

(一)生命性

初中生物学学科全息育人体现了生物学独特的生命性。初中生物学课程展现了大自然中千姿百态的动物、植物和微生物,它们构成了奇妙的生命世界,它们生殖繁衍,绵延不息,形成了波澜壮阔的生命长河。在课程中教师引领学生研究生活中的生命现象,探究生命规律,寻觅生命的起源,探索生命的演化。在初中生物学学科全息育人过程中,教师引导学生更加热爱生命、尊重生命,在花开花落、生命的繁衍生息中去感悟生命的价值。

生物学研究生命现象和规律、结构和功能、遗传和进化、生命与环境的和谐共处、人类的可持续发展以及生命的意义,它独特的研究视角对学生的世界观和人生观有着重要的意义。初中生物学涉及人类认知、饮食健康和家庭健康,与学生日常生活密切相关。初中生物学学科全息育人引导学生形成生命意识,即每个个体对自己生命的自觉理解,包括生存意识、安全意识、死亡意识等。

近年来,青少年心理问题频发,生命意识淡漠、自毁和毁灭生命的现象已经引起了社会的广泛关注。生物学在培养人的"生命意识"方面具有独特的优势。例如在生物观察实验结束后,引导学生们将实验动物放归大自然,让学生学会尊重生命、热爱自然;通过学习新生命的孕育过程,让学生体会母亲的伟大,生命的珍贵,感受到生命存在的神奇和美妙。

(二)五育融合性

初中生物学学科全息育人的另一个重要特征体现在"五育融合"。教育教学活动对人产生的育人成效,很难将五育截然分离。"五育"的成长效应往往是相互贯穿、相互渗透、相互滋养、相互融合。一个教学活动或教学资源往往很难实现五育具备,应当尽量选择能同时实现两个及以上育人维度的教学活动。通过有机融合,对孩子的生命成长具有综合影响,产生融合效应。例如学习《人体所需的营养》一课时,教师安排育人活动"设计并制作一天的营养餐"。这个教学活动的设置,除了具备学科认知育人的功能外,还能够培养学生良好的早餐习惯。同时设计制作营养餐的过程也能够加强劳动能力和劳动习惯的培养。通过设计制作一天的营养餐这个育人活动将认知育人、健康育人和劳动育人有效地融合在一起。

当然,"融合"不等于"替代",融合的前提,依然是"各育"之育人目标的明确、综合育人功能的实现,需要"德的养成""智的学成""美的化成""劳的干成"等。

(三)科学性

初中生物学学科全息育人通过丰富的育人教学活动,注重培养学生的生物学科学思维能力、科学品质和科学精神。培养学生的科学思维能力通常重在培养学生逻辑思维和创新思维,通过分析科学家的故事、科学发展史等培养学生崇尚严谨和务实的科学精神、科学态度。

初中生物学学科全息育人注重培养学生的逻辑思维。逻辑思维是人类运用概念、判断、推理等形式,认识和反映客观世界时的思维过程,是科学研究中最普遍、最基本的思维方法,包括比较、分析与类比,归纳与演绎,分析与综合,论证与反驳等。它们的共同点是符合逻辑性。例如在课堂教学中,学生由父母的基因型推导子代个体的基因型,充分地体现了逻辑推理能力的培养。创造性思维,是人脑对客观事物进行有价值的求新探索而获得独创结果的思维过程。要培养学生的创造性思维,就要为学生创设产生创造性思维的环境,培养他们浓厚的学习兴趣,激发求知欲,引发好奇心,丰富想象力,并加强意志力和学习态度的培养等。例如《运输作用》一节的课程中,原本教材观察活动"观察茎对水分和无机盐的运输"只设计了两组实验,而缺少空白对照。通过引导学生分析茎内部变化,结合自然生长的玫瑰茎内部的颜色这些生活常识,引导学生设计出清水培养组,培养学生的创新思维。创新的前提是批判质疑性思维,批判质疑是探索的起点和创新的前提。课堂教学中可以充分利用科学故事和科学发展史,培养学生批判质疑思维。例如,通过介绍"孟德尔通过严谨的推理和大胆的想象,对分离现象的原因提出假说"的科学故事,鼓励学生质疑、创新。

利用科学家故事和科学史教学,还可以培养学生的科学精神和科学态度,引导学生理解科学家不迷信权威、敢于质疑的科学精神。例如,袁隆平院士对"水稻等自花传粉植物没有杂种优势,不适宜进行杂交"的权威理论产生怀疑;孟德尔冲破融合遗传这个错误观点的"束缚",提出了完全不同的遗传理论;摩尔根曾怀疑孟德尔和萨顿的学说,认为这是主观臆测,但在实验结果面前,他改变了自己的看法;等等。又如在光合作用的发现史的教学过程中,学生通过梳理光合作用的发现过程,明白科学家通过精选合适的实验材料,科学巧妙地设计实验,大胆假设,敢于质疑,坚持不懈地努力,持续不断地研究最终发现真理的科学精神和科学态度。

第二节　初中生物学学科全息育人的背景

当今社会正在从"知识核心时代"走向"核心素养时代",开展初中生物学学科全息育人则是顺应了时代发展国家对育人的需求,顺应了课标对育人的需求,同时也顺应了当今初中生物学学科课堂教学现状对育人的需求,是对全面推进素质教育的探索与实践。

一、国家育人要求

2014年,教育部印发的《教育部关于全面深化课程改革 落实立德树人根本任务的意见》中指出,"立德树人是发展中国特色社会主义教育事业的核心所在,是培养德智体美全面发展的社会主义建设者和接班人的本质要求。"同时提出了"坚持系统设计,整体规划育人各个环节的改革,整合利用各种资源,统筹协调各方力量,实现全科育人、全程育人、全员育人"的基本原则。开展初中生物学学科全息育人研究和实践,将立德树人的育人根本任务与各个学科的教学有效结合,是深入响应国家对育人的要求,也是实现立德树人的重要途径之一。

二、《课标》育人要求

《课标(2022年版)》中指出"要全面贯彻党的教育方针,遵循教育教学规律,落实立德树人根本任务,发展素质教育。以人民为中心,扎根中国大地办教育。坚持德育为先,提升智育水平,加强体育美育,落实劳动教育。"同时明确指出义务教育生物学课程的课程目标是"要培养学生的核心素养,主要包括生命观念、科学思维、探究实践、态度责任。"这些要求与"学科全息育人"的提出的德性育人、认知育人、审美育人、健康育人、劳动育人相互呼应。

通过发展学生的生物学学科核心素养,培养学生适应未来发展的正确价值观、必备品格和关键能力,引导学生明确人生发展方向,培养学生成长为德智体美劳全面发展的社会主义建设者和接班人。生物学学科全息育人通过对学科整体的育人目标设置,对课标中育人要求进行具体落实,能有效的达成课标对育人目标的要求。

初中生物学学科全息育人通过对学科整体的育人目标设置,对课标中育人要求进行具体落实,能有效地达成课标对育人目标的要求。

三、初中生物学学科课堂教学现状

初中生物学学科育人的主阵地在课堂教学。初中生物学非常贴近学生的日常生活,容易调动学生兴趣、激发学生的思维,课堂理应是极受初中学生热爱的。然而,实际课堂中部分学生却呈现出"呆萌"、麻木、随意等各种状态。我们不禁要反思现今的初中生物学课堂教学现状。

尽管素质教育的钟声轰轰烈烈,而在"期末考""中考"的指挥棒下,一些老师在课堂中通常是"填鸭式"的整堂课灌输学科知识,窄化了学科教学的育人价值[①],弱化了教师的育人作用。这种情况使得学生对生物学课堂失去兴趣,甚至厌学,也使得教师失去了教学的创意,职业倦怠感明显。

初中生物学课堂教学中,普遍存在"偏智""缺劳"的现状,而"智"中又过度偏向于学科知识的传授,对学科能力和学科思想上的培养相对弱化。例如,一些学校由于缺少实验器具,或者实验室缺少专业的实验员管理等原因,教师将实验、实践课改为讲授课,将教材和课标要求的探究实践活动,用三言两语略过,不仅导致学生实验动手能力、探究实践能力缺失,学生的学科认知结构单一,还导致学生的劳动观念淡漠,劳动技能缺失,甚至有的学生连简单地用光学显微镜观察细胞都无法独立完成。

---

① 刘燕.科学教学育人价值探寻[D].上海:华东师范大学,2006.

初中生物学课堂教学中,普遍存在"疏德""抑美"的现状。一些初中生物学教师生物学课堂中德育渗透不够,常常忽视了德育资源的挖掘利用。有的教师一方面对德的认知片面,德性育人的视域不宽广,无法从公民道德和科学道德等多方面开展德性育人;另一方面德性育人的方法不够,即便有开展德性育人的意识,而在实际课堂教学中也往往生硬机械,无法在德性培养上与学生达成情感上的共鸣。德性的修养从另一种角度也是一种美的培养,初中生物学从细胞到生态系统,从形态到结构功能,从科学到人文,"审美"的素材和角度十分丰富多样。很多教师在生物学学科教育中几乎没有渗透审美教育,把美育局限在艺术教育之中,没有认识到生物学学科教学中存在的美,因而在教学中没有把审美教育列入教学目的中,没有从审美的角度来审视教学内容,没有把生物知识作为美的对象,没有把生物教学作为美的欣赏和创造[①]。

初中生物学课堂教学中,普遍存在"弱体"的现状。这里的"体",从初中生物学学科全息育人的角度来看,指的是健康育人。初中生物学中人体的结构和功能、生态系统的结构和功能以及学生活动过程,都与健康的生活习惯、健康的生活技能紧密相关。部分教师在生物学课堂教学中,片面地强调健康知识,学生枯燥地记忆,缺少关心自身、他人和环境健康的情感,也缺少一些健康技能的实践体验。

总之,在初中生物学课堂教学中,依然有不少教师把育人当作教学的"附赠品",只是一带而过地提及,或是将育人作为教学的点缀,没有当作教学目的去凸显,育人价值未能在课堂中充分渗透,育人的效果可想而知。

第三节 初中生物学学科全息育人的价值

初中生物学学科全息育人以其丰富的内涵和独有的生命性等特征,其提出顺应了时代的需求,而对其研究和实践是对国家育人要求的贯彻落实,对课标的深度实施。同时通过初中生物学学科全息育人的研究与实践,也能优化初中生物学学科课堂教学,促进师生共同发展。

一、国家育人要求的贯彻落实

教育是国之根本,党之大计。我们要抓住"为谁培养人"和"培养什么人"这两个教

---

① 廖茂.中学审美化生物教学的研究[D].重庆:西南师范大学,2004.

育主题,培养一代又一代拥护中国共产党领导和我国社会主义制度、立志为中国特色社会主义奋斗终身的有用人才。

为党育人、为国育才是对"为谁培养人"这一问题的深刻回答。"初中生物学学科全息育人"站在新的历史起点上,响应习近平新时代中国特色社会主义思想,全面贯彻"五育"融合的教育方针,落实立德树人根本任务,坚持不懈培养出更多爱国爱党、担当奉献的社会主义事业建设者和接班人。

对于回答"培养什么样的人"这一问题,"初中生物学学科全息育人"以学科为"根",以育人为本,融通"教"与"育",在学科教育教学中关注和贯穿德性育人、认知育人、健康育人、审美育人、劳动育人,构建德智体美劳全面发展的育人体系,让每个学生都能成为有用之才,为实现"两个一百年"奋斗目标和中华民族伟大复兴夯实人才基础。

二、课标的深度实施

课程改革是一场从教育思想到教育内容、教育手段、教育方法等全面的改革。为了真正体现每一位学生的发展这一新课程改革核心理念,实现学生全面发展这一核心目标,初中生物学学科全息育人将课标中关注的生命观念、科学思维、探究实践和态度责任等核心素养,用以具体指导初中生物学教师教育教学的设计、实施和评价。

初中生物学学科全息育人以课标中提高学生生物科学素养为价值引领,为学生未来在个人生活、社会参与过程中奠定素养基础,强化学生的责任态度。通过教育教学活动让学生建构生物学核心概念,让学生参与探究实践的过程,体验生物学知识的形成过程、感悟生物学思想方法,从而培养学生的科学思维和探究实践的能力。

三、学科课堂教学的优化发展

教学为本、育人为先。初中生物学学科全息育人要求教师在学科教学中要转变过于注重知识传授的倾向,不断地渗透育人思想,让学生在课堂中收获的不仅是基础知识和基本技能,还能在情感体验中形成正确的价值观。

在初中生物学学科全息育人课堂教学中,教师在教授学生知识的同时,要优化课堂结构、整合教学资源、潜移默化地对学生实行育人教育,引导学生去思考、探索,使学生热爱大自然,热爱生活,热爱学习,自我完善。在课堂教学中,老师可以利用好身边的素材资源,结合生产、生活、实践开展教学活动。从学生已知的、感兴趣的情景入手,让课堂教学充满生命力。如:通过介绍我国丰富的动植物资源,激发学生的爱国主义热情;通过讲授生物学最新研究成果,激发学生的民族自信心;通过展望生物学发展前景,鼓励学生进行职业规划、树立远大理想;在生理卫生教学中,可让学生说一说或者用小纸条写下初中和小学自己在身体上的变化、心理上的变化,指导学生科学地对待青春期的变化,让其学会自我保健,养成良好的个人卫生和体育锻炼的好习惯。

四、师生共同发展的有效路径

初中生物学教师在义务教育阶段的生物学教育中承担着"言传"生物学基础知识,"实践"提高探究实践能力,"身教"培养学生德智体美劳的重要职责。初中生物学学科全息育人倡导教师在实际的教育教学工作中,通过发挥不同教学活动的作用,促进学生潜能的发挥和个性的发展。在初中生物学学科全息育人的课堂设计和实施中,教师通过组织丰富多彩的课堂教学活动,引导学生有目的、有计划地自主参与到课堂上,实现认知育人、德性育人、审美育人、健康育人和劳动育人的课堂教学目标。初中生物学学科全息育人对教师提出了更高的要求和期望,同时教师通过初中生物学学科全息育人实践也促进了自身的专业成长,实现了师生的共同发展。

第二章 初中生物学学科全息育人点设计

初中生物学学科全息育人

全面实施素质教育是我国教育改革的战略主题。为了深入贯彻执行党和国家教育方针,培养德、智、体、美、劳全面发展的社会主义建设者和接班人,重庆市北碚区教师进修学院提出并开展了学科全息育人的理论研究。在理论指导下,各学科相继开展了学科全息育人的教学实践,旨在促进学生全面发展,提升教师专业水平和育人的创新能力。

作为学科全息育人的组成部分之一,生物学课程在发展学生生物学学科核心素养、落实立德树人根本任务上具有重要作用。义务教育阶段是实施素质教育和落实教育改革的重要阶段,是学生形成道德认知能力、行为能力、创新能力和实践能力的关键时期。初中生物学学科全息育人要从理论走向实践,最关键的问题是需要找准初中生物学学科全息育人总体设计的方向和方法,因而本章在初中生物学学科全息育人中具有重要的地位和作用。

本章从初中生物学学科全息育人点设计依据、育人框架设计和育人点设计三个方面为初中生物学学科教学设计、课堂教学、教学评价和教师研修提供路径,引导教师的教学观念和教学行为向学科育人转变,实现"立德树人""全面育人"这一根本的育人目标。

第一节　初中生物学学科全息育人点设计依据

初中生物学学科全息育人要从理论走向实践,关键的环节就是要构建初中生物学学科全息育人框架,科学设计与初中生物学教育教学紧密相关的育人点。育人框架的设计既要体现"学科全息育人"的基本理念,又要契合课标核心素养的具体要求,还要能够和初中生物学教材(北师大版)有效结合,有利于教师充分挖掘教材内容中的育人点。其设计依据具体表现在三个层面。

一、依据学科全息育人的基本理念

自2019年《中共中央 国务院关于深化教育教学改革全面提高义务教育质量的意见》发布后,素质教育的目标更加清晰,素质教育的功能更加全面。为了深入实施"全科育人、全程育人、全员育人"的育人理念,重庆市北碚区教师进修学院以教育教学理论为依据,以国家政策为背景,以社会对人才素质的要求为方向,提出并开展了"学科全息育人"的理论研究。

学科全息育人倡导全学科育人,利用不同学段、不同学科的育人特点,更好地发挥育人功能。作为学科全息育人的重要组成部分,初中生物学学科全息育人在育人设计上也应体现出独特的育人价值;学科全息育人倡导全要素育人,注重德、智、体、美、劳的全面发展。在初中生物学学科全息育人的设计中,我们将德、智、体、美、劳作为初中生物学学科全息育人的五个维度,将生物学学科核心素养的要求和初中生物学学科实施"五育"的途径按照不同的层次恰当地融合在一起,设计初中生物学学科全息育人的基本框架;学科全息育人倡导全过程育人。因此,我们在进行初中生物学学科全息育人的设计时,更加注重课堂设计、课堂实施、课堂评价、教师研修等各个环节育人的连续性和实践性。

二、依据课标的目标要求

课标既是教材编写的依据,也是评估和考试的依据。课标根据学生身心发展的特点和教育规律,重视对学生进行全面的科学素养教育,体现国家对学生在生物科学知识、能力以及情感态度与价值观等方面的基本要求,面向全体学生、着眼于学生全面发展和终身发展的需要。初中生物学学科全息育人的设计也要充分体现出这些基本要求。

《课标(2022年版)》基本理念强调"教学过程重实践"。探究实践是提高学生的生物科学素养的重要手段。学生积极参与动手和动脑的活动,通过实验等探究类学习活动或跨学科实践活动,加深对生物学概念的理解,提升应用知识的能力。同时在探究实践学习中,学生通过主动参与、勤于动手、积极思考,提升收集和处理科学信息的能力、获取新知识的能力、分析和解决问题的能力、交流与合作的能力以及养成科学思维等。这也是我们初中生物学学科全息育人框架中设计探究实践、信息处理和科学思维等指标的直接依据。

《课标(2022年版)》的课程具体目标对我们育人指标的构建也具有很强的启迪作用。如《课标(2022年版)》中提到的核心素养"生命观念",主要包括生物学的结构与功能观、物质与能量观、进化与适应观、生态观等,是构建学科知识部分指标的依据。依据《课标(2022年版)》的目标要求,丰富了初中生物学学科全息育人框架的指标体系,使得初中生物学学科全息育人框架更加科学和完善。

三、依据初中生物学教材(北师大版)的具体内容

初中生物学教材(北师大版)共分为四册,其基本线索是以细胞、组织、器官和系统的结构层次为基础,重点介绍生物圈中的绿色植物、人和微生物的生长、发育、繁殖、遗传和变异等基本的生命特征,进一步认识生物在生物圈中的作用,从而获得生命的演化、生物与环境等方面的知识。在教材的基本线索中,一个重心是从人的自身发展出发,通过人体的结构和生理功能,促进学生养成健康的生活态度和生活习惯。通过人与生物圈的关系,理解人与自然和谐发展的意义。学生在感受大自然的活力和奥秘的同时,形成珍惜生命、热爱生活的意识。另一个重心是始终渗透科学、技术、社会关系的教育,使学生在现实生活背景中学习生物科学和技术。

初中生物学教材(北师大版)活动内容和形式相当丰富,包括探究、观察、实验讨论交流、研究计算、验证等学生活动和教师演示活动以及建议活动。学生在自主动手实验、小组合作交流、活动成果展示等环节中深度学习,有利于实验操作、探究、合作交

流、创新能力的养成,有利于学生形成积极的劳动态度。教材还提供了小资料和课外阅读等相关板块,穿插了大量美观的图片,扩大了学生知识面,提高了学生的审美情趣,引导学生积极主动关注生活中的热点问题,使得学科知识与现实生活的联系更加紧密。初中生物学关于人体结构和功能的内容和传染病的预防等知识对初中学生的健康意识和健康生活都起到了积极的指导作用。综上所述,初中生物学教材(北师大版)充分考虑到初中学生身心特征和认知特点,通过丰富的学生活动和贴切的教学素材促进了学生德、智、体、美、劳全面发展。可以说,初中生物学教材(北师大版)既是对初中生物学学科全息育人框架各级指标的具体实施,又是对初中生物学学科全息育人框架各级指标在学科教学中的实践验证。

第二节　初中生物学学科全息育人框架设计

初中生物学学科全息育人建立了以认知育人为基础,融合德性育人、审美育人、健康育人和劳动育人的学科育人基本框架,凸显了生物学学科特有的生命性和全息育人价值。在认知育人方面,学生不仅可以了解生物学的基本内容,理解和掌握生物学技能,还能够体验生物学的研究过程和方法,养成科学的思维习惯,形成积极的科学态度,使学生的学科知识、学科能力和学科思想得到提高。在德性育人方面,充分利用初中生物学教材中的科学发展史和形式多样的学生活动,让学生在课程学习过程中能够形成良好的公民道德和科学道德。在审美育人方面,初中生物学赋予了我们独特的学科审美视角:生命世界形态和行为、结构和功能将表观的美和内在的美融为一体;科学活动把思维美和实践美融为一体;初中生物学学科的生命气息将生命文化和生命内涵融为一体。在健康育人方面,初中阶段是学生身心发育的关键时期,初中生物学的人体结构和功能、营养保健和疾病预防、青春期教育等内容,与学生的健康成长和终身发展息息相关。在劳动育人方面,初中生物学教材(北师大版)丰富的课堂实验、探究活动、调查活动和制作活动以及生物技术与日常的生活、生产和社会服务实践活动紧密相关,有利于增强学生劳动意识,养成劳动习惯,提高劳动实践能力。

为了更好地让教师理解和运用框架中各项育人指标,我们对框架中的各级指标做了相应阐释,帮助教师理解指标设计的依据和意图,便于在教学设计和课堂教学中挖掘育人素材,丰富育人内容,拓宽育人思路。

一、初中生物学学科全息育人框架体系

初中生物学学科全息育人以认知育人、德性育人、审美育人、健康育人和劳动育人为学科育人基本维度,结合课标的具体要求,丰富完善了框架中的各级指标。考虑到初中生物学学科全息育人将为学生发展生物学学科核心素养打下基础,我们将生命观念、科学思维、探究实践和态度责任融合在指标体系中。育人框架体系中的三级指标综合运用了分类和分步方法来构建,体现了各级指标间的相互关系和达成这些育人指标的不同层次要求。初中生物学学科全息育人框架体系如表2-1所示:

表2-1 初中生物学学科全息育人框架

维度	一级指标	二级指标	三级指标
认知育人	学科知识	知识结构	(1)知识内容;(2)知识水平要求
		知识应用	(1)生活应用;(2)生产应用;(3)社会发展应用
	学科能力	模型建构	(1)概念模型;(2)物理模型;(3)数学模型
		信息处理	(1)信息收集;(2)信息鉴别;(3)信息利用
		实验操作	(1)实验仪器和用具的使用;(2)实验方法步骤;(3)实验分析
		探究实践	(1)探究实践方法2探究实践过程
	学科思想	生命观念	(1)结构与功能观;(2)物质与能量观;(3)进化适应观;(4)稳态与平衡观
		科学思维	(1)归纳与概括;(2)演绎与推理;(3)客观与实证
德性育人	公民道德	国家意识	(1)家国情怀;(2)国际视野
		社会公德	(1)法治意识;(2)态度责任
		个人品德	(1)个体道德;(2)个性品质
	科学道德	科学品质	(1)科学态度;(2)科学精神
		科学伦理	(1)生命伦理;(2)生态伦理

续表

维度	一级指标	二级指标	三级指标
审美育人	自然赏美	形态行为美	(1)多样美；(2)独特美
		结构功能美	(1)严谨有序美；(2)精巧简约美
		协调平衡美	(1)生物自身协调美；(2)生物间协调美；(3)生物与环境协调美
	科学践美	科学思维美	(1)科学思维逻辑美；(2)科学思维创新美
		科学活动美	(1)科学活动过程美；(2)科学活动成果美
	生命育美	生命文化美	(1)生命文学美；(2)生命艺术美
		生命内涵美	(1)生命力量美；(2)生命价值美
健康育人	健康意识	健康要素	(1)身体健康；(2)心理健康；(3)社会适应
		健康态度	(1)关注疾病对健康的影响；(2)关注环境对健康的影响
	健康生活	健康习惯	(1)日常生活习惯；(2)卫生护理习惯
		健康技能	(1)健康咨询；(2)健康预防；(3)健康救助
劳动育人	劳动意识	劳动态度	(1)认同劳动；(2)热爱劳动
		劳动价值	(1)个人价值；(2)社会价值
	劳动实践	劳动技术	(1)技术要求；(2)技术与科学、社会的关系
		劳动体验	(1)劳动过程体验；(2)劳动成果体验

二、初中生物学学科全息育人框架解读

(一)认知育人

认知育人是以提升学生的智力水平为目标，引发学生思考和探索的兴趣，从而提升学生的智力水平的教育教学活动。初中生物学学科全息育人中，认知育人作为"五育"的基础体现出重要作用。以课标和生物学学科核心素养为依据，初中生物学学科全息育人在认知育人方面的基本目标是引导学生掌握系统、全面的初中生物学基础知识和技能，发展学生的学科思维，构建学生的学科思想。通过义务教育阶段生物学课程的学习，学生在学科认知上得到以下发展：学科知识上获得生物学基本事实、概念、原理和规律等方面的基础知识，了解并关注这些知识在生活、生产和社会发展中的应

用;学科能力上初步具有生物学实验操作的基本技能、一定的科学探究和实践能力;学科思想上形成生物学特有的生命观念,学生的科学思维得到发展。

1.学科知识

课标对初中生物学学科知识的要求是:获得生物学基本事实、概念、原理和规律的基础知识,了解生物科学技术在生活、生产和社会发展中的应用及其可能产生的影响。学科知识在认知育人上,体现在学生能够依据生物学基本事实、概念、原理和规律建构基本的知识结构,拓展这些知识在生活、生产和社会发展中的应用。因此,我们将学科知识的育人分为知识结构和知识应用两个层面。

(1)知识结构:知识结构具体落实义务教育阶段生物学课程所要达到的基本知识目标,并厘清这些知识在学生学习水平上的不同要求。如属于了解水平的对知识的再认或者回忆,对事实或证据的识别和辨认,举出例子和描述对象的基本特征等;属于理解水平的对知识内在联系的建立,对生物学基本事实、概念、原理和规律的解释和区分等。

(2)知识应用:应用初中生物学知识解决不同情景下生活、生产和社会发展中的实际问题。例如学习呼吸系统的组成、结构和功能,以及人体细胞与外界进行气体交换过程的知识,在生活中可以理解为:吃饭时不随意谈笑,不随地吐痰,佩戴口罩。学习呼吸运动的知识可以了解呼吸机在生产实践中的制造原理和医疗上的应用。

2.学科能力

初中生物学学科需要培养学生基本的模型建构和模型分析能力,培养学生收集、鉴别和利用课内外图文资料及其他信息的能力,培养学生基本的实验操作能力,并在此基础上具备探究实践的思路和方法,能够独立或合作进行探究实践。

(1)模型建构:初中生物学教材中涉及较多的是概念模型和物理模型。如构建人体细胞、组织、器官和系统的概念模型,可以更好地帮助学生理解区分这些概念内涵,建立起这些概念间的联系,还可以利用身边常见的材料建构人体细胞、组织、器官的物理模型,能够更加形象地感知细胞、组织、器官的各部分的结构和功能。初中生物学教材对数学模型的构建较少,但学生也要能够理解并运用一些简单的与生物学知识相关的数学模型,如细胞分裂过程中细胞分裂次数和细胞数量的关系,心率、每搏输出量和每分输出量间的数量关系等,还要学会分析一些简单的曲线图并理解其中包含的生物学知识,如分析凯巴森林中黑尾鹿的数量变化曲线及形成原因,理解生态系统的自我调节能力的基本观点。

(2)信息处理:随着信息社会的发展,学生获取信息的渠道越来越广,对信息资源的关注度也越来越高。学生可以从教材的图片信息和文字信息入手,提高图文结合、图文转换等基本的信息处理能力,在此基础上进一步引导通过教材小资料、报刊、互联网等获得全面、客观的信息资源,并能够灵活运用在学习和生活中。

(3)实验操作:初中学生应该具备一定的实验动手能力、实验观察能力和表达交流能力。通过实验操作能力的培养,学生能够正确使用生物学实验中常用的仪器和用具,如显微镜等;能够合理选择和处理实验材料,如实验材料的培养,实验材料的解剖,临时装片的制作等;能够理解并掌握实验操作的基本步骤,观察实验现象;能够对实验现象进行分析和做出合理解释,并能够通过交流最终形成对事物现象的科学看法及观点。

(4)探究实践:生物学课程中的探究实践是学生积极主动地获取生物科学知识、领悟科学研究方法而进行的各种活动,是学生运用科学思维解决实际问题的重要途径。初中生物学探究实践重在让学生掌握探究实践方法,进行探究实践设计和探究实践实际操作,促进科学品质的养成。

3.学科思想

生物学学科思想是人们对生物的本质、特征和价值的基本认识,是对生物界的基本看法。初中生物学学科思想是认知育人的灵魂,它以生物学特有的生命观念为统领,发展学生的科学思维。

(1)生命观念:生命观念是生物学学科特有的学科思想。它所包含的生命系统观、进化与适应观、生态观体现了辩证统一的哲学思想,是我们认识生物界和学习生物学最基本的思想和方法。

(2)科学思维:科学思维是指尊重事实和证据,崇尚严谨和务实的求知态度,运用科学的方法认识事物、解决实际问题的思维习惯和能力。科学思维是形成生命观念的重要方法,也是探究实践和生物学学科核心素养的重要组成部分。初中生物学学科全息育人促进学生在学习过程中逐步发展科学思维,能够基于生物学事实和证据运用归纳与概括、演绎与推理等方法探讨并解释生命现象及规律。

(二)德性育人

中共中央 国务院关于《深化教育教学改革全面提高义务教育质量的意见》中明确提出:"健全立德树人落实机制,着力在坚定理想信念、厚植爱国主义情怀、加强品德修养、增长知识见识、培养奋斗精神、增强综合素质上下功夫。坚持德育为先,教育引导学生爱党爱国爱人民爱社会主义。"德性育人总体上分为两个部分：一是体现公民普遍应该具备的公民道德；二是作为自然科学还需要逐步渗透的科学道德。

1. 公民道德

中共中央、国务院印发的《新时代公民道德建设实施纲要》明确提出要"推动践行以文明礼貌、助人为乐、爱护公物、保护环境、遵纪守法为主要内容的社会公德""推动践行以爱国奉献、明礼遵规、勤劳善良、宽厚正直、自强自律为主要内容的个人品德"。以社会主义核心价值观为引领，公民道德分为个人品德、社会公德和国家意识三个层面。

(1)国家意识：初中学生要以国家和民族认同为根本，同时还要放眼国际，海纳百川，成为有大爱大德大情怀的人。在初中生物学学科育人活动中，教师可以充分利用初中生物学教材(北师大版)中，我国丰富的生物资源和我国的生物科学成就，激发学生对祖国绿水青山的热爱，培养深厚的家国情怀；教师还可以通过介绍初中生物学的科学发展史、国际生物科学发展前沿和前景以及产生的重大影响，拓宽初中学生的国际视野。

(2)社会公德：在初中生物学教育教学中渗透社会公德教育，有利于学生自觉养成遵纪守法、关心社会、保护环境等行为习惯。初中学生需要了解一些与生物相关的法律法规，如环境保护法、野生资源保护法、传染病防治法、食品安全法等。初中生物学学科全息育人可根据相关内容加强法治教育，规范学生日常生活中的思维和行为习惯，强化法治意识，使其成为知法、守法的合格公民。初中学生还应该积极关注生物学相关的社会议题，具有关爱生命和保护环境的生态文明意识，能够尝试解决现实生活中与生物学相关的问题，增强责任感。

(3)个人品德：初中生物学学科全息育人在培养初中学生的个人品德上，一方面传承了中华传统的个体道德，如勤俭自强、宽厚包容和善良正直等内容；另一方面注重发展新时代初中学生的个性品质，如通过初中生物学教材(北师大版)内容中的科学故事、探究实践活动等，培养学生独立思考、独立实践、情绪管控等独立性人格特质。

2. 科学道德

自20世纪80年代以来，科学道德问题已受到国际社会的普遍关注。科学道德本义指的是科研人员从事科学活动过程中遵循的道德规范和必备的道德品质。科学道德的教育似乎与我们初中学生的关联度不大，实际上生物学实践、实验和各种探究活动，会对学生科学道德品质的养成产生积极的影响，有利于学生的终身发展。科学道德的内涵丰富，但比较抽象。我们只是结合初中生物学学科和初中学生的实际选择两个方面培养学生的科学道德:一是培养学生良好的科学品质;二是正确认识生物科学技术中涉及的伦理道德问题。

(1)科学品质:科学品质是科学态度和科学精神等的综合体现。《重庆市中小学课程育德指导纲要(试行)》对中学生物的要求中提出:"教育学生乐于探索生命的奥秘,培养实事求是的科学态度勇于探索创新的科学精神。"通过初中生物学教材中的生物科学发展史和相关的实验、实践和各种探究活动,可以培养学生好奇心、理性、客观、暂缓判断等科学态度,以及如探索创新、批判质疑、团结协作等科学精神。

(2)科学伦理:也称为科技伦理,重视科学技术的伦理规范,才能更好地遏制科技可能带来的负面影响,更好地造福人类。科学伦理包含的内容也比较多,就初中生物学教学来看,主要体现在克隆技术可能引发的生命伦理道德问题,以及转基因技术可能引发的生态伦理道德问题。

(三)审美育人

2015年,国务院印发《关于全面加强和改进学校美育工作的意见》,要求形成全社会关心支持美育发展和学生全面发展的氛围。美育具有启发智力,培养创造力,陶冶情操,养成健全心理,推动认识深化和道德完善的作用,在素质教育中,美育的综合协调作用是其他教育不可替代的。因此培育学生审美素养,使其成为一个高素质全面发展的人是社会的需要和国家的要求。

初中生物学学科全息育人充分挖掘课程资源中的美育因子,从自然赏美、科学践美、生命育美三个层次,进行美的欣赏、美的理解和美的创造,培养和强化学生的感知力、想象力,丰富学生的情感,拓展生命的精神世界,全面提升学生发现美、理解美、追求美和创造美的能力,从而形成正确的审美观念。

1.自然赏美

初中生物学教材(北师大版)中的森林草原、海洋湖泊、花草树木、鸟兽虫鱼以及遗传进化等,为我们展示了多姿多彩的自然美。自然美不仅能够给学生以良好的情感体验,还具有强烈的感召力。初中生物学学科全息育人把自然美与教材知识融会结合,鼓励教师应用现代化教育教学手段,形象地再现生物外部的形态行为美,内部的结构功能美,整体的协调平衡美,激发学生对自然美的向往和追求,在鉴赏美的过程中,理解掌握生物学大概念。

(1)形态行为美:生物的形态和行为,体现了自然界表观层面的美。从外观形态到生物行为都可以形成审美情趣,如生物体的颜色、形态声音和运动等。在这个审美层面上不同的生物和生态环境可以体现出多样美,而某一具体的生物和生态环境又可以体现其独特美。

(2)结构功能美:体现对自然界内部结构和功能的审美。从细胞、组织、器官……到生态系统,每一个生命系统在结构上层次分明,在功能上严谨有序,体现了严谨有序之美和精巧简约美,这也是我们初中生物学学科独特的审美视角。

(3)协调平衡美:协调与平衡所体现的是一种整体的美,因为协调平衡使得每一个生命成为一个有机的整体。如细胞膜、细胞质、细胞核各个组成成分的协调使得细胞成为一个有机的整体,生态系统各种成分之间的协调平衡使得生态系统成为一个整体。协调平衡美涵盖了生物自身的协调美,生物与生物之间的协调美,生物与环境之间的协调美。

2. 科学践美

初中生物学多种多样的观察实验、探究实验、调查活动充满了发现之美、探究之美和实践之美;学习过程中的思维活动和实践活动可以增强学生对生物科技的热爱和激发对生命科学的无穷想象,这些内容都体现了科学思维美和科学活动美。

(1)科学思维美:科学探究的过程离不开严密的逻辑推理,如变形虫的分割和核移植实验过程,通过逻辑推理得出细胞核是生命活动的控制中心,体现了逻辑思维美;同时学生要创造性地发挥想象力,这也体现了思维的创造美。

(2)科学活动美:科学活动是指人们从事探索事物存在及变化的状态、原因和规律的实践活动,以及在科学知识、理论的指导下进行的实践活动。近年来重庆市多次举办初中学生科学实践活动竞赛,鼓励学生将自己实际体验的科学活动过程以视频、图文等多种形式展现出来,从科学活动过程和科学成果的展示中获得身心的愉悦和自我价值的认同,从审美的层面上提升自己的审美情趣。

3. 生命育美

应试教育下的初中生物学教学过多地强调知识记忆、能力训练。部分教师习惯于把自然等同于资源,忽视了学生个体对生命的情感、体察、领悟、想象、同情等心理,也扼杀了个人的直觉、童心和灵性。初中生物学学科全息育人生命育美旨在引导学生对生命文化和生命内涵的感知和体察,通过欣赏生命、赞美生命,提升生命内涵。生命育美也是从美学层面上开展的生命教育,它通过引发学生对生命发生、生命发展和生命意义的思考,触动学生情感,陶冶学生情操,从而感悟生命内涵美。

(1)生命文化美:古今中外的文学家和艺术家通过对生命的欣赏和领悟,创作了非常丰富的文学、艺术作品。在教学中引用相关作品,将理性的知识和感性的文化融合,学生借鉴文学家和艺术家对生命的感悟,提高思想境界和审美层次。

(2)生命内涵美:通过理解生命发生的艰难,发展的曲折,如种子萌发、血液流动、动物的运动、人类的起源和发展等,进行自由的想象,对生命的意义做整体把握,达到超越生命表象,感受生命的力量,提升生命的精神内涵,形成珍爱生命、探寻生命价值等生命态度。

(四)健康育人

健康是幸福的起点,也是成长的前提;是全面建成小康社会的重要内涵,也是人类社会发展福祉的永续追求。通过生物学课程的学习,掌握生物学基础知识,形成基本的生命观念,树立健康意识和社会责任感,能够强身健体和服务社会。为了充分体现以人为本、健康第一的教育理念,使学生"学会生活,学会健康",初中阶段健康育人围绕健康意识和健康生活两个层面展开。

1.健康意识

健康意识教育让学生对健康有一个正确认识,能够通过健康知识对自身健康状况进行简单的评估,同时要积极关注疾病和环境对人类健康的影响。

(1)健康要素:身体健康、心理健康和社会适应是构成健康的三大基本要素,初中学生应该明确这三大要素所体现的健康标准。如初中学生知道与初中生物学密切相关的身体健康中的一些常用指标(血红蛋白含量、心率、血压等),对自身的健康状况有一个正确的评估,形成积极乐观向上的心理,具备良好的社会适应能力。

(2)健康态度:理解健康要素的同时也要具备积极的健康态度,尤其关注疾病和环境对健康的影响。如理解新型冠状病毒引起的感染症状对我们健康的影响,并由此深入探讨环境对人类健康的影响。

2.健康生活

健康育人重要的育人目标就是让学生学会健康生活。初中学生要养成良好的健康习惯,促进身体和心理的健康发展,同时也要具备一些基本的健康技能。健康生活这一育人目标可分为健康习惯和健康技能。

(1)健康习惯:初中生物学的健康生活重点立足于学生健康习惯的养成,培养学生良好的生活、学习习惯,如积极锻炼、适度劳动、合理作息、合理膳食、平稳心态,摒弃不良的生活习惯,如吸烟、酗酒等。特别是对正处于青春期的学生来说,还要养成良好的卫生护理习惯。

(2)健康技能：初中学生应该具备基本的健康生活技能，如在食品安全方面能辨别过期变质食品；能客观认识抗生素的作用；能正确理解保健品、化妆品等；能预防传染病；具备止血包扎、人工呼吸等基本的急救能力。

(五)劳动育人

2020年3月，中共中央 国务院印发了《关于全面加强新时代大中小学劳动教育的意见》，其中明确指出"劳动教育是中国特色社会主义教育制度的重要内容，直接决定社会主义建设者和接班人的劳动精神面貌、劳动价值取向和劳动技能水平""劳动教育是国民教育体系的重要内容，是学生成长的必要途径，具有树德、增智、强体、育美的综合育人价值"。初中生物学是自然科学中的一门基础学科，具有很强的实践性和应用性，蕴藏着丰富的劳动育人素材。通过劳动教育，牢固树立劳动最光荣、劳动最崇高、劳动最伟大、劳动最美丽的观念；体会劳动创造美好生活，体认劳动不分贵贱，热爱劳动，尊重普通劳动者，培养勤俭、奋斗、创新、奉献的劳动精神；具备满足生存发展需要的基本劳动能力，形成良好劳动习惯。初中生物学学科全息育人中的劳动育人从增强学生劳动意识和倡导学生劳动实践两个方面加强劳动教育，从而达成育人目标。

1.劳动意识

初中生物学学科全息育人通过引导学生树立正确的劳动观，端正劳动态度，理解劳动的价值，使学生认同劳动、热爱劳动、崇尚劳动、尊重劳动，培养学生的劳动意识。

(1)劳动态度：在初中生物学学科全息育人中依据教育教学素材，促进学生形成正确的劳动态度。目的是让学生认同劳动并热爱劳动，增强对劳动人民的感情，形成报效国家、奉献社会的意识。

(2)劳动价值：劳动具有综合的育人价值。它与个人德、智、体、美的培育密切相关，劳动可以促进自身各方面素养的形成，有利于个人成长；劳动所产生的劳动成果是社会发展的重要推动力。

2.劳动实践

劳动实践涉及的内容相当广泛。有校园实践、家庭实践和社会实践，还可分为脑力劳动实践、体力劳动实践和综合劳动实践。无论哪一类型的劳动实践首先要求个人具备一定的劳动技术知识，以技术去指导实践活动才是科学有效的劳动。因此初中生物学学科全息育人从一些基本的劳动技术入手，指导具体的劳动体验，从而达成劳动实践的育人目标。

（1）劳动技术：不同的劳动都有相应的劳动技术，种类繁多。作为一种偏向于知识性或者脑力性的劳动实践，初中生物学学科全息育人需要让学生掌握相关的技术要求，如初中生物学涉及植物的种植繁殖技术，动物的饲养技术、发酵技术和现代生物技术等，还有一些制作活动、调查活动也需要一定的技术支撑。同时，还要正确理解劳动技术与科学和社会的关系，使我们的劳动更具科学性、高效率和可操作性，并能提高学生创造性劳动能力。

（2）劳动体验：参与实际的劳动是劳动育人最直接的途径。学生在具体的实际劳动中获得的劳动体验最真实也最深刻，劳动体验能够增强劳动意识，熟习劳动技术，参与职业体验的劳动实践还能对自己的职业规划提供方向。它有在参与劳动的过程中获得的体验，如植物的组织培养，利用发酵技术制作风味食品等；还有分享劳动成果获得的体验。学生可以用多种方式展示自己的劳动成果，与同学、朋友和家人分享劳动成果，进而在物质和精神方面都能获得劳动的幸福感和成就感。生物学学科教育教学中要采取多种方式、多种途径开展劳动教育，充分利用家庭、学校、社会各方面力量，并结合各地区和学校实际开展劳动实际体验。

第三节　初中《生物学》（北师大版）全息育人点设计

教材是教师开展教学活动的重要依据。"用教材教"取代传统的"教教材"，这是我们要倡导的新教材观。在新的教材观念下，教材不再是教学的全部内容，相反，教材是可变的、发展的，也是开放的。为了帮助教师重新认识教材的本质和功能，创造性地使用教材，我们选择初中《生物学》（北师大版）具有代表性的单元和章节进行育人点的设计和梳理。

初中生物学学科全息育人点的设计依托初中《生物学》（北师大版）的内容，分单元和章节进行。单元育人点设计注重"五育"间的相互关联，体现"五育融合"的全息育人理念；各章节的育人点设计按育人框架中的育人指标逐一梳理，重在体现学科育人指标与教材内容的结合。各章节的育人点设计并不一定强调所有的育人维度都要全部呈现，只是尽可能挖掘教材资源中的育人因子以供广大教师参考应用。由于育人资源所体现的育人功能具有开放性，因此同样的育人资源可能在多个不同的育人点设计中都有体现。如学生的实验和探究实践,在认知育人的维度上不仅可以使学生具备基本的实验操作能力和探究实践能力,而且可以帮助学生形成科学的思维方法,还可以让学生在科学活动中得到美的体验以实现审美育人,在劳动实践中体验劳动过程、享受劳动成果,以达成劳动育人。受限于教材的育人资源,育人点设计中不可避免存在某些育人内容缺失,因此教师在初中生物学课堂教学中可以根据教学实际,开创性选择关联度高的育人资源,发挥自身的个性化育人特长,彰显课堂的全息育人功能。

一、七年级《生物学》全息育人点设计例选

"走进生命世界"是初中生物学教材(北师大版)的开篇之作,在整个教材中起到了引发问题、激发兴趣,展现生命世界的精彩,阐述学习生物学的意义和目标的作用。它通过对生命科学发展现状、前景和重要意义的描述,展现出生物科学发展的历史画卷和诱人的前景,能激荡起学生对生命科学的热爱和向往,它以亲切、优美、流畅的语言向学生列举了奇妙的生命现象,引导学生观察和描述生物圈中多样的生命和生命现象,感受生命世界的精彩,激发学生对生命现象探究的兴趣和热情。

"走进生命世界"也是实践初中生物学学科全息育人的第一课。借助教材中的育人素材,学生能够用自己的语言描述生命现象,初步学会提出生物学问题,举例说明学习生物学的意义,描述生命科学发展的现状、前景和意义,举例描述并解释生命现象,建构起"描述生命现象—提出问题—探究问题—揭示生命活动规律"的思维方式,初步体会探究实践的一般过程,从而达成认知育人的育人目标。教材中"动物的运动""葵花向太阳""秋天的红叶"和"天更蓝,水更清,草更绿"等图片充分展现了生物形态的精巧美和大自然的协调平衡美,在提升审美的同时增强了我们植树种草的劳动意识和保护环境的生态文明意识。"野外观鸟"和"调查校园生物"的实景图片倡导从日常生活、生产实践中发现并提出生物学相关的问题,寻找问题答案的思路和方法。在条件允许的情况下,教师还可以组织学生参与这些实践活动,将生物科学素养与劳动实践结合起来,体现劳动实践在学习和生活中的价值和意义。"转基因彩色棉花""我国首次获得的克隆牛"以及"人类基因组计划"展示了现代生物技术给我们生活带来的巨大影响,它不仅增强了学生对我国生物科学成就的自豪感,也拓宽了学生的国际视野,帮助其深入理解生物技术与社会发展、科学进步的关系。通过适度拓展克隆技术所涉及的伦理道德问题,可以引导学生积极关注讨论社会议题,增强态度责任感,同时引导学生主动关注艾滋病、癌症等疾病的预防,增强健康意识。

(一)第2单元《生物体的结构》

1. 单元育人综述

形形色色的生物以及它们赖以生存的环境构成了丰富多彩的自然界。生物体的各种生命活动使自然界充满生机活力,生物体有一定的结构层次,以承载生物体的各项生命活动。多细胞生物依靠细胞、组织、器官(系统)的协调活动,表现出各种生命现象。本单元第3章《细胞》主要阐述用普通显微镜观察和研究细胞结构的方法,动植物细胞显微结构的异同,以及细胞分裂的过程和结果。第4章《生物体的结构层次》主要阐述多细胞生物体的结构层次,即细胞如何组成多细胞生物体。

充分利用教材资源可达成综合的育人效果。在学科认知方面,学生能够领悟细胞是生命活动的基本单位,细胞分裂则是生命延续的结构基础;了解细胞分化而形成组织,能够识别植物的几种主要组织,以及人体的基本组织;能够描述绿色开花植物体的结构以及人体的结构层次。学生能通过绘图建构动植物细胞的物理模型;会用显微镜进行基本的观察实验,初步学会探究实践的思路和方法。通过对细胞的结构和功能以及细胞生命活动所需的物质和能量的学习,形成生物学结构和功能、物质和能量相统一的基本生命观念。同时通过对变形虫分割和核移植,以及细胞分裂过程的学习,培养学生归纳总结和逻辑推理的科学思维。通过使用显微镜观察各种细胞的结构,制作细胞临时装片,以及研究细胞体积与表面积的关系等实验活动,学生还能够获得一定的劳动技术,养成动手动脑的劳动习惯。通过科学活动还能够让学生体会到科学活动思维和过程的美。教材丰富的图片资料还展现了细胞、组织、器官各个层次上的形态行为美,同时也让学生领会到生物体结构和功能严谨、精巧之美。

2. 章节育人点设计

以第3章《细胞》为例。除病毒外的绝大多数生物都是由细胞构成的,细胞是生命活动的基本单位。本章可以从以下几个方面进行总体的育人设计:通过显微镜的使用、细胞临时装片的制作和观察、变形虫分割和核移植的实验活动,学生不仅可获得学科知识,提升学科能力和科学思维水平,还可以感受到科学活动实践之美,从维护实验室环境卫生、实验材料处理、保护他人和自己安全等方面提高德性修养。通过教材中的图片和文字资料,学生可以感受到细胞的形态和行为美,结构和功能的精巧有序之美,从变形虫的实验演示图解中还可以感受到细胞整体的协调之美。本章各节的育人点设计如表2-2所示。

表2-2 第3章《细胞》各节育人点

第3章第1节 细胞的基本结构和功能	认知育人	**学科知识** 一、知识结构 1.概述动植物细胞的结构与功能。 2.认识显微镜各部分结构和功能。 3.制作临时装片。 二、知识应用 通过液泡中的细胞液解释果实呈现出不同的味道、花呈现不同的颜色的原因。 **学科能力** 一、模型构建 1.引导学生建构细胞各部分结构间关系的概念模型。 2.引导学生用合适的材料或绘画的方式建构细胞结构的物理模型。 二、信息处理 通过"细胞的发现"小资料和互联网了解显微镜技术的发展,培养学生的信息处理能力。 三、实验操作 通过"练习使用显微镜""观察人和动物细胞的基本结构""观察植物细胞的基本结构"活动,培养学生使用显微镜观察动植物细胞的形态和结构的能力。 四、探究实践 **学科思想** 一、生命观念 1.通过认识动植物细胞的结构和功能,让学生形成结构与功能相统一的生命观念。 2.通过"线粒体分解有机物为生命活动提供能量""叶绿体通过光合作用产生有机物储存能量",引导学生形成物质与能量相结合的生命观念。 二、科学思维 通过归纳概括动植物细胞结构和功能的异同,培养科学思维。
	德性育人	**公民道德** 一、国家意识 通过介绍细胞的发现过程和显微镜技术发展的历史,拓宽学生国际视野,培养国家意识。 二、社会公德 三、个人品德 通过列文虎克的事迹培养学生自强向上的品德。 **科学道德** 一、科学品质 通过细胞的发现过程和显微镜技术发展的历史,培养学生探索创新等科学品质。 二、科学伦理
	审美育人	**自然赏美** 一、形态行为美 通过观察各种细胞形态,让学生感受细胞形态的多样美和独特美。 二、结构功能美 通过对动植物细胞结构和功能的认识,让学生感受细胞精巧、严谨而有序之美。 三、协调平衡美 **科学践美** 一、科学思维美 二、科学活动美 通过观察活动,引导学生感受科学活动过程美。 **生命育美** 一、生命文化美 二、生命内涵美

续表

第3章 第1节 细胞的 基本结 构和功 能	健康 育人	**健康意识** 一、健康要素 二、健康态度 **健康生活** 一、健康习惯 二、健康技能
	劳动 育人	**劳动意识** 一、劳动态度 二、劳动价值 通过"列文虎克实践制造出显微镜"的实例,引导学生认同劳动对人类社会发展的价值。 **劳动实践** 一、劳动技术 通过利用显微镜观察细胞,让学生掌握显微镜的使用和临时装片的制作技术。 二、劳动体验 通过参与使用显微镜观察细胞的实验活动,让学生体验劳动过程。
第3章 第2节 细胞是 生命活 动的单 位	认知 育人	**学科知识** 一、知识结构 1.阐释细胞是生命活动的单位。 2.会制作变形虫装片。 3.会利用高倍镜观察变形虫。 二、知识应用 **学科能力** 一、模型构建 引导学生构建细胞各部分结构和功能的概念模型。 二、信息处理 利用小资料"细胞学说",让学生获取细胞学说的建立过程和细胞学说的基本内容等相关信息。 三、实验操作 通过"观察变形虫"的实验活动,培养学生对显微镜高倍镜的使用、变形虫临时装片的制作、变形虫细胞核的染色以及实验观察和交流的基本能力。 四、探究实践 **学科思想** 一、生命观念 1.通过植物细胞结构中叶绿体与光合作用功能的关系,让学生形成结构与功能观。 2.通过介绍细胞分解有机物为生命活动供能的事实,引导学生形成物质和能量观。 二、科学思维 1.通过归纳细胞各部分结构及其功能,培养学生归纳概括的能力。 2.利用"变形虫分割和核移植实验"阐明细胞核的功能,培养学生逻辑推理的思维方式。

续表

第3章第2节 细胞是生命活动的单位	德性育人	**公民道德** 一、国家意识 通过小资料"细胞学说",拓宽学生的国际视野,培养国家意识。 二、社会公德 通过"将实验后的变形虫放归自然环境"这一环节,培养学生尊重和珍爱生命的生态文明意识。 三、个人品德 **科学道德** 一、科学品质 通过学习细胞学说的建立过程,培养学生探索创新、合作共享的科学品质。 二、科学伦理
	审美育人	**自然赏美** 一、形态行为美 通过学习变形虫形态结构和运动摄食过程,引导学生感受生物形态、行为独特的美。 二、结构功能美 三、协调平衡美 通过学习变形虫的摄食和运动过程,让学生感受生物体自身的协调之美。 **科学践美** 一、科学思维美 1.通过变形虫的分割和核移植实验,让学生感受逻辑思维之美。 2.通过学习细胞学说的建立过程,引导学生体会科学家的创新思维美。 二、科学活动美 **生命育美** 一、生命文化美 二、生命内涵美
	健康育人	**健康意识** 一、健康要素 二、健康态度 **健康生活** 一、健康习惯 二、健康技能
	劳动育人	**劳动意识** 一、劳动态度 二、劳动价值 **劳动实践** 一、劳动技术 二、劳动体验 通过采集、培养变形虫和"观察变形虫"的实验,让学生体验劳动过程。

续表

		学科知识
第3章第3节细胞通过分裂而增殖	认知育人	**学科知识** 一、知识结构 1.阐述细胞体积与表面积的关系。 2.描述细胞分裂的过程。 3.阐述细胞分裂的意义。 4.概述染色质、染色体等概念以及在分裂中的变化。 二、知识应用 将"细胞体积越小物质扩散越快"的原理,应用于增强腌制食品效果的实验中。 **学科能力** 一、模型构建 1.引导学生建构或分析细胞分裂过程的物理模型。 2.引导学生建构细胞分裂次数与细胞总数的数学模型。 二、信息处理 通过"细胞分裂与癌细胞"的小资料,让学生获取细胞分裂与癌症的相关信息。 三、实验操作 四、探究实践 **学科思想** 一、生命观念 1.通过解读"动植物细胞分裂的异同与它们结构的关系",引导学生形成结构功能观。 2.通过实例"癌细胞干扰正常细胞的生命活动,破坏身体的稳态和平衡",让学生形成稳态平衡观。 二、科学思维 通过概述动植物细胞分裂的过程,培养学生归纳概括的科学思维。
	德性育人	**公民道德** 一、国家意识 二、社会公德 三、个人品德 **科学道德** 一、科学品质 通过实验操作和小组交流活动,培养学生实事求是、探索创新的科学品质。 二、科学伦理
	审美育人	**自然赏美** 一、形态行为美 通过动植物细胞的不同分裂方式,让学生感受细胞分裂的多样美。 二、结构功能美 三、协调平衡美 **科学践美** 一、科学思维美 通过"研究细胞体积与表面积的关系"活动,让学生体验科学思维之美。 二、科学活动美 通过"研究细胞大小与物质扩散的关系"实验,让学生感受科学活动美。 **生命育美** 一、生命文化美 二、生命内涵美

续表

第3章第3节细胞通过分裂而增殖	健康育人	**健康意识** 一、健康要素 二、健康态度 **健康生活** 一、健康习惯 二、健康技能
	劳动育人	**劳动意识** 一、劳动态度 参与"研究细胞大小与物质扩散的关系"实验,培养劳动态度。 二、劳动价值 **劳动实践** 一、劳动技术 二、劳动体验 通过"研究细胞大小与物质扩散的关系"的建议活动,让学生体验劳动过程。

(二)第3单元《生物圈中的绿色植物》

1.单元育人综述

地球上绿色植物分布广泛,直接或间接地为其他生物提供栖息空间、食物和能量,并对维护生物圈中的碳氧平衡和水循环发挥重要作用。单元共分三章:其中第五章《绿色开花植物的生活方式》主要阐述绿色开花植物的生命活动,包括光合作用、呼吸作用、吸收作用、蒸腾作用和运输作用;第六章《绿色开花植物的生活史》主要阐述绿色开花植物的生命周期;第七章《绿色植物与生物圈》主要阐述绿色植物作为生产者,对生物圈的存在和发展起着决定性作用。

合理利用教学资源可以让育人价值得以综合体现,通过单元教学活动可以帮助学生形成以下学科认知:植物的生存需要阳光、水、空气和无机盐等条件;绿色植物能利用太阳能(光能)把二氧化碳和水合成贮存了能量的有机物,同时释放氧气;在生物体内,细胞能通过分解糖类等获得能量,同时生成二氧化碳和水;能够识别种子的结构,学会探究种子萌发的条件,描述种子萌发和形成幼苗的过程;观察和概述植株生长、开花和结果的过程,认识植物在生态系统中是生产者,能制造有机物和氧气,为动物提供食物和栖息场所,保持水土,为人类提供许多可用的资源。学会选用不同作物、蔬菜等实验材料,开展探究绿色开花植物的实验活动,从中体验知识形成的过程,增强实验操作和探究实践能力,提高解决实际问题的能力。通过观察植物的各项生活方式和生活史,感受生命的多样美和价值美。通过概述我国丰富的植物资源,以及面临的主要问题,使学生积极关注国家或地区保护生物多样性和维护生态环境的措施,积极主动参与绿化环境、种树种草的活动等,提高学生的德性修养。

2.章节育人点设计

以第5章《绿色开花植物的生活方式》为例。绿色开花植物的生活方式是单元最重要的内容,其育人的内涵相当丰富。如利用发现光合作用的科学史,培养学生科学品质和科学精神;利用光合作用、呼吸作用、吸收作用和蒸腾作用的探究活动和观察实验,选用多种农作物、花卉作为实验材料,组织学生开展观察和探究活动,以此深化对相关知识的理解,增强实验操作和探究实践能力,提高解决实际问题的能力,同时培养学生劳动意识和劳动能力;通过对绿色植物各部分的形态、结构和功能的学习,有利于生命观念的形成,提高不同角度的审美能力。本章各节育人点设计如表2-3所示。

表2-3 第5章《绿色开花植物的生活方式》各节育人点

第5章第1节光合作用	认知育人点	**学科知识** 一、知识结构 1.阐明绿色植物光合作用的实质。 2.能自主分析光合作用探究历程的一系列实验,得出相应结论。 3.说出叶片的结构及其功能。 二、知识应用 应用光合作用的原理提高农作物产量。 **学科能力** 一、模型建构 构建并分析叶片结构的物理模型。 二、信息处理 通过学习光合作用发现史的资料,获得光合作用研究过程的信息。 三、实验操作 通过教材的验证实验、演示实验以及观察叶片结构的实验,培养实验选材处理、实验对照设置、实验检测方法和实验观察交流的能力。 四、探究实践 通过"探究影响叶绿素形成的环境因素"的活动,掌握探究实践的思路、方法和步骤。 **学科思想** 一、生命观念 通过观察叶片的结构,形成结构与功能相适应的观点。 二、科学思维 通过认识光合作用发现过程中的实验,培养逻辑推理、尊重客观与实证的科学思维。

续表

第5章第1节光合作用	德性育人	**公民道德** 一、国家意识 通过学习光合作用的发现史,拓宽国际视野,培养国家意识。 二、社会公德 通过学习利用光合作用的原理提高农作物产量,培养解决现实生活问题的社会责任意识。 三、个人品德 通过学习光合作用的发现史中科学家的故事,培养宽厚、自强自立等个人品德。 **科学道德** 一、科学品质 通过学习光合作用的发现过程,揭示科学发展过程,培养不断质疑、探索创新,合作共享的科学品质。 二、科学伦理
	审美育人	**自然赏美** 一、形态行为美 二、结构功能美 通过观察叶片结构,感受叶片结构和功能的严谨、有序、精巧美。 三、协调平衡美 **科学践美** 一、科学思维美 通过学习光合作用的发现史,感受科学探究过程的思维美。 二、科学活动美 通过学习教材的验证实验、探究实验,感受科学活动过程美以及科学活动成果美。 **生命育美** 一、生命文化美 制作并欣赏叶脉画和叶脉书签,感受生命文化美。 二、生命内涵美 通过理解光合作用是生物圈中生命生存的基础的重要意义,感受其价值美。
	健康育人	**健康意识** 一、健康要素 二、健康态度 **健康生活** 一、健康习惯 通过学习光合作用的原理,养成健康的生活习惯,如晨跑、开窗通风等。 二、健康技能
	劳动育人	**劳动意识** 一、劳动态度 鼓励学生参与建议活动"研究不同光谱成分对植物生活的影响""制作叶脉书签",培养积极的劳动态度。 二、劳动价值 通过学习光合作用发现过程中的探索实验、制作叶脉书签等活动,体会劳动价值。 **劳动实践** 一、劳动技术 通过课后实践活动,学会叶脉书签的制作技术。 二、劳动体验 通过教材中观察叶片的结构和制作叶脉书签的活动,体验劳动过程,分享制作的叶脉书签等劳动成果。

续表

第5章 第2节 呼吸作用	认知育人	**学科知识** 一、知识结构 1.观察绿色植物的呼吸现象,探究呼吸作用发生的部位。 2.说明种子萌发时吸收氧气。 3.说明种子萌发时释放出二氧化碳。 4.说明种子萌发时释放能量。 5.阐述绿色植物呼吸作用的实质和意义。 二、知识应用 呼吸作用原理在松土、食物储存等方面的应用。 **学科能力** 一、模型构建 构建呼吸作用的概念模型。 二、信息处理 三、实验操作 通过种子萌发时需要吸收氧气,释放二氧化碳和能量的演示实验,培养实验观察和交流表达的能力。 四、探究实践 通过"探究植物细胞的呼吸作用"的实验,培养探究实践的能力。 **学科思想** 一、生命观念 通过学习活细胞的呼吸作用分解有机物为生命活动提供动力,形成物质能量观。 二、科学思维 通过"探究植物细胞的呼吸作用"的实验,在做出假设和制订计划的探究过程中培养科学思维。
	德性育人	**公民道德** 一、国家意识 二、社会公德 三、个人品德 **科学道德** 一、科学品质 二、科学伦理
	审美育人	**自然赏美** 一、形态行为美 二、结构功能美 三、协调平衡美 **科学践美** 一、科学思维美 通过"探究植物细胞的呼吸作用"的实验,在做出假设和制订计划过程中,感受科学思维美。 二、科学活动美 通过"探究植物细胞的呼吸作用"的实验,感受科学活动过程美。 **生命育美** 一、生命文化美 二、生命内涵美 通过呼吸作用的原理以及在生产等方面的应用,体现其价值美。

续表

第5章 第2节 呼吸作用	健康育人	**健康意识** 一、健康要素 二、健康态度 **健康生活** 一、健康习惯 通过理解呼吸作用的原理,懂得卧室不宜多种植物,森林不宜晨练等有助健康生活的道理。 二、健康技能
	劳动育人	**劳动意识** 一、劳动态度 二、劳动价值 **劳动实践** 一、劳动技术 二、劳动体验 通过"探究植物细胞的呼吸作用"的实验,体验劳动过程。
第5章 第3节 吸收作用	认知育人	**学科知识** 一、知识结构 1.说出水和无机盐对绿色植物的重要性。 2.识别绿色植物吸收水分的结构基础——根毛。 3.阐述植物细胞及根毛的吸水和失水原理。 4.说出氮、磷、钾等无机盐对植物生活的意义。 二、知识应用 应用植物生命活动需要无机盐的原理,进行无土栽培和给移栽的植物"输液"。 **学科能力** 一、模型构建 二、信息处理 利用"三类无机盐在植物生活中的作用"的小资料,获得氮、磷、钾的作用和缺少时植物出现的症状的各种信息。 三、实验操作 通过"观察根毛"的实验活动和"观察土壤浸出液培养的幼苗"的演示实验,培养实验观察和交流能力。 四、探究实践 **学科思想** 一、生命观念 通过学习根毛的结构和功能,形成结构与功能相统一的观点。 二、科学思维 归纳总结根与其吸收水分和无机盐功能相适应的特征。
	德性育人	**公民道德** 一、国家意识 二、社会公德 三、个人品德 **科学道德** 一、科学品质 二、科学伦理

续表

第5章第3节吸收作用	审美育人	**自然赏美** 一、形态行为美 二、结构功能美 三、协调平衡美 **科学践美** 一、科学思维美 二、科学活动美 通过"观察根毛"的活动,感受科学活动过程美。 **生命育美** 一、生命文化美 二、生命内涵美
	健康育人	**健康意识** 一、健康要素 二、健康态度 **健康生活** 一、健康习惯 二、健康技能
	劳动育人	**劳动意识** 一、劳动态度 建议学生参与"参观并进行无土栽培实验",培养劳动态度。 二、劳动价值 通过参与无土栽培实验,体会劳动和劳动技术的社会价值。 **劳动实践** 一、劳动技术 二、劳动体验 通过参与"无土栽培实验"实践活动,体验劳动过程并分享所获得的水果、蔬菜和花卉等劳动成果。
第5章第4节蒸腾作用	认知育人	**学科知识** 一、知识结构 1.描述植物蒸腾现象,解释植物体内水分散失的主要原因。 2.举例说出气孔数目和分布与植物蒸腾作用的关系,说明蒸腾作用对植物生活的意义。 3.说出蒸腾作用的概念和意义。 二、知识应用 1.应用蒸腾作用的原理,在树木移栽时采取措施降低蒸腾作用。 2.利用植物的蒸腾作用降低环境温度和增加环境湿度。 **学科能力** 一、模型构建 二、信息处理 三、实验操作 通过"植物的蒸腾失水"的实验,培养实验观察、分析和表达能力。 四、探究实践 通过"探究植物气孔的数目和分布"的实验探究,培养探究实践的基本思路、方法和探究过程。 **学科思想** 一、生命观念 通过认识不同植物气孔的数目和分布,培养进化与适应的基本观念。 二、科学思维 1.通过实验和实践,归纳总结蒸腾作用的概念和意义。 2.通过"探究植物气孔的数目和分布"的活动,在做出假设和制订计划的步骤中培养科学思维。

续表

第5章第4节蒸腾作用	德性育人	**公民道德** 一、国家意识 二、社会公德 通过学习"植物蒸腾作用主要通过叶片完成",引导学生不乱摘植物叶片,增强保护植被的责任意识和生态文明意识。 三、个人品德 **科学道德** 一、科学品质 通过"探究植物气孔的数目和分布"的活动,培养勇于探索、分工协作等科学品质。 二、科学伦理
	审美育人	**自然赏美** 一、形态行为美 二、结构功能美 三、协调平衡美 **科学践美** 一、科学思维美 利用"探究植物气孔的数目和分布"的活动,通过做出假设和制订计划的环节,感受科学思维美。 二、科学活动美 在"探究植物气孔的数目和分布"的科学活动中,通过参与科学活动过程获得美的体验。 **生命育美** 一、生命文化美 二、生命内涵美 通过理解蒸腾作用的意义,感受其产生的生命价值之美。
	健康育人	**健康意识** 一、健康要素 二、健康态度 **健康生活** 一、健康习惯 二、健康技能
	劳动育人	**劳动意识** 一、劳动态度 建议参与"探究植物气孔的数目和分布"的活动,培养热爱劳动的态度。 二、劳动价值 **劳动实践** 一、劳动技术 二、劳动体验 通过"探究植物气孔的数目和分布"的活动,体验劳动过程。

续表

		学科知识
第5章 第5节 运输作用	认知育人	一、知识结构 1. 说出植物茎中运输水分和无机盐的部位及运输方向。 2. 说出茎中运输有机物的部位及运输方向。 3. 识别导管和筛管在茎中的分布部位，辨认导管和筛管的结构特征。 二、知识应用 **学科能力** 一、模型构建 通过茎横切和纵切的示意图，构建或分析茎内部结构的物理模型。 二、信息处理 三、实验操作 通过"观察茎对水分和无机盐的运输""观察枝瘤"和"观察导管和筛管"的活动，培养实验材料处理、实验观察和分析交流的能力。 四、探究实践 **学科思想** 一、生命观念 通过认识茎的横切和纵面的结构及其功能，形成结构与功能相统一的观念。 二、科学思维 通过引导学生参与讨论分析茎对水分和无机盐的运输实验结果和瘤形成的机理，培养逻辑推理等科学思维。
	德性育人	**公民道德** 一、国家意识 二、社会公德 通过学习树皮的重要性，培养学生保护植物树皮、不损坏社区花草树木的生态文明意识。 三、个人品德 **科学道德** 一、科学品质 二、科学伦理
	审美育人	**自然赏美** 一、形态行为美 二、结构功能美 通过认识茎的内部结构及其运输水分、无机盐和有机物的功能，感受结构与功能的精巧、严谨、有序之美。 三、协调平衡美 **科学践美** 一、科学思维美 通过观察和分析解释实验现象，如枝瘤的形成，感受思维逻辑之美。 二、科学活动美 通过"观察茎对水分和无机盐的运输""观察导管和筛管"的活动，感受科学活动过程美。 **生命育美** 一、生命文化美 二、生命内涵美

续表

第5章第5节运输作用	健康育人	健康意识 一、健康要素 二、健康态度 健康生活 一、健康习惯 二、健康技能
	劳动育人	劳动意识 一、劳动态度 二、劳动价值 劳动实践 一、劳动技术 二、劳动体验 通过"观察茎对水分和无机盐的运输""观察导管和筛管"的活动,体验劳动过程。

(三)第4单元《生物圈中的人》

1.单元育人综述

人是生物圈中的一员,生物圈为人类生活提供必要的物质、能量、信息和空间,人类的活动也对生物圈产生重要影响。人要从生物圈中摄取各种各样的营养物质,以满足自身对物质和能量的需求。人体循环系统将吸收的营养物质运送到身体的各种组织、器官、系统,人体产生的废物也需通过呼吸系统、循环系统和泌尿系统等的协调活动排出体外。人的各种活动受神经系统和内分泌系统的调节。人体结构和生理的知识对学生理解人体结构和功能相适应的观点,理解认识人的各种生命活动,自觉养成卫生习惯具有重要作用。

本单元综合育人功能体现在:通过认识人体的各个组织、器官和系统的正常工作为细胞提供相对稳定的生存条件,包括营养物质、氧气以及营养物质的运输,代谢废物的排出,神经调节与激素调节,人体健康的条件,各种疾病的预防及措施,达到认知育人。通过认识各器官、系统结构与功能相适应,形成结构与功能的生命观念,在此体会各器官系统的结构精巧之美、结构与功能适应之美、协调配合的和谐美,达成审美育人。通过各器官系统的卫生保健以及健康生活,达成健康育人。通过理解人与生物圈的关系,意识到人对生物圈应尽的责任和义务,渗透态度责任,达成德性育人。通过其他动物器官、系统的解剖,模型制作以及资料调查等活动达成劳动育人。

2.章节育人点设计

以第9章《人体内的物质运输》为例。本章围绕"循环系统是怎样将人体从外界获得的营养物质和氧运输到组织细胞""怎样运走细胞产生的二氧化碳等废物"展开,在学科认知上,学生除了获得血液的组成和功能、血管的结构和功能、心脏的结构和功能等生物学关键知识,还能够培养心脏和血液循环途径的模型构建能力,血细胞的观察等实验能力,领悟结构与功能相适应的生命观念;通过完成血压测定、心率测定和模拟练习止血包扎等活动,增进劳动体验,提高健康技能。本章各节育人点设计如表2-4所示。

表2-4 第9章《人体内的物质运输》各节育人点

第9章第1节血液	认知育人	**学科知识** 一、知识结构 1.说出血液的组成与功能。 2.说出血液中几种成分含量的正常值。 3.熟悉血型鉴定的方法。 4.理解血型与输血的关系。 二、知识应用 1.利用有关血液的知识对血液化验单进行分析。 2.利用血液有关知识对常见疾病进行初步诊断和简单的防治。 **学科能力** 一、模型构建 1.构建血液成分和血型的概念模型。 2.构建或分析各种血细胞的物理模型。 二、信息处理 通过"血液化验单、血型的发现、成分输血、组织液和淋巴"的小资料,分析并获取与血液成分相关的健康知识、血型和输血原则以及血浆、组织液和淋巴关系的信息。 三、实验操作 1.通过演示实验"观察血液的组成",培养学生实验观察和交流能力。 2.通过"观察血细胞"实验,培养学生使用显微镜观察各种血细胞以及交流的能力。 四、探究实践 **学科思想** 一、生命观念 1.通过血液的组成、血细胞的结构和功能,感悟结构与功能相统一的基本观念。 2.通过血液各种成分的相对稳定以及血浆、组织液、淋巴含量相对稳定,感悟人体内部稳态与平衡的基本观念。 二、科学思维 1.归纳概括血液的组成成分及其功能。 2.血液各成分的功能推测相关病症。

续表

第9章第1节血液	德性育人	**公民道德** 一、国家意识 通过小资料"血型的发现"的学习拓展国际视野。 二、社会责任 介绍《中华人民共和国献血法》,增强法治意识,培养倡导无偿献血的责任意识。 三、个人品德 **科学道德** 一、科学品质 通过血型的发现以及成分输血等资料感受科学家不断创新的科学精神。 二、科学伦理
	审美育人	**自然赏美** 一、形态行为美 感受各血细胞形态的多样美和独特美。 二、结构功能美 1.感受血液的组成成分及功能所体现的严谨有序美。 2.感受成熟红细胞的结构的精巧简约美。 三、协调平衡美 通过血浆、组织液和淋巴的关系,感受它们的协调平衡美。 **科学践美** 一、科学思维美 二、科学活动美 **生命育美** 一、生命文化美 二、生命内涵美
	健康育人	**健康意识** 一、健康要素 通过血液中各成分的作用和正常值范围,认识其与身体健康的关系。 二、健康态度 关注血液相关疾病以及失血过多对健康的影响。 **健康生活** 一、健康习惯 二、健康技能 1.根据血液分析报告单,采用多种方式进行健康咨询。 2.通过对贫血的认识,在生活中多吃蛋白质、铁含量丰富的食物,培养健康预防的技能。
	劳动育人	**劳动意识** 一、劳动态度 建议学生课后参加"模拟'血型鉴定'"的活动,培养积极的劳动态度。 二、劳动价值 **劳动实践** 一、劳动技术 二、劳动体验 通过"观察血细胞""模拟'血型鉴定'"的活动,实际体验动手动脑的劳动过程。

续表

第 9 章 第 2 节 血液循环	认知育人	**学科知识** 一、知识结构 1.说出不同血管的结构与功能相适应的特点。 2.说出心脏与其功能相适应的结构特点。 3.阐述体循环、肺循环的气体交换。 4.认识血压、脉搏的形成及运动与脉搏的关系。 二、知识应用 1.利用出血特点对受伤部位进行简单的止血包扎。 2.利用心脏的结构知识了解与心脏相关的疾病。 3.通过心率、心输出量、血压、脉搏等指标分析健康状况。 **学科能力** 一、模型构建 1.通过图片和文字建构血管结构和功能、心脏各结构和功能以及血液循环途径的概念图。 2.建构或分析血管、心脏和血液循环的物理模型。 3.通过心率、每搏输出量、心出量之间的数学关系,培养数学模型的构建。 二、信息处理 利用小资料"心动周期""心音""冠脉循环"和课外读"淋巴循环"获取心脏健康状况和淋巴循环的途径及作用的信息。 三、实验操作 1.通过演示实验"观察心脏"培养实验观察能力。 2.通过"用显微镜观察各种血管""观察水蚤的心脏搏动""观察小鱼尾鳍的血液流动",培养学生实验材料处理、显微镜的使用、观察和实验交流的能力。 四、探究实践 通过"探究运动与脉搏的关系"的活动,培养探究实践能力。 **学科思想** 一、生命观念 1.通过血管、心脏的结构和功能,感悟结构和功能相统一的基本生命观念。 2.通过血液循环和淋巴循环过程维持血液成分,保证血浆、组织液和淋巴含量相对稳定,感悟稳态与平衡的基本生命观念。 二、科学思维 1.归纳概括各种血管的结构特点及功能,心脏的结构及血液循环的途径。 2.通过血液循环的意义,推理运动与脉搏的关系,并在探究活动中进行实证。
	德性育人	**公民道德** 一、国家意识 二、社会责任 利用实验后将水蚤、小鱼放回原环境的实验过程,培养生态文明意识。 三、个人品德 利用心脏跳动和血液流动的知识,可适度体现自强不息的个人品德。 **科学道德** 一、科学品质 通过介绍血液循环的发现过程,培养客观理性、批判质疑和不断探究创新的科学态度和科学精神。 二、科学伦理

续表

第9章 第2节 血液循环	审美育人	**自然赏美** 一、形态行为美 1.感受各种血管的独特美和多样美。 2.感受心脏形态的独特美。 二、结构功能美 感受血管、心脏的结构和功能,血液循环途径所体现出的精巧简约、严谨有序美。 三、协调平衡美 感受血液循环过程中,体循环和肺循环以及心脏间的协调美。 **科学践美** 一、科学思维美 二、科学活动美 通过观察活动和探究活动体验科学活动过程之美。 **生命育美** 一、生命文化美 二、生命内涵美 感受心脏跳动和血液流动过程中所体现的生命力量美。
	健康育人	**健康意识** 一、健康要素 通过心脏的结构和小资料"冠脉循环"以及心率、心排血量、血压力、脉搏等指标,认识其与身体健康的关系。 二、健康态度 关注心血管疾病对健康的影响。 **健康生活** 一、健康习惯 通过认识心率、心排血量等健康指标,培养参加适宜体育运动,强健心脏的习惯。 二、健康技能 通过"模拟练习止血包扎"的活动,培养止血包扎的健康急救技能。
	劳动育人	**劳动意识** 一、劳动态度 二、劳动价值 **劳动实践** 一、劳动技术 二、劳动体验 通过"用显微镜观察各种血管""观察水蚤的心脏搏动""观察小鱼尾鳍的血液流动""探究运动与脉搏的关系"等实验活动,体验动手动脑的劳动过程。

二、八年级《生物学》全息育人点设计例选

(一)第6单元《生命的延续》

1.单元育人综述

生物的生殖、发育和遗传是生命的基本特征。植物、动物和人通过生殖和遗传维持种族的延续。人的生殖、发育和遗传的基本知识,对于学生认识自我、健康地生活和

认同优生优育等具有重要作用。学习动植物的生殖、发育和遗传的基本知识以及遗传育种在生产实践中应用的知识,有助于学生认识生物科学技术在生活、生产和社会发展中的作用。本单元围绕"生物的生殖和发育"和"生物的遗传和变异"展开。

本单元的综合育人价值体现在:单元中的实验观察活动如饲养家蚕、植物的营养繁殖等的开展,可以使学生通过劳动体验加深对生物技术和生物基本知识的理解和认识,在实践中感受科学活动的过程美、成果美;生物的生殖和发育现象、遗传和变异现象、人的染色体形态、不同生物繁殖行为、男女生殖系统的结构和功能、遗传与环境间的协调体现了自然美;人的生殖过程和教材中的漫画欣赏体现了对生命艺术、生命力量和生命价值的审美;人的生殖过程、禁止近亲结婚等规定以及各种学生活动还有助于学生在社会公德和个人品德方面得到提升;人的生殖过程特别是青春期健康、遗传病的知识的学习有利于学生养成良好的健康习惯,掌握一定的健康技能。通过提高学生的审美能力、增强学生的劳动体验和提高学生的德性修养,可以综合促进学生身体、心理和社会适应全面的发展。

2.章节育人点设计

以第19章"生物的生殖和发育"为例。本章围绕着人、动物和植物的生殖和发育展开,其综合育人价值体现在:通过学生的观察实验活动、参观活动如饲养家蚕和植物营养繁殖等实践活动,学生不仅加强了对学科知识的理解应用,还通过学习劳动技术,获得了劳动体验,同时体验了科学活动的美,社会公德和个人品德得到了综合发展。本章通过丰富多彩的图片和视频给学生展示了生物特有的审美素材:昆虫、两栖类和鸟类的多样形态,青蛙的抱对、变态发育等动物的生殖和发育行为;人的生殖系统的结构和功能、鸟卵的结构和功能以及生物的生殖和发育过程中自身与环境的协调性体现了自然之美;人的生殖过程中所展现的生命力量和生命的价值体现了生命内涵的美,同时生命的力量和父母亲孕育新生命时的负重和包容也对人的个性品质起到情感熏陶的作用。人的生殖和发育过程与我们的健康息息相关,生殖系统的健康、青春期和生理期的健康以及节育避孕的知识对于青春期学生健康生长具有重要的育人价值。本章各节的育人点设计如表2-5所示。

表2-5　第19章《生物的生殖和发育》各节育人点

第19章第1节人的生殖和发育	认知育人	**学科知识** 一、知识结构 1.识别男性和女性生殖系统的结构，说出主要结构的功能。 2.描述人的生殖过程，说出胚胎发育的过程和营养供应的原理。 3.描述人出生后发育的分期，概述青春期发育的特点，关注青春期发育的生理和心理健康。 二、知识应用 1.应用新生命孕育的知识，产生"生命来之不易"的情感共鸣，提升"珍爱生命、感恩父母"的情感。 2.应用青春期的知识，正确处理同学之间的关系，不早恋，应当珍惜和积极面对青春期。 **学科能力** 一、模型构建 1.建构男、女生殖系统结构和功能的概念图。 2.建构排卵、受精、胚胎发育的概念图。 3.建构青春期发育特点数学模型。 二、信息处理 1.通过"观察和识别人的生殖系统""受精卵孕育成新生命""分析人体出生后发育的资料"活动，知道人的生殖和发育的相关信息。 2.通过"分析人体出生后发育的资料"活动，提高分析处理数学模型信息的能力。 三、实验操作 四、探究实践 **学科思想** 一、生命观念 1.通过"观察和识别人的生殖系统"活动，让学生树立结构功能观。 2.脐带、胎盘联结胎儿和母体，实现胎儿与母体之间的物质交换，为胎儿提供营养物质，运走胎儿产生的代谢废物，为胎儿的生命活动提供能量，为胎儿提供稳定的生活环境。体现物质能量观、稳态平衡观。 3.人类的受精方式——体内受精，胚胎发育方式——体内发育，生殖方式——胎生。体现生物进化适应观。 二、科学思维 归纳概括人生殖系统各部分的结构、功能，形成排卵、受精、发育的推理思维。
	德性育人	**公民道德** 一、国家意识 通过"试管婴儿"的课外读，了解试管婴儿的产生和我国试管婴儿取得的成就，培养爱国情怀。 二、社会公德 通过理解计划生育政策，培养晚婚、晚育、少生、优生的态度责任感。知道早孕的危害。 三、个人品德 1.通过学习受精、胚胎发育过程，培养自强不息的个人品德。 2.通过青春期教育，培养有礼有节、互相帮助的美好心灵。 **科学道德** 一、科学品质 二、科学伦理 通过试管婴儿的资料，培养生命伦理道德。

续表

第19章第1节人的生殖和发育	审美育人	**自然赏美** 一、形态行为美 二、结构功能美 1.通过认识人的生殖系统结构及功能,感受结构和功能的严谨有序美。 2.通过精子的结构和功能的认识,感受其精巧简约之美。 三、协调平衡美 **科学践美** 一、科学思维美 学习"试管婴儿"技术原理,感悟科学思维创新美。 二、科学活动美 **生命育美** 一、生命文化美 1.通过古人"精满自溢"的解读,感受生命文学美。 2.通过生殖系统各器官组成,胎儿、脐带和胎盘的图片,感受生命艺术美。 二、生命内涵美 1.通过认识精子完成受精的过程,感受生命力量美。 2.通过认识受精、分娩及发育过程,感受生命价值美。
	健康育人	**健康意识** 一、健康要素 1.人的生殖系统结构、功能异常导致相关疾病。 2.学习青春期生理、心理健康的知识。 二、健康态度 关注生殖系统疾病对健康、孕育的影响。 **健康生活** 一、健康习惯 1.男孩青春期多参加体育锻炼和文化娱乐等活动,养成良好的生活习惯。 2.女性在月经期间要注意卫生保健。 二、健康技能 通过认识早孕的危害,预防早孕的发生和了解避孕的方法。
	劳动育人	**劳动意识** 一、劳动态度 二、劳动价值 在亲自参与"观察和识别人的生殖系统"等活动中,学生的智育、德育、健康、美育得到发展。 **劳动实践** 一、劳动技术 二、劳动体验 在亲自参与"观察和识别人的生殖系统""分析人体出生后发育的资料"活动中,学生体验学习过程。

续表

第19章第2节 动物的生殖和发育	认知育人	**学科知识** 一、知识结构 1.举例说出几种昆虫、两栖类、鸟类的生殖和发育过程。 2.概述有性生殖的过程和特点。 二、知识应用 认识益虫和害虫的生长和发育过程,有助于人类采取相应的措施保护和繁育益虫或者控制害虫。 **学科能力** 一、模型构建 1.构建鸡蛋结构物理模型。 2.在"孵化鸡卵"活动中,培养分析孵化鸡卵时的温度变化曲线。 二、信息处理 通过"外骨骼和蜕皮""照蛋"的小资料,获取昆虫发育和鸡胚发育情况的信息。 三、实验操作 通过"饲养家蚕""观察鸡卵的结构"等活动,培养实验操作和实验观察、交流能力。 四、探究实践 **学科思想** 一、生命观念 1.通过鸡蛋的结构和功能,形成结构功能观。 2.通过鸡蛋结构中的卵黄为胚胎发育提供能量,形成物质能量观。 3.通过昆虫、蛙、鸟类的生殖和发育方式,形成生物的进化适应观。 二、科学思维 1.归纳概括昆虫、蛙、鸟类的生殖和发育方式的过程和特点。 2.归纳概括鸡蛋各部分的结构及功能。
	德性育人	**公民道德** 一、国家意识 通过了解我国家蚕的饲养历史及丝绸产品,培养爱国、爱家的情怀。 二、社会公德 1.关注蝗灾及危害,讨论蝗虫的预防和控制办法。 2.学习鸟类生殖发育特点,关注鸟类与人类的和谐关系,形成爱护鸟类、保护鸟类的意识。 三、个人品德 **科学道德** 一、科学品质 二、科学伦理
	审美育人	**自然赏美** 一、形态行为美 通过图片、视频、实物,感受蝗虫、家蚕、蛙、鸟类在生殖发育过程中形态、行为的多样美、独特美。 二、结构功能美 通过图片、视频、实物,感受鸡蛋结构功能上的严谨顺序和精巧之美。 三、协调平衡美 **科学践美** 一、科学思维美 二、科学活动美 通过"饲养家蚕""观察鸡卵的结构"等活动,体验科学活动的过程美。 **生命育美** 一、生命文化美 通过欣赏关于蚕、蛙、鸟类的诗词,感受生命文化美。 二、生命内涵美 感悟动物生殖、发育过程中的生命力量美。

续表

第19章第2节动物的生殖和发育	健康育人	**健康意识** 一、健康要素 二、健康态度 **健康生活** 一、健康习惯 二、健康技能
	劳动育人	**劳动意识** 一、劳动态度 通过建议学生积极主动参与"我们来抽丝""参观养鸡场""孵化鸡卵"活动,端正学生的劳动态度。 二、劳动价值 学生通过家蚕的饲养和了解我国丝绸产业的发展历史,认同劳动在社会发展中的作用。 **劳动实践** 一、劳动技术 学会家蚕养殖和鸡卵孵化技术。 二、劳动体验 通过参与"饲养家蚕""我们来抽丝""观察鸡卵的结构""参观养鸡场""孵化鸡卵"劳动实践,体验劳动过程,展示劳动成果。
第19章第3节植物的生殖方式	认知育人	**学科知识** 一、知识结构 1.举例说明植物的生殖方式。 2.区别无性生殖和有性生殖。 二、知识应用 1.利用植物的扦插、嫁接、压条等营养生殖方式快速繁殖花卉、果树、蔬菜等。 2.利用植物组织培养技术培育优质高产的经济作物、粮食作物和蔬菜新品种,快速繁殖果树和花卉等。 **学科能力** 一、模型构建 1.建立绿色开花植物生殖方式的概念模型。 2.建构植物扦插、嫁接、压条的物理模型。 二、信息处理 利用"嫁接成活的原理"的小资料,获得嫁接成活原理的相关信息。 三、实验操作 通过"植物的营养繁殖"活动,培养实验操作能力和实验记录及表达交流的能力。 四、探究实践 **学科思想** 一、生命观念 1.通过马铃薯块茎提供的营养物质为幼芽的生长提供能量,形成物质能量观。 2.通过植物组织培养中人工培养基含有为细胞分裂分化提供能量的有机物,形成物质能量观。 二、科学思维 归纳概括植物有性生殖和无性生殖的区别以及无性生殖的类型。

续表

第19章第3节植物的生殖方式	德性育人	**公民道德** 一、国家意识 二、社会公德 三、个人品德 **科学道德** 一、科学品质 通过参加"植物的营养繁殖""参与植物组织培养的实践活动"等活动,学生养成团结协作、实事求是的品质。 二、科学伦理
	审美育人	**自然赏美** 一、形态行为美 感受植物无性繁殖的多样美、独特美。 二、结构功能美 三、协调平衡美 **科学践美** 一、科学思维美 二、科学活动美 通过参加"植物的营养繁殖"活动、"参与植物组织培养的实践活动"等活动,感受活动的过程美。 **生命育美** 一、生命文化美 二、生命内涵美 通过植物在无性繁殖过程中体现出旺盛的生命力,感受生命的力量美。
	健康育人	**健康意识** 一、健康要素 植物嫁接实验中正确安全使用嫁接刀。 二、健康态度 **健康生活** 一、健康习惯 二、健康技能
	劳动育人	**劳动意识** 一、劳动态度 通过倡导学生积极参与植物组织培养的实践活动,端正劳动态度。 二、劳动价值 通过参与植物无性繁殖过程,认识无性繁殖技术对社会发展的作用。 **劳动实践** 一、劳动技术 尝试学习扦插、嫁接、压条、植物组织培养等技术。 二、劳动体验 1.体验植物扦插、嫁接、压条、组织培养的劳动过程。 2.展示分享植物扦插、嫁接、压条、组织培养的劳动成果。

(二)第7单元《生命的演化》

1.单元育人综述

地球上的生命,经历了从无到有、由简单到复杂、由低等到高等、由水生到陆生的发展过程。通过本单元的学习,在认知育人方面,学生能尝试根据一定的特征对生物进行分类;能描述病毒、细菌和真菌的主要特征以及它们与人类生活的关系;能概述植物(藻类植物、苔藓植物、蕨类植物、种子植物)、无脊椎动物不同类群(如腔肠动物、扁形动物、线形动物、环节动物、软体动物、节肢动物等)、脊椎动物不同类群(鱼类、两栖类、爬行类、鸟类、哺乳类)的主要特征以及它们与人类生活的关系;能说明保护生物多样性的重要意义;同时可以描述生命起源的过程;概述生物进化的主要历程。

本单元的综合育人价值体现在:通过自然选择学说为核心的生物进化理论的认知,解释生物进化和发展,学生建立生物的进化与适应观、树立辩证唯物主义自然观。通过对生物分类的学习,厘清生物之间的亲缘关系,认同生物来源于共同的祖先,在不断地演化过程中形成了不同种的生物的观念,建立生物多样性的观点。认同生物多样性对维护生态平衡具有重要作用的生态观,培养保护生物多样性对于人类的生存和发展具有重要意义的态度责任。

2.章节育人点设计

以第22章《物种的多样性》为例。生物多样性是地球上生物亿万年进化的结果。《物种的多样性》一章以生物的分类、原生生物的主要类群、植物的主要类群、动物的主要类群为线索,呈现了生物的多样性。教师通过一系列育人活动实现五育间的有机融合,如在尝试对生物进行分类的活动中,使学生进一步了解生物的多样性,增强保护生物的多样性、保护环境的意识;安排调查和建立校园生物类群实践活动,渗透劳动的观念和意识。在对原生生物的主要类群、植物的主要类群、动物的主要类群的学习中,能让学生体会到生物形态行为的多样美。通过对植物学家和动物学家事迹的了解,培养追求真理,崇尚科学的精神,渗透德性育人。通过了解藻类、植物、动物等的营养价值和可能引发的疾病,培养学生健康意识和健康技能。开展观察水体中的原生动物、制作种子画、叶脉画、香囊、拓印画和动物标本等活动,培养劳动的意识和劳动技能。本章各节全息育人点设计如表2-6所示。

表2-6　第22章　物种的多样性　各节育人点

章节	育人维度	育人点
第22章 第1节 生物的分类	认知育人	**学科知识** 一、知识结构 1.说出生物分类的概念、依据和意义。 2.阐述根据植物和动物的结构特征进行分类的思路。 3.列举生物的主要类群。 二、知识应用 应用分类学知识，为当地动植物分类。 **学科能力** 一、模型构建 二、信息处理 通过"认识生物的工具书—'植物志''动物志'""双名法"的小资料和"生物分界"的课外读，获取鉴别各种生物的方法、生物命名和分界的相关信息。 三、实验操作 四、探究实践 **学科思想** 一、生命观念 二、科学思维 通过活动"编写检索表"，培养学生严密的逻辑思维能力。
	德性育人	**公民道德** 一、国家意识 二、社会公德 三、个人品德 **科学道德** 一、科学品质 二、科学伦理
	审美育人	**自然赏美** 一、形态行为美 通过对生物分类的活动,感受各种生物形态多样美和独特美。 二、结构功能美 三、协调平衡美 **科学践美** 一、科学思维美 二、科学活动美 **生命育美** 一、生命文化美 二、生命内涵美
	健康育人	**健康意识** 一、健康要素 二、健康态度 **健康生活** 一、健康习惯 二、健康技能
	劳动育人	**劳动意识** 一、劳动态度 建议学生课后尝试"为当地常见的经济动物或植物确定分类地位"的活动,引导学生积极参与劳动。 二、劳动价值 **劳动实践** 一、劳动技术 二、劳动体验

续表

第22章第2节原生生物的主要类群	认知育人	**学科知识** 一、知识结构 1.说出原生生物的主要特征及所包含的类群。 2.说出原生生物的主要特征及与人类的关系。 3.概述藻类的主要特征及与人类的关系。 二、知识应用 **学科能力** 一、模型构建 二、信息处理 三、实验操作 四、探究实践 **学科思想** 一、生命观念 通过原生生物的结构和生理功能，形成结构与功能的基本观念。 二、科学思维
	德性育人	**公民道德** 一、国家意识 二、社会公德 通过认识藻类的作用，培养环境保护的生态意识。 三、个人品德 **科学道德** 一、科学品质 二、科学伦理
	审美育人	**自然赏美** 一、形态行为美 感受原生生物形态的独特美和多样美。 二、结构功能美 三、协调平衡美 感受原生生物与其生活环境的协调平衡美。 **科学践美** 一、科学思维美 二、科学活动美 **生命育美** 一、生命文化美 二、生命内涵美
	健康育人	**健康意识** 一、健康要素 了解某些原生生物会使人患病，如阿米巴变形虫使人患痢疾。 二、健康态度 关注环境中的原生生物对健康的影响。 **健康生活** 一、健康习惯 通过认识原生生物引发的疾病，养成饮食卫生的习惯。 二、健康技能

续表

第22章第2节原生生物的主要类群	劳动育人	**劳动意识** 一、劳动态度 二、劳动价值 **劳动实践** 一、劳动技术 二、劳动体验
第22章第3节植物的主要类群	认知育人	**学科知识** 一、知识结构 1.画出植物系统进化树。 2.说出苔藓植物、蕨类植物、种子植物的结构特征、典型类群、作用。 二、知识应用 将生物分类知识应用于植物鉴定和挂牌。 **学科能力** 一、模型构建 构建"植物类群及典型特点"的概念模型。 二、信息处理 通过"常见的5科被子植物"小资料，获取5科被子植物的相关信息。 三、实验操作 通过"观察比较不同植物"的活动，培养实验观察和交流能力。 四、探究实践 **学科思想** 一、生命观念 1.通过认识不同植物的结构和功能，形成结构与功能相统一的基本观念。 2.通过认识不同植物和它们生存的环境，形成进化适应的基本观念。 二、科学思维 通过"观察比较不同的植物"活动，培养学生归纳概括、比较分析的科学思维。
	德性育人	**公民道德** 一、国家意识 通过了解我国丰富的植物资源，培养爱国爱家乡的情怀。 二、社会公德 通过了解植物的重要性，提高学生的环保意识和资源保护意识。 三、个人品德 **科学道德** 一、科学品质 二、科学伦理
	审美育人	**自然赏美** 一、形态行为美 利用不同植物的图片，感受植物形态的多样美和独特美。 二、结构功能美 三、协调平衡美 **科学践美** 一、科学思维美 二、科学活动美 **生命育美** 一、生命文化美 二、生命内涵美

续表

第22章第3节植物的主要类群	健康育人	**健康意识** 一、健康要素 二、健康态度 **健康生活** 一、健康习惯 二、健康技能
	劳动育人	**劳动意识** 一、劳动态度 建议参与"识别校园常见植物并给植物挂牌"活动，培养积极的劳动态度。 二、劳动价值 **劳动实践** 一、劳动技术 二、劳动体验
第22章第4节动物的主要类群	认知育人	**学科知识** 一、知识结构 1.说出无脊椎动物的主要类群及每个类群的典型特征。 2.列举脊椎动物与人类的关系。 3.举例阐述动物某一特征在进化过程中的进化趋势。 二、知识应用 **学科能力** 一、模型构建 二、信息处理 通过"血吸虫病""棘皮动物""淡水养鱼""扬子鳄""鸟类适于飞行的特点"小资料，培养信息处理能力。 三、实验操作 四、探究实践 **学科思想** 一、生命观念 1.通过对不同动物的结构及其功能的认识，形成结构功能相统一的观念。 2.通过认识不同类群动物及其生活环境，形成进化适应观。 二、科学思维
	德性育人	**公民道德** 一、国家意识 通过了解我国特有的珍稀动物，培养爱国爱家乡的情怀。 二、社会公德 通过了解不同类群动物与人类的关系的重要性，培养热爱、保护动物的生态文明意识。 三、个人品德 **科学道德** 一、科学品质 二、科学伦理

续表

第22章第4节动物的主要类群	审美育人	**自然赏美** 一、形态行为美 通过欣赏不同动物的图片,感受动物形态的独特美和多样美。 二、结构功能美 三、协调平衡美 **科学践美** 一、科学思维美 二、科学活动美 **生命育美** 一、生命文化美 二、生命内涵美
	健康育人	**健康意识** 一、健康要素 认识某些动物的毒性或对身体健康造成的危害,如蛔虫。 二、健康态度 通过关注野生动物对人体健康的影响,培养健康态度。 **健康生活** 一、健康习惯 二、健康技能
	劳动育人	**劳动意识** 一、劳动态度 建议参与"观察蛙的发育""参加爱鸟周活动""参观动物园"的活动,培养积极的劳动态度。 二、劳动价值 **劳动实践** 一、劳动技术 二、劳动体验

(三)第8单元《生物与环境》

1.单元育人综述

自然环境中有着各种各样的生物,环境影响生物的生活,生物也能适应、影响和改变环境,生物与环境相互作用,形成了丰富的生态系统。本单元主要介绍了生态系统的基本概念、结构、功能;人与农村、城市生态系统的关系,以及人与环境和谐相处的问题。可以通过对一片草地、一个池塘、一块农田等环境的研究,学习调查和观察的方法,加深对生物与环境关系的认识。让学生热爱大自然,理解人与自然和谐发展的意义,以及提高环境保护意识。

本单元综合育人价值体现在:通过认识生物与环境的关系,人与环境的关系,建立适应与进化观、协调与平衡观的生命观念;通过了解生态系统物质循环和能量流动的关系形成物质与能量观;了解生态系统稳定性的重要意义,形成稳态与平衡观。结合校园开展各项实践活动,如带领学生在校园里或者周围的环境中观察生物之间的关系、生物与非生物环境相互适应的现象,还可以结合社区,开展寻找周围环境中生态系统遭受破坏的地方,并进行观察、分析,让学生通过劳动实践,最后提出解决方法,渗透劳动产生价值的意识。通过开展制作生态瓶的实践活动,体会到生态系统的协调稳定之美,通过劳动体验形成自己的劳动创造。通过生态系统的破坏的事例,引导学生了解我国环境保护法律法规,认同生态系统中每一环都有其价值,对整个生态系统产生影响。结合我国国情,引导学生关注我国人口数量与环境的关系、关注城市环境和农村环境等社会热点议题,并运用所学的生物学知识,联系家居环境和健康的关系,指导健康的生活。

2.章节育人点设计

以第23章《生态系统及其稳定性》为例。《生态系统及其稳定性》一章主要阐述生态系统的基本结构和功能以及如何维持生态系统的稳定性等知识,通过介绍生态系统的组成及成分的作用,呈现了多种多样的生态系统,并帮助学生理解生态系统的结构和功能的稳定对人类的重要性,培养学生建立生态文明意识。本章的综合育人价值体现在:通过了解生物与环境的相互影响的关系,建立适应与进化的生命观念和生态系统的协调与稳定的观点,教师可以引导学生体会生态系统的协调平衡之美,并引导学生感受生物与环境的和谐发展,形成健康的生活态度。通过制作生态瓶等实践活动,让学生基于劳动体验,践行自己的审美和劳动创造。本章各节育人点设计如表2-7所示。

表2-7 第23章《生态系统及其稳定性》各节育人点

		学科知识
第23章第1节生物的生存依赖一定的环境	认知育人	一、知识结构 1.说出生态因素的分类。 2.举例说出非生物因素对生物的影响。 3.举例说出生物因素对生物的影响。 二、知识应用 **学科能力** 一、模型构建 建构环境对生物生存影响的概念模型。 二、信息处理 三、实验操作 四、探究实践 **学科思想** 一、生命观念 通过生物与生物、生物与非生物环境间的关系,形成进化与适应的生命观念。 二、科学思维

续表

第23章第1节生物的生存依赖一定的环境	德性育人	**公民道德** 一、国家意识 二、社会公德 三、个人品德 **科学道德** 一、科学品质 二、科学伦理	
	审美育人	**自然赏美** 一、形态行为美 二、结构功能美 三、协调平衡美 **科学践美** 一、科学思维美 二、科学活动美 **生命育美** 一、生命文化美 二、生命内涵美	
	健康育人	**健康意识** 一、健康要素 二、健康态度 **健康生活** 一、健康习惯 二、健康技能	
	劳动育人	**劳动意识** 一、劳动态度 二、劳动价值 **劳动实践** 一、劳动技术 二、劳动体验	
第23章第2节生态系统概述	认知育人	**学科知识** 一、知识结构 1.说出生态系统的概念及实例。 2.概述生态系统的组成成分及各成分在生态系统中的作用。 3.阐明生物圈是地球上最大的生态系统。 二、知识应用 **学科能力** 一、模型构建 建构生态系统的组成成分及其作用的概念模型。 二、信息处理 三、实验操作 四、探究实践 **学科思想** 一、生命观念 二、科学思维 通过"分析森林中的生物及其生活的环境"活动,培养学生分析比较、归纳总结的思维方式。	

续表

第23章第2节生态系统概述	德性育人	**公民道德** 一、国家意识 二、社会公德 通过学习生态系统的各组分的作用,引导学生形成保护生态系统的责任意识。 三、个人品德 **科学道德** 一、科学品质 二、科学伦理
	审美育人	**自然赏美** 一、形态行为美 二、结构功能美 三、协调平衡美 感受凯巴森林中的各种生物与环境和谐相处的协调平衡之美。 **科学践美** 一、科学思维美 二、科学活动美 **生命育美** 一、生命文化美 二、生命内涵美
	健康育人	**健康意识** 一、健康要素 二、健康态度 **健康生活** 一、健康习惯 二、健康技能
	劳动育人	**劳动意识** 一、劳动态度 二、劳动价值 **劳动实践** 一、劳动技术 二、劳动体验

续表

第23章第3节生态系统的结构和功能	认知育人	**学科知识** 一、知识结构 1.说出生态系统的营养结构——食物链和食物网。 2.分析生态系统中各成分的能量关系,概述生态系统能量流动的特点。 3.以碳循环为例,说明生态系统物质循环的特点。 4.概述生态系统的功能和特点。 二、知识应用 应用生态系统的物质循环功能的知识,分析农田施用农药的害处,知道食物链对农药的富集作用最终影响最大的是人类自己,从而引起人们对生态保护的关注。 **学科能力** 一、模型构建 建构生态系统结构和功能的概念模型。 二、信息处理 通过"捕食食物链与碎屑食物链"小资料和"'生物圈2号'实验"的课外读,培养信息辨别、整合的能力。 三、实验操作 通过"制作生态瓶"的活动,培养实验制作、观察和分析能力。 四、探究实践 **学科思想** 一、生命观念 1.通过生态系统的物质循环和能量流动的理解,形成物质与能量观。 2.通过分析生态系统的结构和功能,形成结构功能观。 二、科学思维 通过"讨论水族箱中能量的来源与流动""分析生态系统的碳循环"活动,培养严谨的科学思维。
	德性育人	**公民道德** 一、国家意识 二、社会公德 通过对资料"生物圈2号"实验的分析,激发学生爱护我们唯一的生存家园——地球的意识。 三、个人品德 **科学道德** 一、科学品质 二、科学伦理
	审美育人	**自然赏美** 一、形态行为美 二、结构功能美 感受生态系统结构和功能的精巧,严谨有序之美。 三、协调平衡美 **科学践美** 一、科学思维美 通过"讨论水族箱中能量的来源和流动"和"分析生态系统的碳循环"的活动,感受科学思维的逻辑之美。 二、科学活动美 **生命育美** 一、生命文化美 二、生命内涵美

续表

第23章第3节生态系统的结构和功能	健康育人	**健康意识** 一、健康要素 二、健康态度 **健康生活** 一、健康习惯 二、健康技能
	劳动育人	**劳动意识** 一、劳动态度 二、劳动价值 **劳动实践** 一、劳动技术 二、劳动体验 通过"制作生态瓶"的活动,体验劳动过程并分享自制的生态瓶。
第23章第4节生态系统的稳定性	认知育人	**学科知识** 一、知识结构 1.说出生态系统的稳定性的概念。 2.以实例阐述生态系统具有一定的自我调节能力。 3.阐明生态系统的自我调节能力是有限的。 二、知识应用 将生态系统稳定性的知识应用于畜牧、养殖等方面。 **学科能力** 一、模型构建 分析凯巴森林中黑尾鹿数量变化和生态系统的自我调节能力的数学模型。 二、信息处理 通过"远渡重洋的屎壳郎"小资料和"外来物种入侵"的课外读,培养鉴别、利用信息的能力。 三、实验操作 四、探究实践 **学科思想** 一、生命观念 通过理解生态系统的稳定性,形成稳态与平衡的生命观念。 二、科学思维 通过"分析凯巴森林被破坏的原因"的活动,培养逻辑推理等科学思维。
	德性育人	**公民道德** 一、国家意识 二、社会公德 通过理解生态系统的自我调节能力是有限的,以及人类活动对生态系统的影响,培养保护生态环境的生态文明意识。 三、个人品德 **科学道德** 一、科学品质 二、科学伦理

续表

第23章第4节生态系统的稳定性	审美育人	自然赏美 一、形态行为美 二、结构功能美 三、协调平衡美 通过学习生态系统的稳定性,感受生态系统的协调平衡之美。 科学践美 一、科学思维美 二、科学活动美 生命育美 一、生命文化美 二、生命内涵美
	健康育人	健康意识 一、健康要素 二、健康态度 健康生活 一、健康习惯 二、健康技能
	劳动育人	劳动意识 一、劳动态度 二、劳动价值 劳动实践 一、劳动技术 二、劳动体验

(四)第9单元《生物技术》

1.单元育人综述

生物技术包括传统的生物技术和现代生物技术,生物技术的迅猛发展已显现巨大的社会效益和经济效益,并对人类生活和社会发展产生重大影响。单元在学科知识上的要求是能够说出发酵技术、转基因技术和克隆技术在生活、生产中的应用;在学科能力上的要求是运用发酵技术制作一种传统食品。

本单元的育人资源主要有:关于生物技术和产品的图片资料;"制曲""利用微生物生产蛋白质""首次基因治疗的成功案例""防范基因对环境潜在威胁的必要性"等文字资料;"品尝一杯自制的酸奶""酿一瓶醇香浓郁的米酒""选做一种调味的发酵酱""参观食品加工厂""制作沼气发酵装置""调查发酵技术产品在生活中的应用"等学生活动。利用这些图文资料,可以培养学生信息处理的能力;通过关注生物技术及产品在生产生活中的应用,关注转基因技术的安全性和克隆技术的伦理性,培养态度责任意识和科学道德素养;通过学生活动,培养运用一定的劳动技术,体验劳动过程,感受科学活动过程之美。

2.章节育人点设计

以第25章《生物技术》为例。本章各节育人点设计如表2-8所示。

表2-8 第25章《生物技术》各节育人点

第25章 第1节 发酵技 术	认知 育人	**学科知识** 一、知识结构 1.说出酸奶、米酒、面酱、沼气的使用菌种及制作原理。 2.举例说出工业化的发酵技术产物。 二、知识应用 将发酵技术应用于生活、生产中的相关产品制作中。 **学科能力** 一、模型构建 二、信息处理 1.利用"制曲"的小资料,培养学生信息处理的能力。 2.通过"利用微生物生产蛋白质"的课外阅读资料,培养信息利用的能力。 三、实验操作 1.通过制作酸奶、米酒的活动,培养实验操作和分析能力。 2.通过"制作简易沼气发酵装置"的活动,培养实验制作和分析能力。 四、探究实践 **学科思想** 一、生命观念 二、科学思维 在"品尝一杯自制的酸奶""酿一瓶醇香浓郁的米酒"和"制作简易沼气发酵装置"的活动中,通过制作过程中的问题分析培养学生的逻辑思维。
	德性 育人	**公民道德** 一、国家意识 二、社会公德 三、个人品德 **科学道德** 一、科学品质 二、科学伦理
	审美 育人	**自然赏美** 一、形态行为美 二、结构功能美 三、协调平衡美 **科学践美** 一、科学思维美 通过制作活动中的实验分析,感受科学思维之美。 二、科学活动美 通过制作酸奶、发酵装置等活动,感受科学活动过程和成果之美。 **生命育美** 一、生命文化美 二、生命内涵美 通过微生物的发酵给人们生活、生产所产生的价值,感受生命价值美。

续表

第25章 第1节 发酵技术	健康育人	**健康意识** 一、健康要素 二、健康态度 **健康生活** 一、健康习惯 在制作发酵产品的过程中,引导学生养成良好的卫生习惯。 二、健康技能
	劳动育人	**劳动意识** 一、劳动态度 通过建议参与"选做一种调味的发酵酱"的活动,培养学生积极的劳动态度。 二、劳动价值 通过生活中发酵技术的应用和工业发酵技术对社会生产力的促进作用,感受劳动的价值。 **劳动实践** 一、劳动技术 通过各种制作活动,培养了解学习某些发酵食品制作的技术。 二、劳动体验 通过制作酸奶、米酒、面酱、简易沼气发酵装置的活动,体验劳动过程并分享劳动成果。
第25章 第2节 现代生物技术	认知育人	**学科知识** 一、知识结构 1.阐述转基因技术的过程。 2.举例说明转基因技术在制药、遗传病诊治、农业上的应用。 3.阐述克隆技术的过程。 4.分析现代生物技术引发的社会问题。 二、知识应用 **学科能力** 一、模型构建 构建转基因技术和克隆技术过程的概念模型。 二、信息处理 通过"首次基因治疗的成功案例"和"防范基因对环境潜在威胁的必要性"的小资料,培养信息分析和利用的能力。 三、实验操作 四、探究实践 **学科思想** 一、生命观念 二、科学思维 在"了解科学家利用细菌合成人胰岛素的过程""寻找科学家培育克隆羊'多莉'的成功奥秘"活动中,培养学生归纳概括、分析推理的科学思维。

续表

第25章第2节现代生物技术	德性育人	**公民道德** 一、国家意识 二、社会公德 通过关注转基因技术和克隆技术的应用前景和安全、伦理方面的隐患,培养态度责任。 三、个人品德 **科学道德** 一、科学品质 二、科学伦理 通过转基因技术和克隆技术的讨论,培养正确的生态伦理和生命伦理观。
	审美育人	**自然赏美** 一、形态行为美 二、结构功能美 三、协调平衡美 **科学践美** 一、科学思维美 二、科学活动美 **生命育美** 一、生命文化美 二、生命内涵美
	健康育人	**健康意识** 一、健康要素 二、健康态度 **健康生活** 一、健康习惯 二、健康技能
	劳动育人	**劳动意识** 一、劳动态度 二、劳动价值 **劳动实践** 一、劳动技术 通过转基因技术和克隆技术在生活、生产中的应用,理解技术与科学和社会之间的关系。 二、劳动体验

第三章 初中生物学学科全息育人教学设计

自20世纪60年代教学设计提出以来,随着时间的推移和科学技术的发展,其概念在不断地发展和完善。无论从哪个角度定义教学设计,教学设计都是在课堂实施前一个重要的环节。教师和教研人员通过教学设计,将对课标的理解,对教学内容、教学对象的分析等加以整合,做出对教学的整体规划、构想和系统设计,形成具有一定教育思想观念、具有可操作性的方案。

　　初中生物学学科全息育人教学设计,是基于重庆市北碚区学科全息育人教育理念,以初中学生为教学对象,以课标为指导下的科学规划初中生物学学科教学系统的过程。初中生物学学科全息育人教学设计主要分析学科全息育人教学中的五育融合的问题和需求、确立育人目标、选择相应的教学策略和教学媒体,使育人效果最优化。本章就初中生物学学科全息育人教学设计的理念、原则、要素、案例分析四个方面进行阐释,旨在为老师们撰写初中生物学学科全息育人教学设计提供一些思路。

第一节　初中生物学学科全息育人教学设计理念

理念,是人们在长期的工作实践中,逐渐形成的理性思考,它包括对工作形成的思想观念、精神向往、理想追求等的抽象概念。教学设计理念是教学工作的灵魂,它看不见摸不着,但是却渗透到教学的各个环节。结合初中生物学学科特色,初中生物学学科全息育人教学设计理念发生了一定的发展和变化。本节主要从学生观、教师观和教学观三个角度来分析教学设计理念的转变。

一、学生观

学生观,即教师如何看待学生,在一定程度上,学生观是教师从事教学活动的出发点。教师有着不同的学生观,在进行教学设计时的出发点和活动呈现方式都大不相同。那么,在进行教学设计时,教师如何看待学生才能在教育教学中实现学科全息育人呢?

(一)坚信学生将来是一个有道德情操的人

教师在进行教学设计时需要认识到学生是带着他们自己对世界的认知走进课堂的,教师可以引导学生使用自身的和外源的经验素材建构新认知、新观念。作为教育者的主体教师更应该担负起教育学生的责任,相信孩子将来是一个有道德修养的人,那么在日常的教学设计中,教师就会在许多教育环节中有意无意地设计一些为了达到德育目标的活动或者片段。例如在设计北师大版八年级上第18章第二节《微生物与人类的关系》时,对于微生物与疾病内容的学习,教师设计列举了艾滋病、流感、肝炎、新冠等传染病的大量图片和患者症状介绍,让学生从视觉、听觉等方面体会到病患的痛苦,萌生怜悯病人的情感。教师通过这个育人活动的设计期待学生更多地理解、同情和用自己的方式帮助病人。学生通过学习会自然产生同情病人的情感,同时也懂得珍惜自己的身体。教师应坚信每位学生都具备一心向善、珍爱生命的品德,只是需要设计一些活动,在适当时候给予一定的点拨和引导,把学生优良的道德情操激发出来。

(二)坚信学生将来是一个有审美能力的人

随着教育水平的发展,家长、学校、社会对学生的期待不再是单纯地掌握学科知识,而是在审美方面也提出了一定的要求。教师坚信学生不仅腹有诗书气自华,而且有一定的审美能力。学生可以是一个优雅的人,他的内心世界比较丰盈,能够感知生活的美好。在进行初中生物学学科全息育人教学设计时,教师可以通过精心选择和呈现图片、动画、视频的方式来培养学生的审美,如在设计北师大版初中生物学八年级上册《动物运动的方式》时,学生通过欣赏水、陆、空不同生活环境中动物的运动方式的视频,感受动物运动方式的多样美、动物身体结构与运动的协调平衡美;教师还可以设计一些实验或者活动,引导学生观察颜色、结构等的变化,感觉其过程、结果美。教师甚至可以设计在课堂上呈现实物的活动,从而更加直观地渗透对学生审美的教育,如学到北师大版初中生物学八年级上册第六单元第19章第3节《植物的生殖方式》这节内容,教师可以设计将所要讲授蜡梅的花、种子、果实等实物带到课堂,学生仔细观察枝条、动手进行扦插等,在操作的过程中感受植物的生命美。

(三)坚信学生将来是一个健康的人

在培养人的过程中,学生不仅需要掌握丰富的学科知识,还需要拥有健康的体魄和健康的心理。在初中生物学学科全息育人教学设计过程中,教师可以通过安排丰富的育人活动来培养学生健康的意识、态度和保持良好的健康习惯及健康的心态。例如在学习神经系统的知识中,在认识人的反应速度这一小节内容时,教师可以设计学生与学生之间牵手的活动来进行实验,让学生感知到人的反应速度是可以经过训练得到提高的。一个小小的育人活动的设计,不仅对学生的身体进行了锻炼,还对学生小组合作意识进行了培养。

(四)坚信学生将来是一个勤劳的人

相信学生勤劳,是站在劳动教育这个出发点来谈的。劳动教育可以培养学生吃苦耐劳的精神,以及用实践来检验真理的热情。劳动创造美好的生活,作为教师,我们坚信学生是勤劳的,我们会开展好劳动教育。例如,在学习了北师大版初中生物学七年级上册《绿色开花植物的生活方式》和《绿色开花植物的生活史》后,教师可以设计一些劳动实践活动——植物种植,让学生在课余时间播种小麦、绿豆、花卉种子等,学生可以通过自然笔记、拍照、制作实践活动微视频等形式观察并记录种子的萌发、生长、开花和结果这一过程。

二、教师观

教师观,即教师如何看待和定位自己,对进行教学设计、开展教学活动以及提高课堂效果都有相当重要的作用。从广义上看教师观是人们对教师职业的认识、看法和期望的反映,从狭义上看是教师对教师职业的特点、责任,教师的角色以及科学履行职责所必须具备的基本素质等方面的认识。在学科全息育人理念的背景下,教师观也发生了一些转变与发展,教师结合新的教师观能更好地进行教学方案的设计,从而达到更好的教学效果。

(一)由知识的灌输者转变为学生学习的引导者

经历几次教育改革,初中生物学课堂不断地发展,初中生物学课堂的活力和价值态势良好。初中生物学学科全息育人教学设计更加注重学生在认知、德性、审美、健康和劳动五方面的发展。教师在设计之初就明确将学习的主动权还给学生,由知识的灌输者转变为学生学习的引导者。教师对学生各方面抱有一定的期待的情况下,通过科学设计育人活动,如自主阅读教材、小组讨论、资料分析、表达交流、实验操作等,使学生学习时积极主动,学得快乐,获得良好的课堂学习体验。同时通过全方位、全程的学科育人,学生的能力得到锻炼,发展学生的学科核心素养。而由于角色发生了变化,教师也由传统的教书匠变成了教育者,教师教得也相对轻松,学生学的效果也相对较好,教师的幸福感得以提升。此外,教师教学观相应的转变,在教学设计中会更多地体现出对学生的期待和鼓励。这些期待和鼓励,往往为学生打开了成长的空间,增添了成长的动力,从而更加有效地促进学生德智体美劳全面的发展。

(二)由课程的忠实执行者转变为课程的建设者和开发者

传统的教学中,多数教师按照教材中知识点的顺序,依次把教材上的知识点传授给学生,有的甚至视教材为圭臬,对于教材的忠诚度是相当高的。在当前学科全息育人理念背景下,教师不再是一个教课本的工匠。在课程设计时,教师在研读教材,深刻理解教材编写者背后的意图、知识逻辑顺序的前提下,尊重教材,合理利用教材教,而不是教教材。教师还需要结合学生的学情、地方特色和教学育人的五育目标,对教材进行适当的取舍和补充,即一线教师可以主动参与到课程的建设和开发上来。如在设计北师大版初中生物学七年级上册第三单元的《生物圈中的绿色植物》的相关学习时,教师设计一些实践活动课程,如给校园的植物挂牌;验证植物的光合作用产生淀粉;种植一株自己喜爱的植物,做好观察日记;实验观察植物的运输作用等。学生选择自己喜欢的生物活动去实践后,教师还可以设计开展实践成果展示会。这类实践活动的设计,可以增强学生的学习自信心,培养学生合作、探索、创新等精神,提高学生的审美能力,提升学生珍爱生命的意识。教师在对这部分内容进行教学设计时充分利用学生的学习兴趣,将教材内容与学生的生活实践高度结合,创造性地设计实践活动课程,由课程的忠实执行者转变为课程的建设者和开发者。

(三)从闭门造车走向团队合作

在学科全息育人的理念下,想做好教学设计,除了教师自己转变学生观、教师观外,还需要与其他教师、教研员等进行商讨协作,实现从"闭门造车"到"团队合作"。相比起传统的教学设计更多的是单纯的知识传授,初中生物学学科全息育人教学设计不仅注重生物大概念的教学,帮助学生掌握基本的生物学知识和能力,同时落实德性育人、审美育人、健康育人和劳动育人的要求。如果教师闭门造车、孤军奋战,可能对教材中育人点的挖掘不够全面,对于育人目标的设定和落实就可能会比较浅显。

初中生物学学科全息育人教学设计,可以由一名教师先自主完成某单元、某一节课时的教学设计,然后备课组内的其他教师仔细研读此教学设计,在此基础上提出书面修改意见,而后主备课教师充分吸取意见,再次和备课组教师进行讨论商榷,形成较为完善的教学设计。在课程实施时,整个学校的生物教研组教师都认真观课,课后及时进行课堂的点评,指出设计中的改进点,教师再结合学校教研组的建议等进一步完善教学设计;除了集备课组集体的力量外,还可以在学科教研组、教育集团中、所在区域所有初中生物学教师的团队中进行思维碰撞;从独自设计逐渐地走向团队合作,应用团队的智慧,从而更全面地确定育人目标、育人策略等,从而形成优秀的初中生物学学科全息育人教学设计。

三、教学观

教学包括了教师的教和学生的学,但并不是教和学的简单相加。以发展的教学观引领教学设计,对初中生物学学科全息育人教学设计的撰写尤为重要。

(一)教学应该以学生为主体,教师为主导

教师应该给予学生充分的信任,以学生为主体,对学生的学习进行有意识的指导,发挥主导作用。而学生应成为学习的主体,自主有效地开展学习,成为学习的主人。

在进行初中生物学学科全息育人教学设计时,教师需要合理地将教学策略和学生

学习方法与育人目标结合。基于建构主义理念,在学生已有的知识和能力的基础上,教师可以设计如自主阅读教材、思考、小组讨论、代表发言、观看模型、自主填写导学案、开展实验等学生活动,学生深度参与课堂学习,自主习得知识。教师再结合学生的反馈情况,进行适当的引导,师生一起进行适度的总结归纳。教师在做教学设计时应考虑讲授的时长和时机,对重难点内容适当讲解,对学生不易自己学懂的点、易错的点可以详细讲解。应设计更多的学生活动,让学生自己去体验、实践。这样的教学设计在课堂实施时,学生会更主动地参与到学习中去,更能体会到学习的乐趣。

(二)教学设计重视预设多样,灵活应对生成

《礼记·中庸》一书:"凡事预则立,不预则废。"在初中生物学学科全息育人的教学设计中,我们注重教学要有明确的育人目标,认真的准备和周密的安排。能够在一定程度上做好课前的一系列预先设计都是教学预设。初中生物学学科全息育人的课堂并不是完全按照教师的教学设计一成不变地完成,教师与学生、学生与学生、学生与学习材料之间总会或多或少产生各种课堂生成。教师需要灵活转变,调整教学流程。对于课堂的生成,教师要善于捕捉和鉴别,对于与课程内容紧密相关的内容,利于学生德智体美劳全面发展的问题,教师可以进行适度的拓展。同时,捕捉到了生成点,教师要朝着与本节课教学重难点有关的方向去引导学生,这样才能达到预设与生成良好的统一。

在北师大版初中生物学七年级下册第九章第二节《血液循环》中的实验"观察小鱼尾鳍的血液流动"这一节课的设计中,教师预设的是观察比较小鱼在不同温度处理后血液流速差异。若学生在完成实验后提出问题:尾鳍中血液流动速度不同是否与小鱼的运动状态有关?这是教师在进行教学设计时没有预设的,而这也是本实验中紧密相关的问题,也许会对实验的结果有一定的影响。在学科全息育人理念下,充分地结合课堂预设和有效生成,教师随即对学生加以引导,鼓励学生勇于探究,具体落实如何设计实验来解决问题,安排时间、材料和学生一起开展进一步的探讨。在参与设计和实施实验的过程中培养学生的探究实践能力,同时学生也在实验操作过程充分体验科学活动的过程美,这样的课堂生成也能有效地实现审美育人。

第二节 初中生物学学科全息育人教学设计原则

开展教学设计需要遵循一定的原则,如系统性、程序性、可行性的原则。教学设计要有效实施,必须具备两个可行性条件。一是符合主客观条件,主观条件应考虑学生的年龄特点、已有知识基础和师资水平;客观条件应考虑教学设备、地区差异等因素。二是具有操作性。初中生物学学科全息育人教学设计基于重庆市北碚区多所学校的实践,符合多数学校校情,对课时、教学设备、生源水平要求不高,能指导具体的实践,具备可行性。在学科全息育人的教学理念下,初中生物学学科全息育人教学设计除了满足上述原则外,还更加注重育人性、系统性和科学性。

一、育人性原则

在整个初中生物学教学的每一节课、每个主题、每个单元的教学设计都应该遵循育人性的原则。初中生物学学科教学的目标不仅仅是学生掌握和应用课标中要求的主题即认知育人,还应该在教学设计时充分挖掘课标、教材和教学内容中的育人点,利用多种方式实现初中生物学学科教学中的德性、审美、健康、劳动育人。例如在进行《人类的食物》这一节的教学设计时,可以设计一个学生活动分析食物中营养成分对人体的重要性,顺其自然对学生开展德性育人,引发学生爱惜食物,在生活中不浪费粮食,做到光盘。设计学生实验"检测食物中的蛋白质和维生素C",在学生观察到结果溶液颜色的变化时,引导学生感受探究实践的魅力,感受科学实验美,同时开展劳动实践活动,进行审美育人和劳动育人的设计。此外,在本节教学内容的设计中,通过讨论分析资料的活动,让学生明白人体健康需要的多种维生素,养成健康合理的饮食习惯,进行健康教育的设计。

开展初中生物学学科全息育人的教学设计时,需要遵循育人性原则,在某个单元的生物学学科教学设计时通常能涵盖德、智、体、美、劳全方面的育人,但是具体到某一个课时的教学设计时,可能只涵盖德、智、体、美、劳其中的某些方面,这时需要教师依据教学内容合理地设计一些教学活动如小组讨论、图片视频赏析、动手实验、名人科学事迹学习等进行渗透性的育人,尽量避免设计一些与课程主题无关而没有实质的育人活动。此外,教师在设计育人活动时也需要结合学生的学情和教师的自我素养情况,充分利用教师擅长、学生喜欢的方式进行设计,避免课堂育人性的突兀感。

二、系统性原则

初中生物学学科全息育人教学设计时的系统性原则涵盖三个方面的含义：一是设计时教学内容的系统性，即进行设计时需要从学科特点系统地分学段、分单元、分课时等进行设计；二是设计时遵循各教学评价一致性，即在做教学设计时要将课前准备、教学实施、学生学习、学习效果及时评价进行一致性的设计；三是教学设计的要素系统性，即一个完整的初中生物学学科全息育人教学设计涵盖每一个要素，如育人目标的确定、育人活动的设计并不是独立存在的，而是整个教学设计这个大的系统中的一部分，这些要素是相互联系的，具备系统性。

在教学设计的实践操作中，教师可以从学生已有的知识结构出发，帮助学生通过生物学课程的学习，建构起大致的初中生物学知识网络、掌握核心的概念，应该站在更高的高度，从整体上系统地对教材的内容进行规划和安排，统筹四本书，结合大主题，对生物学课堂进行教学设计。教师在进行教学设计时需要系统地考量前后教学内容的侧重点，从而选择合适的呈现方式。如"探究影响鼠妇分布的环境因素"可以重点从科学探究的一般环节入手，融入劳动实践，同时配套设计一些学生评价，有效、及时地检测育人目标是否达成，同时体现了教学设计的各个要素之间的联系，即系统性。

三、科学性原则

生物科学是自然科学中的基础学科之一，是研究生物现象和生命活动规律的一门科学。生物学科课程是一门科学课程。科学课程在进行教学设计时必然要遵循科学性原则，教学设计以课标为依据，结合生物学学科为实验性学科的特性，在设计中讲究教学内容上的科学性，教学环节设置的科学性，学生活动设计的科学性以及课后反馈的科学性。同时要遵循科学探究的一般过程，遵循学生学习的特点，由简单到复杂，由具体实例到抽象的概念等等。初中生物学学科全息育人的教学设计满足育人性和系统性的前提下，能科学有效地操作。如对肾单位这一概念的教学设计中，教师针对初中学生特点，先设计观察肾脏实物外形、颜色、触摸质感等感官体验，然后解剖观察内部结构，再对照模式图进行辨认，最后设计师生共同建构肾单位的概念，这样的设计从直观感受到抽象概括、从外到内、从整体到局部，具备一定的科学性同时也具备可操作性。

"学科全息育人"理念下的科学性原则还应该注意在进行课时的教学设计时德智体美劳五育育人目标的设计不是平均用力的，而是应该重点达成其中几方面的育人目标，其他育人目标在设置上可以简化处理或者省略。这样才能有效地避免为了育人而生硬地把所有五育目标都安排在育人设计上。科学性原则需要根据课标和教材，分析教学内容，结合学生学情，突出某两三方面的育人目标。在初中生物学的教材中，如"健康的生活"这一单元的教学设计，重点在认知育人、健康育人上设计育人目标。同时可以结合"新冠疫情"期间我国科学家不断努力研制疫苗等来渗透德性育人，而对于劳动育人和审美育人的目标可以适度挖掘，不必强制安排。

第三节　初中生物学学科全息育人教学设计要素

初中生物学学科全息育人的理念和原则，为教学设计方案的策划奠定了思想基础，那么，在系统理论的指导下，怎样才能保证教学设计有条不紊地展开呢？如何才能把全息育人的理念渗透到教学设计中去呢？这与教学设计的基本要素密不可分，只有教学设计要素的完整，才能为完成一个理想的教学设计打下坚实的基础，进一步达成学科全息育人的目的。初中生物学学科全息育人教学设计要素涵盖教学设计的层次、教学背景分析、育人目标建构、育人资源选择、育人活动设计五大要素。

本节探讨依据初中生物学学科全息育人的学生观、教师观、教学观，遵循育人性、系统性、科学性的原则下，分别阐述教学设计要素该从哪些方面开展，如何在每个要素中真正做到认知育人、德性育人、审美育人、健康育人、劳动育人的有机融合。

一、教学设计的层次

初中生物学学科教学设计是有层次的，根据生物学教材不同的结构层次，可以把初中生物学学科教学设计分为单元教学设计和课时教学设计两个层次。

（一）单元教学设计

单元教学设计，也可以叫作主题教学设计，是指生物教师在一个单元教学开始之前，对该单元教学从整体上进行设计的过程。从单元的角度整体上进行规划、设计，教学内容比课时教学设计包括的内容要广泛。单元教学设计有利于教师站在较高的角度来审视整体的内容,做好课时安排,做到心中有数。同时站在单元的角度,厘清整个单元的育人目标,弄清楚相应的育人目标在哪些课时里面去渗透完成。规划整体单元教学的总课时、每个板块内容的课时数,落实整个单元的教学重点和难点,选择合适的育人策略,总之,单元教学设计有利于教师对教学内容的整体把握、整体设计。

在认知育人上,教师打破罗列知识点的做法,关注学科内的知识整合。依据某一概念使学科内的知识形成一个相互关联的整体,注重学科大概念的理解和运用,而非单纯事实性知识的掌握。同时规划这一单元的教学在学科能力、学科思想上有哪些要求。在开展单元教学设计时,需思考在德性育人、审美育人、健康育人、劳动育人方面有哪些二级指标能够重点设计。

对于初中生物学而言,单元教学设计可以让知识点在单元与单元之间成为一个整体,有利于学生在头脑中形成系统化的知识网络,建立起较为完整的知识体系。同时在单元教学设计时,对学生德智体美劳的育人方向都有一些要求,对学生的全面发展也起到一定的促进作用。

(二)课时教学设计

课时教学设计是教学设计的基本单位,是学科全息育人落实的基本点。课时教学设计是指生物学教师在一节生物课教学开始之前,对本节课教学从整体上进行规划、设计的过程。

课时教学设计一般是落实到教材中一节内容的教学设计,当然,教材上很多一节内容一个课时是上不完的,需要多个课时来完成,而初中生物学学科全息育人的教学设计是以一个课时为单位进行设计,并不是按照教材中的一节内容进行设计的,若某节内容的教学根据课标要求和结合自己的实际情况需要多个课时,则需分别设计多个课时的教学设计。在全息育人理念背景下,课时教学设计一般包括教学背景分析、育人目标建构、育人资源选择、育人活动设计四个方面的内容。

教学背景分析包括课标分析、教材分析和学情分析,通过课标高屋建瓴的指导,才能准确地分析教材和学情,把握重难点,挖掘生活中与课堂有关的素材。育人目标的建构主要从认知育人、德性育人、审美育人、健康育人和劳动育人五方面去挖掘,可以在教材内容中去挖掘育人素材。育人资源的选择要善于利用日常的资源积累,同时注意育人资源要与时俱进。育人活动的设计包括创设情景、激趣引疑、自主探究、展示交流、协作释疑、精讲归纳、小结反思、提炼精华等。

二、教学背景分析

不同层次的教学设计都要对教学背景进行分析,教学背景分析一般包括课标分析、教材分析、学情分析。对教学背景有效的分析对育人目标的建构、育人资源的选择等具有非常重要的意义。

(一)课标分析

根据课标,我们在做相应的单元、课时教学设计时,在课标中去找到这节课的学习主题,分析这些学习主题在认知育人、德性育人、审美育人、健康育人、劳动育人上的具体体现。

(二)教材分析

教材以课标为基础,选择合适的内容进行编写。初中生物学学科全息育人教学设计以课标为根本,以教材为基础来设计。仔细分析清楚课标、教材,对于后续确定育人目标起着关键的作用。在学科全息育人理念下如何进行教材分析呢?

1.分析教材承上启下的作用

一节教材内容不可能单独存在的,所学的内容大部分情况下是以前面内容为基础的,而本节课的内容又会成为下节课学习内容的铺垫和基础。一般情况下,所学内容与前后内容具有承上启下的作用。通过分析教材让教师理顺知识的前后联系和逻辑关系,同时让知识与知识之间成为一个整体。

2.分析教材内容的价值体现

教师是否能准确领悟教材内容的价值直接影响教学育人目标的确定,最终影响学生的学习效果。例如,北师大版初中生物学七年级上册第五章第一节《光合作用》的第一课时"光合作用的发现史",如果教师没有领会教材编者的意图的话,可能把这节课设计成重在让学生记住什么时间发生了什么事件,这与教材内容的价值大相径庭。初中生物学学科全息育人教学设计,需要分析并设计出光合作用的发现史的课程价值重在培养学生热爱生物科学、认识到科学真理发现的艰辛,养成实事求是的科学态度等。

(三)学情分析

学情,即学生情况,学生的发展水平是教学的起点,教师应该深入地了解学生,分析学生,客观地确定教学的宽度和深度。

初中的学生是成熟性与幼稚性的统一,进入青春期,身体形态发生了显著变化,身体机能也逐步健全,心理也相应发生了变化。初中生物学学科绝大部分地区都是设置在初一、初二，此时的学生刚刚跨入少年期，理性思维的发展在起始期，身体发育、知识经验、心理品质方面依然保留着小学生的特点。因此，教师应该根据学生的个性特点、身体状况、兴趣爱好、思想情况等合理地分析学情，进行教学设计，这样才能做到因材施教，有的放矢，让学生的认知、德性、审美、健康、劳动等方面得到综合发展。

三、育人目标建构

依据对课标、教材、学情的详细分析后，需要结合教学内容进行育人目标建构。教师认真研读课标、充分结合学情、分析教材，参考初中生物学育人框架，挖掘认知、德性、审美、健康和劳动五方面的育人目标，从而预设全方位育人目标。认知育人目标重视学生学科知识、学科能力和学科思想的形成，德性育人、审美育人、健康育人和劳动育人重视学生道德修养的养成，强调学生审美意识、健康意识和劳动意识的培养，倡导社会价值和人文价值的统一、科学价值和自然价值的统一。五育既有各自明确的作用，又是相互依存的整体。

初中生物学学科全息育人教学设计在建构育人目标时，应根据相应单元、课时的实际情况，认真梳理五育的育人点，确立合适的育人目标。如果某几方面育人点显得比较少，可以适度弱化，重点突出本节教学内容的育人目标即可。这也是初中生物学学科全息育人教学设计科学性的原则的体现。虽然从一节课的育人目标上看，五育各有轻重，但是从整个初中生物学两年的教学过程发展来看，最终在不同章节中五育都有重要的体现，从而达到德智体美劳全面育人。

四、育人资源选择

随着社会的发展，教学育人资源非常丰富，总的来说，我们可以把教学育人资源分为文字性教学资源和非文字性教学资源。文字性教学资源指文字形式的、对教学有帮助的资源，如教材、各种期刊等。师生深刻地理解教材对教学育人目标的达成是非常有意义的，而很多中小学订阅的杂志，也为教学提供了丰富的资源。非文字性教学资源也种类繁多，如博物馆、美术馆、公园、河流、校园、教师、同学、挂图、网络的视频、音频等都属于非文字性的教学资源，文字性教学资源和非文字性教学资源为初中生物学学科全息育人教学设计提供了丰富的素材。

那么，怎样才能选择到适合学生的教学育人资源，让学生在认知、德性、审美、健康和劳动五方面均有所发展？

(一)善于积累、合理利用

教学育人资源除了来源于教材,也来源于教师的日常生活。教师可以做个生活的有心人,在平时教学资源积累的过程中,不仅要考虑学科认知的资源积累,也应该思考在德育、美育、健康教育、劳动教育这几方面教学资源的积累。

在侧重德性育人方面的资源积累时,教师可以关注身边的植物、动物、微生物等与人类生活的密切关系,多方面地收集和整合,在教学设计时与相应的教学内容进行有机的关联,从而达成育人目标。如春夏秋冬,在校园里、小区里或者在休闲的景区里,教师可以拍摄植物的生长、开花和结果现象的照片或者视频,记录一些顽强生长的植物如石缝中的雪松等,分门别类地将其积累收藏,在设计植物的生长发育相关的内容时可以选择利用,渗透德育和美育。教师将积累的一些积极向上、顽强生长的生物图片和实例,应用到初中生物学学科全息育人教学设计中,这样学生在获得知识的同时,养成珍爱生命的意识,从而实现学科教学与学科育人的有效融合。

生活中有多种微生物应用的实例,教师可以侧重从健康生活、疾病防控等角度加以积累。如在传统发酵食品馒头、酸奶、腐乳、泡菜等制作过程中,可通过视频、照片将其进行记录;在秋冬季节收集如何正确有效地应对感冒,减少疾病的发生等资料。教师将这些育人资源运用在初中生物学学科全息育人的教学设计中,指导学生课堂上谈论分析,课后参与实践活动。这些育人资源与学生的生活、健康息息相关,学生不仅仅学到相应的知识,同时也在健康意识和健康技能上得到提高,此外也能将微生物的知识充分地应用到生活中。

在侧重劳动育人方面的资源积累时,教师可以利用闲暇时间尝试与生物学知识紧密关联的一些小制作、小技术体验并积累育人资源。如叶脉书签的制作、植物的嫁接技术、无性繁殖的其他方式等实践活动,教师应该亲自动手去尝试,主动学习,不仅掌握其中的原理,也明确如何操作。在初中生物学学科全息育人的教学设计中,教师可以选择利用实物或者制作过程的图片、视频等进行更直观的教学,也可设计相关育人活动的主要流程、注意事项等进行实践教学。学生通过实践,在审美、认知和劳动方面的能力都有所提升,从而能更好地达成学科育人。

(二)注重与时俱进

教学育人资源的选择和教学设计要求依据时代的发展,选取具有时效性、生活性、前瞻性的内容来教学,建构具有生活价值的课程,实现教学资源内容的"全息"。所谓时效性、生活性就是要联系学生的生活和社会实际。例如在设计病毒相关知识教学时，教师可以选择严重影响全球人类健康、经济等方面的新型冠状病毒这个教学资源，不仅能引起学生的学习兴趣，也能很好地进行德性育人、健康育人。前瞻性要求教师将最新的、前沿性的，与生物科学研究和发现有关的资源选择性地、合理地设计在教学中。如在讲到干细胞、基因工程、植物组织培养等方面内容时，教师可以选择最新的研究成果加以呈现，学生在学习了这些资讯后或能开阔视野、或能加强对科学家的崇拜、或能激发对学科知识的深入研究之情。选择这类资源能很好地实现有效的德性育人，提升学生的爱国情感等。

五、育人教学过程设计

育人活动是教学设计过程中重要的环节，一个成功的育人活动对教学设计具有重要意义。初中生物学学科全息育人教学设计中育人活动的设计主要是指教师引导学生主动参与学习的过程。只有通过设计合理的育人教学活动才能把教师搜集的教学资源有效地应用于课堂之中，从而达成育人目标。

教学过程中育人活动该如何设计呢？由于不同的文化背景、历史传统和实践状况存在差异，教学过程的主要环节不同教师有不同的观点。但是目前被绝大多数教师接受的育人教学过程包括创设情景，激趣引疑；自主探究，展示交流；协作释疑，精讲归纳；小结反思、提炼精华。

(一)创设情景，激趣引疑

创设教学情景的方法主要包括生动讲述法、观察演示法、组织讨论法、联系实际法，具体方式如：制造悬念、创设疑境；联系实际、创设用境；奇中览胜、创设奇境；利用矛盾、创设辩境；观察演示、创设直观情境等方式。课堂上，教师要善于不间断地创设问题情境，使学生始终保持认真、主动的学习态度，全身心地投入学习之中。此外教师可以根据教学目标和教学内容，利用生物标本、模型、实物、录像等各种条件，或日常生活和生产实践中的某些现象，营造特定的环境或氛围，激发学生学习兴趣，引起学生联想，促使学生将学习内容与他们的经验、兴趣、需要建立联系，顺利快速进入新知识学习。

在初中生物学学科全息育人教学设计的导入环节，需要注意创设的情境应尽量以真实生活情境为切入点，与学生的生活实际紧密联系，同时与本节课的教学内容也密切关联。不能单纯地为了吸引学生的兴趣选择设计一些与课程内容关联性很弱的教学视频等。此外对导入教学育人活动的设计应尽量能与德智体美劳教育有效融合,这样的教学活动在导入新课的同时也能发挥育人的功效。如在设计《运输作用》这一节课的导入时,用稀有独特的自制"蓝色妖姬"实物引入,迅速吸引学生的眼球,调动学生积极性。教师顺势设计三个问题串:问题1,水和无机盐是通过茎的什么部位运输的(外部树皮还是内部);问题2,水和无机盐的运输和茎内部哪个结构有关;问题3,植物可以失去树皮吗?失去树皮之后植物会怎么样呢?这样的导入设计将教学内容有效衔接,达到一脉相承,通过巧妙设疑,充分激发学生求知欲和探索欲。用"蓝色妖姬"实物独特的色彩对学生进行审美育人的渗透,而由"蓝色妖姬"引发的问题串更是充分地体现了认知育人,同时渗透了德性育人爱护树木的意识。

(二)自主探究,展示交流

初中生物学学科全息育人教学设计在新课推进板块,应更多地设计学生自主探究和展示交流的环节。通过课程导入环节,学生在质疑或认知冲突的基础上,自主学习、自主探究、自主建构知识。教师要注意引导学生明确学习范围、学习目标和重点难点,指导学生学习、了解学生自主学习的情况。为此,教师在课前必须根据课标、内容要求和学生的知识状况、心理特点等,从认知、德性、审美、健康、劳动五个维度设置导学提纲(或学案),精心设计学生活动。在初中生物学学科全息育人教学理念背景下,学生活动设计应与学生的生活实际相联系。学生的学习活动形式可以多种多样,如小游戏、小实验、小活动、讨论、阅读、资料分析、调查、采访等等。

通过活动设计,让学生全员动手、动脑,尽快进入角色。学生活动可以是探究活动,也可以是深入思维的讨论活动;在充分结合学生生活的同时,学生活动设计最好能要让学生想"尝试",想"说说",学生的思维想"创造",要让学生的学习还想"继续"。为了让学生的活动顺利开展,教师在设计时应精选问题或活动,同时注意循序渐进,遵循科学性的原则。

在学生充分、自主学习的基础上,组织学生在组内或班内展示交流,分享经验,碰撞问题,聚焦疑点。本环节设计时,教师要预设相对充足的时间,以保证学生能够充分地看书、思考、设计、操作、交流。同时在设计时注意及时反馈,提醒学生学会倾听,学会吸纳别人经验,学会站在别人的肩膀上发展、提高自己。

通过自主探究、展示交流,学生在获取重要概念的同时,其信息处理能力、团队协作意识也得到了增强,学会了探究实践、逐渐养成科学思维,在个人品德方面也得到锻炼,懂得倾听同伴的意见,并且通过自己的思考来对对方提供的信息取其精华,去其糟粕。探究实践时,学生的思维火花在碰撞,闪烁着科学之光,体现了科学践美。在分小组探究讨论后,进行小组代表展示交流,渗透着健康育人的教学目标。探究交流的过程本来就是实践过程,有动脑、动手、动嘴,因此也体现了劳动实践。因此,这个环节的教学设计与全息育人教学模式的"五育"是有着紧密联系的,作为教师,应该特别重视。

(三)协作释疑,精讲归纳

开展教学设计的目的是提高教学效率和教学质量,学生通过课堂教学活动,在知识、能力、情感态度价值观方面有大幅的提升,同时也在德智体美劳等方面有所发展。学生德智体美劳的发展,需要丰富多样的学生学习活动和教师的育人教学活动共同达成。学生不仅需要如阅读教材、思考等自主学习,更加需要在同伴互助中提升能力,因而可以对教学中一些重点内容设计如小组讨论、资料分析等合作学习环节。而针对教学中的一些难点和重点,在学生自学或合作学习后,教师有针对性地设计深度讲解环节,结合图片、教学动画、实物等以更直观地突破难点,突出重点,从而有效地达成认知育人的目标。如针对《尿的形成与排出》中肾脏的结构这一重点内容进行设计时,教师先设计学生分组实验观察。小组展示交流后,教师再设计精选肾脏结构的模式图,对肾脏的结构进行精讲归纳,小结肾脏结构:"肾脏的一侧有一个凹陷,叫肾门。肾门是肾静脉、肾动脉出入肾脏以及输尿管与肾脏连接的部位。切开肾脏,从纵剖面可以看到颜色较深的外周部分是皮质,皮质中毛细血管丰富。皮质内侧颜色较浅的结构是髓质。肾脏中央的空腔是肾盂。"教师在设计这一育人活动时,充分结合初中生物学学科全息育人教学设计的教师观和教学观理念,以学生为学的主体,教师为教的主体,师生共同发展;同时也很好地利用了从具体实物到抽象归纳的科学性原则。

(四)小结反思,提炼精华

在新课结束后,教师通常需要设计课堂小结环节,对本节课的内容归纳概括,同时进行总结提升;通常可以通过学生建构完善概念图、本节知识网络图等形式梳理本节的重点内容,有效地完成教学认知育人目标。在初中生物学学科全息育人教学设计中,除了常规的课堂小结,我们更注重学生的自我反思和教师的提炼升华。

在设计学生的自我反思环节时,需要在课堂教学过程中留出适当的时间,让学生通过自我反思,总结收获,发现不足,交流体验,深化完善学习目标的过程,回顾总结知识获得、方法积累、情感、态度、价值观培养等方面的得失。学生通过反思,认识到自己在自学、合作中的不足,找到问题原因和解决办法,从而逐步完善自己的学习策略,养成科学的学习习惯,学会学习,达到育人的目的。小结反思的环节也可设计在某个育人活动之后,如在《骨》的教学设计中,安排学生小组实验——观察骨的结构后,特意设计了学生代表交流实验心得和收获的环节。学生在亲自动手操作后,或多或少能从中有感悟,能从实验的直观感受,对骨的实物的认识情况等方面进行发言。学生分享经验、分享成功、分享喜悦,并相互借鉴,取长补短,从而将认知育人中的实验操作能力和学科知识有效结合。当然如果课堂时间有限,教师可以设计课后个别交流了解学生的反思情况,在下次课程设计时进行改进。

初中生物学学科全息育人教学设计更注重教师的提炼升华,在学生进行归纳小结的同时,教师可以适度适当地进行引导,提炼本节课的核心内容并拓展升华。深度挖掘本节课的内容在德性、审美、劳动和健康方面的育人点,在合适的时机渗透育人。

第四节　初中生物学学科全息育人教学设计案例分析

教学设计案例是人们在一定的教学设计理念的指导下,结合教学设计的原则,依据教学设计的要素,系统地整体地形成相对完善的一些教学设计的方案、例子。初中生物学学科全息育人教学设计案例主要特点是在学科全息育人的理念下,以学生德智体美劳全面发展为目的撰写的教学设计。众所周知,不同的教师撰写的教学设计千差万别,哪怕是同一个课题,也有多种多样的课堂教育教学的实施过程和路径。

为了让教师更加熟悉和适应初中生物学学科全息育人教学设计的撰写,更好地提高教学设计撰写的质量,本节选用了一些具有代表性的初中生物学学科全息育人教学设计案例。在展示单元、课时两个层次的教学设计的同时,分析全息育人教学设计的理念、原则和要素如何落实在初中生物学学科全息育人教学设计中。当然,针对不同的教学内容进行的全息育人教学设计并不是一成不变的,而是既有要素和流程上的相对稳定性,又有"五育"目标落实途径的相对多样性。因此,教师需要对教学设计进行不断的探索和创新。

一、单元教学设计案例及分析

初中生物学学科全息育人单元教学设计以学期为最大的大单元进行教学规划和设计,在大单元之下设计本学期的各个教学单元,最终通过具体的课时教学设计落实单元教学设计的育人目标,以期望实现学科全息育人。

总体来说一个单元教学设计及分析包含三个板块(见表3-1)。第一板块是某学期(通常以一本书为设计的对象)的总体设计表,涵盖本学期涉及的单元教学有几个,具体单元名称是什么,每个单元中组合了哪些内容,有哪些统领概念、主题或要素,以及每个单元的规划用多少课时,这样的设计充分体现了教学设计的系统性和整体性原则。

大单元教学设计表简洁清晰,一目了然,对某个单元更为细致的设计是第二板块。第二板块有7方面的内容,首先写清楚本单元教学任务的"单元名称""总课时";然后厘清本单元中具体的"单元学习内容""课时安排";其次通过分析本单元主题的对应"单元课标及教材分析"等,梳理确定本单元的"单元育人目标";最后结合以上设定本单元的"核心学习任务"。在一个单元的核心学习任务设计中重点体现了初中生物学学科全息育人教学设计的学生观和教师观,同时也有效渗透了教学设计的育人性原则,通过多种多样的育人活动设计实现初中生物学学科教学和育人。

初中生物学学科全息育人单元教学设计的第三板块是单元中具体的某个课时的教学设计,包括"学习内容""育人目标""学习重难点""学习评价设计""教学过程"等要素。与传统课时教学设计的差异在于这里的某个课时教学设计是落实单元教学设计的蓝图,作为单元教学的一部分,课时教学设计的学习内容、育人目标均来自单元教学设计,在设计撰写时可以直接用单元中的某部分。当然对于具体课时教学设计还有一个重要的环节是课时教学的评价设计,教师通过设计一些核心学习育人活动评价本课时的育人目标从而检测育人目标的达成情况,也体现教学设计的科学性原则。在教学过程环节设计中注重教学设计要素中育人资源的选择和育人活动的设计,融入创设真实情境进行学科育人的落实。课时教学设计以单元整体教学设计为基础,进行具体化的课时设计,二者的关系类似于局部与整体的关系。在单元教学设计里的具体列举出某一个课时的教学设计,为如何落实本单元的教学提供了一些范例。

表3-1　初中生物学学科全息育人单元设计表

_____年级_____学期_____学科单元设计

序号	单元名称	内容组合	统领概念、主题或要素	课时

_____学科_____年级_____册_____单元教学设计

单元名称		总课时	
单元学习内容		课时安排	
单元课标及教材分析			
单元育人目标			
核心学习任务			

<table>
<tr><td colspan="5" align="center">第__课时教学设计</td></tr>
<tr><td>学习内容</td><td colspan="4"></td></tr>
<tr><td>育人目标</td><td colspan="4"></td></tr>
<tr><td>学习重难点</td><td colspan="4"></td></tr>
<tr><td>学习评价设计</td><td colspan="4"></td></tr>
<tr><td colspan="5" align="center">教学过程</td></tr>
<tr><td>环节</td><td>学习内容</td><td>教师活动</td><td>学生活动</td><td>五育融合育人点提示</td></tr>
<tr><td>课堂导入</td><td></td><td></td><td></td><td></td></tr>
<tr><td>新课学习</td><td></td><td></td><td></td><td></td></tr>
<tr><td>课堂小结</td><td></td><td></td><td></td><td></td></tr>
<tr><td>课堂反馈</td><td></td><td></td><td></td><td></td></tr>
<tr><td>板书设计</td><td colspan="4"></td></tr>
<tr><td colspan="5" align="center">第n课教学设计（同第一课时）</td></tr>
</table>

(一)七年级上册单元教学设计(以《生物圈中的绿色植物》单元为例)

1.七年级上册单元教学设计导表(表3-2)

表3-2　初中生物学学科全息育人《生物圈中的绿色植物》单元设计表

序号	单元名称	内容组合	统领概念、主题或要素	课时
1	认识生命	1.生命的世界 2.探索生命	生物与环境相互依赖。	6课时
2	生物体的结构	1.细胞的基本结构和功能 2.细胞是生命活动的单位 3.细胞通过分裂而增殖 4.细胞分化形成组织 5.生物体的器官、系统	1.细胞是生物体结构和功能的基本单位。 2.细胞能进行分裂、分化,以生成更多的不同种类的细胞用于生物体的生长、发育和生殖。 3.动植物细胞都具有细胞膜、细胞质、细胞核和线粒体等结构,以进行生命活动。 4.相比于动物细胞,植物细胞具有特殊的细胞结构,例如叶绿体和细胞壁。 5.多细胞生物体具有一定的结构层次,包括细胞、组织、器官(系统)和生物个体。	12课时
3	生物圈中的绿色植物	1.绿色开花植物的生活方式 2.绿色开花植物的生活史 3.绿色植物与生物圈	1.植物的生存需要阳光、水、空气和无机盐。 2.绿色开花植物的生命周期包括种子萌发、生长、开花、结果与死亡等阶段。 3.绿色植物能利用太阳能(光能),把二氧化碳和水合成贮存了能量的有机物,同时释放氧气。 4.在生物体内,细胞通过分解糖类获得能量,同时生成二氧化碳和水。 5.植物在生态系统中扮演重要角色,它能制造食物和氧气;为动物提供栖息场所;保持水土;为人类提供许多可利用的资源。	17课时

续表

生物学 学科 七 年级 上 册 第三单元《生物圈中的绿色植物》 单元教学设计			
单元名称	生物圈中的绿色植物	总课时	17课时
单元学习内容	专题一:绿色开花植物的一生 第1课时:种子的结构与功能 第2课时:活动——探秘校园植物 第3课时:营养器官的生长 第4课时:生殖器官的生长 第5课时:种子萌发的条件	课时安排	5课时
	专题二:绿色开花植物的生活方式 第6课时:运输作用 第7课时:观察茎中的导管、筛管和叶的结构 第8课时:蒸腾作用 第9课时:吸收作用 第10课时:光合作用的发现史 第11课时:绿色植物是生物圈中有机物的制造者 第12课时:光合作用吸收二氧化碳释放氧气 第13课时:光合作用的意义 第14课时:呼吸作用		9课时
	专题三:绿色植物与生物圈 第15课时:绿色植物在生物圈中的作用 第16课时:我国的植物资源 第17课时:我国的绿色生态工程		3课时
单元课标及教材分析	(一)课标分析:《课标(2011年版)》将"生物圈中的绿色植物"列入一级主题,这个主题下面又分为四个二级主题:绿色开花植物的一生;绿色植物的生活需要水和无机盐;绿色植物的光合作用和呼吸作用;绿色植物对生物圈有重大作用。 (二)教材分析:《生物圈中的绿色植物》作为北师大版初中生物教材七年级上册第三单元的内容,具体分为三章。其中第五章"绿色开花植物的生活方式"主要阐述绿色植物的生命活动,包括光合作用、呼吸作用、吸收作用、蒸腾作用和运输作用等。第六章"绿色开花植物的生活史"主要阐述绿色开花植物的生命周期。第七章"绿色植物与生物圈"主要阐述绿色植物是生产者,对生物圈的存在和发展起着决定性作用。			

续表

单元育人目标	1.认知育人 1.1 说出植物茎运输水分、无机盐的部位和有机物的部位及运输方向。 1.2 利用茎的结构与功能的关系,能用正确的方法保护树木,学习制作彩色花朵。 1.3 设计"茎对水分和无机盐的运输"实验,锻炼学生科学探究能力。 1.4 建构植物体运输作用模型,达成植物体是统一的整体的认识。 1.5 观察茎横切和纵切的染色现象,形成注重实证,尊重客观的习惯。 1.6 认识茎的结构与物质运输的关系,形成结构决定功能的基本观点。 1.7 描述绿色开花植物的生命周期包括种子萌发、生长、开花、结果与死亡等阶段。 1.8 识别种子的结构,总结单子叶植物与单子叶植物种子的结构特点。 1.9 辨别菜豆种子及玉米种子的结构。 1.10 简述种子各结构的功能。 1.11 探究种子萌发的条件,描述种子萌发和形成幼苗的过程。 1.12 描述根的生长过程,辨认根的结构。 1.13 描述芽的结构和发育过程。 1.14 识别花的结构,概述开花和结果的基本过程。 1.15 说明植物的生存需要阳光、水、空气和无机盐等。 1.16 说出绿色植物能利用光能,把二氧化碳和水合成贮存了能量的有机物,同时释放氧气。 1.17 阐明在生物体内,细胞能通过分解有机物获得能量,同时生成二氧化碳和水。 1.18 描述植物通过气孔蒸腾水分的过程和意义。 1.19 认识植物在生态系统中扮演重要角色,它能制造食物和氧气;为动物提供栖息场所;保持水土;为人类提供许多可利用的资源。 2.德性育人 2.1 借用素材—级保护植物红豆杉之哭泣,了解我国自然资源现状。 2.2 形成保护树皮的意识,能够采取合理的方式保护树木,认识到人与自然和谐相处的重要意义。 2.3 产生爱护树木、热爱生命、保护环境的情感。 2.4 了解粮食生长的过程,养成节约粮食的好习惯。 2.5 了解我国植物资源、植物学家、植物学研究成果,培养民族自豪感。 2.6 了解环境污染、沙漠化与植物的关系,激发学生爱护植物的环保意识;了解国家保护植物相关政策,遵纪守法。 3.审美育人 3.1 认识茎的结构与运输作用的关系,感受生物体结构与功能协调之美。 3.2 通过认识割橡胶的方法,展现自然与人和谐相处之美。 3.3 观察枝瘤的形成,感受生命现象之美。 3.4 制作彩色花,感受创造之美、实验之美。 3.5 认识茎的结构与功能的关系,了解功能独特之美。 3.6 欣赏各种植物种子形态结构之美。 3.7 开展种子萌发探究实验,体验生物科学的逻辑之美;无土栽培体验生物技术之美。 3.8 观察到塑料袋里呈现出水珠和通过显微镜观察到叶片的气孔时,洋溢着生命的内涵之美。 4.健康育人 4.1 学习科学家们对科学真理的探究精神。 4.2 知道卧室不宜多种植物;不宜在森林晨练。 5.劳动育人 5.1 观察校园植物枝瘤。对校园植物环割处理,并持续观察枝瘤形成。 5.2 调查生活中对树木不当利用的现象并纠正。对生长不良的树木进行输液拯救。 5.3 在实践活动中,感受劳动的快乐,认同技术改变生活。 5.4 观察种子的结构,培养学生的实践活动能力。 5.5 观看课堂各种演示实验,体验光合作用的发生,验证光合作用的存在。 5.6 室内蔬菜花果种植方案设计。 5.7 长途运输水果方案设计。 5.8 应用无土栽培技术制作观赏植物。

续表

核心学习任务	1.认识种子,观察种子的结构 2.从种子到种子——播种种子,观察植物生长的一生 3.探秘校园植物——寻找并辨认植物的营养器官和生殖器官 4.彩色花制作——探秘植物的运输作用 5.探究无土栽培技术制作观赏植物的条件 6.走进缙云山——开展小调查 (1)测量校园所在城市及缙云山的空气湿度、含氧量,认识绿色植物在生物圈中的作用 (2)走进缙云山——多种多样的植物 (3)小组研讨如何保护和利用缙云山

第六课时教学设计(其余课时教学设计略)

学习内容	运输作用
育人目标	单元育人目标:1.1、1.2、1.3、1.4、1.5、1.6、2.1、2.2、2.3、3.1、3.2、3.3、3.4、3.5、5.1、5.2、5.3
学习重难点	(一)学习重点 水分和无机盐的运输及结构基础,有机物的运输及结构基础。 (二)学习难点 观察茎对水分和无机盐的运输。
学习评价设计	1.完成"育人活动1:欣赏蓝色妖姬,做出假设",评估育人目标3.1、2.2、5.1。 2.完成"育人活动2:小组合作,设计实验,实施实验",评估育人目标1.3、1.5、1.6、3.1。 3.完成"育人活动3:分析红豆杉之死",评估育人目标2.1。 4.完成"育人活动4:自主学习,思考枝瘤的形成""观看视频,表达交流",评估育人目标2.2、3.2、3.3、5.1、5.2。 5.完成"育人活动5:联系旧知,建构新知识体系",评估育人目标1.1、1.4。 6.完成"育人活动6:应用新知,分析不同情景中实际问题",评估育人目标1.2、1.6、2.2、2.3。 7.完成"育人活动7:彩虹花的制作",评估育人目标3.4、5.3。

教学过程

环节	学习内容	教师活动	学生活动	五育融合 育人点提示
课堂导入	创设情境	创设情境、设问 展示"蓝色妖姬"。 设问:这朵"蓝色妖姬"其实是用白色玫瑰培育的,你们知道这是怎么办到的吗? 展示实验装置。 过渡:茎连接着花和液体,所以你们觉得瓶中的水分和无机盐是通过哪个器官的运输进入花朵的呢? 分析茎结构,到底是茎的哪部分参与运输水和无机物?请同学们做出假设(抛出核心问题并出示木本植物茎的结构图)	育人活动1:欣赏"蓝色妖姬",做出假设。 观察现象 做出猜想 推断:茎 做出假设:有机物运输部位在树皮(除树皮以外内部的结构)。	激趣、产生求知动力 美育:观察蓝色妖姬,引起学生好奇心,感受自然艺术之美

续表

新课学习	探究：茎对水分和无机盐的运输	怎样证明猜想的正确性？ 提前为学生准备导学案，对学生分组。 展示材料：带花白色玫瑰、蓝色培养液、清水、带刻度锥形瓶、解剖刀。 小组分享展示实验方案，教师提醒学生实验设计注意对照原则和单一变量原则。 设问：各组作用是什么。 出现什么样的现象能判断树皮是否参与运输；除树皮以外，茎内还有髓部和木质部，如何确定是哪个结构的作用？你们知道自然生长的茎的内部是什么颜色吗？指导学生设计空白对照。 提供微视频，观察花色变化和水量变化。三组溶液减少，且1和2组花都变蓝色。请同学们来就此现象做分析，水和无机盐的运输跟树皮有关吗？能通过哪两组实验对比说明呢？ 要进一步确定水分和无机盐的运输跟茎的内部哪个结构有关，接下来我们要怎么做？ 提供提前处理的材料。 实验结论：水分和无机盐通过木质部从下往上运输。 请学生观察材料，思考是否只有茎中才有木质部。 总结：植物的根、茎、叶、花和果实中都有木质部，输导组织贯穿了整个植物体。	育人活动2：小组合作，设计实验，实施实验。 小组展示。 分析各组作用： 1和2对比，花都变蓝色，说明水和无机盐的运输和树皮无关，而是与除树皮以外的内部结构有关。 设计第3组，清水培养带树皮的玫瑰枝条。 2和3组对比确定参与水分和无机盐运输的具体部位。 学生观看视频。 1和2组，花都变蓝色，水量都减少。说明树皮未参与水分和无机盐的运输。 解剖材料，观察现象。 对茎做横切和纵切。 学生描述观察到的现象。 植物的茎叶花中也有木质部。 学生建构物质运输概念模型。	学生合作进行思维的碰撞，设计方案。 美育：提供递进性的问题串，进一步引导学生理解实验，并感受实验的严谨性，感受探究之美。 智育：通过实验设计、结果分析，得出结论等过程培养学生的科学探究能力，进一步培养学生创新思维。
	吸引	创设情境、设问。 过渡：植物可以失去树皮吗？失去树皮之后植物会怎么呢？ 分享我国一级保护植物红豆杉的哭泣的材料。 介绍破坏一级保护生物违反了《中华人民共和国刑法》。 设问：失去树皮，树就可能会死亡，树皮到底有何用？	育人活动3：分析红豆杉之死。 推断1：树皮有保护作用。 推断2：连接根和叶的茎能运输有机物。	激趣、产生求知动力，通过提问诊断学生的前科学概念。 德育：了解红豆杉的遭遇，启发学生对我国自然资源的珍爱的情感和保护意识。通过教师介绍相应违法处罚，培养法治意识。

续表

新课学习	探究:茎对有机物的运输	(到现实中寻找答案——出示枝瘤) 怎样证明猜想的正确性?(到现实中寻找答案——出示枝瘤) 1.观察枝瘤,寻找切口上下方的差异。 2.追问:为什么在切口上方形成瘤状物? 给出如下提示,引导学生思考: (1)瘤是什么? (2)瘤状物内的细胞数量如何变化? (3)瘤状物部位的有机物是否过剩? (4)瘤状物部位的有机物来自哪里? (5)有机物能运输到切口下方吗?	育人活动4:自主学习,思考枝瘤的形成。 学生通过观察发现:在切口上方形成瘤状物,而切口下方无显著变化。	提供递进性的问题串,间接引导学生的探究过程,学生各抒己见、交流、分享探究结论。
		设问:同学们想不想看看树皮中流动的有机物呢?展示视频《割橡胶》。 我也去做了调查。展示微视频。 总结:有机物通过韧皮部向下运输。	通过交流发现:植物的有机物来自叶片光合作用;剥去树皮后,有机物不能向下运输,说明运输有机物的筛管位于韧皮部。 加工概念图:完善有机物运输途径。	在抽象的概念图中去应用、验证和巩固所获概念,并加工形成核心概念。
	评价	小结:光合作用制造有机物,一部用以维持生命活动,一部分储藏起来。	讨论交流总结:有机物通过茎的筛管自上而下地运输。	评估学生已经改变了的思维和行为。
课堂小结	建构结构决定功能观	为什么木质部和韧皮部能各自分工,其内部有什么特殊的结构吗?提示同学们结合输导组织结构进行分析。 导管和筛管有什么不同吗?	育人活动5: 联系旧知,建构新知识体系。	智育:新旧知识产生联系,形成结构决定功能观。
课堂反馈	知识挑战	课件展示:割橡胶的场景和给植物输液的场景。 生活中破坏树木的实例分析。	育人活动6: 应用新知,分析不同情境中的实际问题。	学生掌握相关概念,并能用自己的语言科学地解释生产实际现象,从而理解所获得的概念。 实践育人:通过观察身边的现象,提高学生的实践能力。

续表

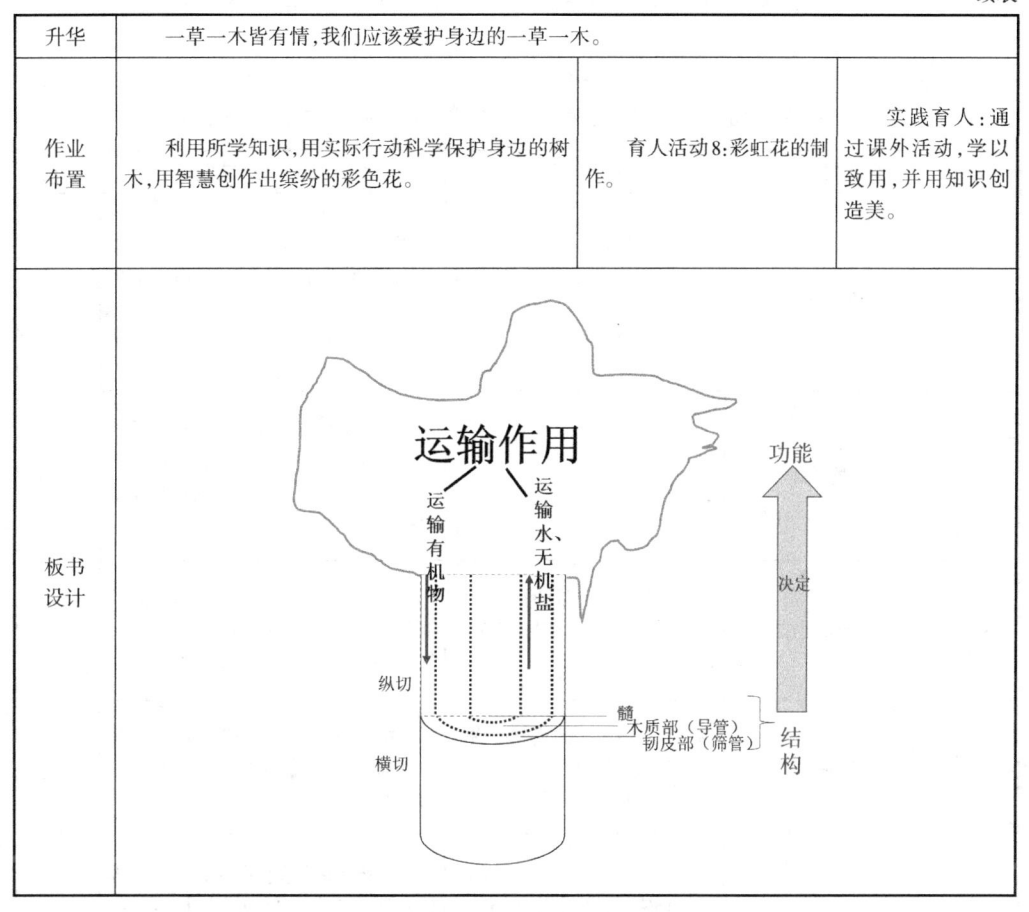

升华	一草一木皆有情,我们应该爱护身边的一草一木。		
作业布置	利用所学知识,用实际行动科学保护身边的树木,用智慧创作出缤纷的彩色花。	育人活动8:彩虹花的制作。	实践育人:通过课外活动,学以致用,并用知识创造美。
板书设计	运输作用 / 运输有机物 / 运输水、无机盐 / 纵切 / 横切 / 髓 / 木质部(导管) / 韧皮部(筛管) / 结构 / 功能 / 决定		

2.《生物圈中的绿色植物》单元教学设计分析导引

《生物圈中的绿色植物》是北师大版七年级上册生物学教材中的第三单元,围绕本单元教学主题,由认识事物从现象到本质、由表及里的一般规律出发,在内容上从三个层面展开教学设计:一是时间轴,从现象出发认识绿色开花植物的一生,从种子的萌发形成幼苗到营养器官和生殖器官的生长,在时间轴上进行设计并展开教学,可以使学生对绿色开花植物的生活史有一个整体的认识;二是功能轴,将绿色植物重要的生命活动,如光合作用、呼吸作用、吸收作用、蒸腾作用和运输作用在功能轴上设计并展开教学,可以使学生对整个植物体的生活方式有一个全面的认识;三是空间轴,将绿色植物在生物圈中的地位和作用在生物圈这个空间轴上进行设计和展开教学,可以拓展学生对绿色植物的认知空间,增强学生热爱自然、保护绿色植物的情感,同时为后续动物在生物圈中的作用预设情境。通过单元主题教学,增强教学内容设计上的层次感和立体感。

(二)七年级下册单元教学设计(以《人体代谢废物的排出》单元为例)

1.七年级下册单元教学设计导表(表3-3)

表3-3 初中生物学学科全息育人《人体代谢废物的排出》单元设计表

序号	单元名称	内容组合	统领概念、主题或要素	课时
1	人体的营养*	1.人类的食物 2.食物的消化和营养物质的吸收 3.合理膳食和食品安全	消化系统包括口腔、食道、胃、小肠、肝、胰、大肠和肛门,其功能是从食物中获取营养物质,以备运输到身体的所有细胞中。	5课时
2	人体内的物质运输*	1.血液 2.血液循环	循环系统包括心脏、动脉、静脉、毛细血管和血液,其功能是运输氧气、二氧化碳、营养物质、废物和激素等物质。	4课时
3	人体的能量供应*	1.食物中能量的释放 2.人体细胞获取氧气的过程	呼吸系统包括呼吸道和肺,其功能是从大气中摄取代谢所需要的氧气,排出代谢所产生的二氧化碳。	3课时
4	人体代谢废物的排出*	1.人体产生的代谢废物 2.尿的形成与排出 3.皮肤与汗液分泌	泌尿系统包括肾脏、输尿管、膀胱和尿道,其功能是排出废物和多余的水。	4课时
5	人体的自我调节*	1.神经系统和神经调节 2.感受器和感觉器官 3.激素调节	1.神经系统和内分泌系统调节人体对环境变化的反应及生长、发育、生殖等生命活动。 2.人体各个系统相互联系、相互协调,以完成生命活动。	8课时
6	健康地生活*	1.健康及其条件 2.预防传染病 3.人体免疫 4.当代主要疾病和预防	1.按照是否有传染性,可将疾病分为传染性疾病和非传染性疾病。 2.免疫系统可抵抗能引起疾病的微生物、异己物质等。它包括免疫器官、免疫细胞和免疫物质。 3.个人的生活习惯与行为选择能对一生的健康产生积极或消极影响。 4.了解基本的急救方法,能减少伤害或挽救生命。	4课时
7	人在生物圈中的义务*	1.人类活动对生物圈的影响 2.保护生物圈是全人类的共同义务	人类的活动对生物圈有重要的影响。	2课时

续表

__生物__学学科 __七__年级 __下__册 __第四单元《人体代谢废物的排出》__单元教学设计

单元名称	人体代谢废物的排出	总课时	4课时
单元学习内容	1.人体产生的代谢废物	课时安排	1课时
	2.尿的形成与排出		2课时
	3.皮肤与汗液分泌		1课时
单元课标及教材分析	（一）课标分析：《课标（2011年版）》将"生物圈中的人"列为一级主题。人体结构和生理的知识对学生理解人体结构和功能相互适应的关系，理解人体的各项生命活动，自觉养成卫生习惯具有重要作用。教学中，教师要帮助学生形成的重要概念是：泌尿系统包括肾脏、输尿管、膀胱和尿道，其功能是排出废物和多余的水。 （二）教材分析：依据本单元承载的重要概念和具体内容，在单元下面设置了三节内容：人体产生的代谢废物、尿的形成与排出、皮肤与汗液的分泌。本单元的学习能让学生结合前面三个单元的内容，领悟到人体内的物质变化。在人体的新陈代谢过程中，不断利用营养物质的同时，会产生各种代谢废物，代谢废物主要以尿液形式通过泌尿系统排出体外。学习完本单元后，学生能完善人体的八大系统的知识，进一步建立人体的物质观、结构与功能相适应观。			
单元育人目标	1.认知育人 1.1 说出人体产生的主要代谢废物和排出途径。 1.2 说出排泄的概念以及对人体生命活动的意义。 1.3 说出泌尿系统的组成器官和各个器官的功能。 1.4 概述肾脏的结构，以及肾脏与尿液形成相关的结构特点。 1.5 说明尿液形成和排出的过程。 1.6 说出皮肤的结构和功能。 1.7 说明汗液的形成以及对人体的意义。 2.德性育人 2.1 关注"尿疗"等社会热点现象并积极解决现实问题，增强社会责任感。 2.2 认识到科技以人为本，树立正确的科学价值观。 2.3 重视科学实证数据，养成实事求是的科学态度。 2.4 认同人类对肾脏的结构和尿液形成生理现象的认识是不断深化的过程。 2.5 关注我国与全球尿毒症的治疗成果，了解贩卖器官违法、关爱尿毒症患者。 2.6 理解不同肤色的形成原因，平等地对待不同肤色的人。 3.审美育人 3.1 体会人体调节的稳态与平衡之美。 3.2 认同肾脏的结构与功能相适应，感受生物体是和谐统一的整体。 3.3 体会客观与实证的科学思维之美。 3.4 了解人体泌尿系统的结构，感受结构的对称美，并能欣赏生物界的各种对称美。 3.5 感受我国古代医学典籍的价值美。 3.6 认同劳动产生的价值美。 3.7 根据皮肤的特点，联系到川剧的变脸艺术，体现文化的价值美。 4.健康育人 4.1 养成多喝水及时排尿的良好卫生习惯。 4.2 关注我国肾脏的移植，肾结石、血尿等疾病及其治疗。 4.3 废弃的实验器具和材料，如手套放在指定位置，专人处理。 4.4 关注与皮肤相关的疾病和治疗，如皮肤癌、烧伤等。 5.劳动育人 5.1 在探究活动中积极主动承担动手实践的任务。 5.2 认同科学家和医生解剖工作的不易，认识和发现人体结构能促进医学的进步，体会劳动产生价值。			

续表

核心学习任务	1. 以活动"尿液成分的鉴定"为核心,探究人体产生的代谢废物及排出途径。 2. 以"观察肾脏"的实验为核心,认识肾脏的结构。 3. 以活动"探究肾脏的功能"为核心,探究尿液的形成过程。 4. 以分析血检报告单为核心,强化对肾小管、肾小囊作用的认识,并延伸学习肾脏相关的疾病,如:肾透析、肾结石、糖尿病、肾移植等。 5. 以活动"观察皮肤的结构"为核心,认识皮肤的结构和汗液的分泌。
\multicolumn{2}{c}{第二课时教学设计(其余课时教学设计省略)}
学习内容	泌尿系统的组成、肾脏的结构与功能
育人目标	单元育人目标:1.3、1.4、1.5、2.2、2.3、2.4、3.1、3.2、3.3、3.4、4.2、4.3、5.1、5.2
学习重难点	(一)学习重点 1. 肾脏的结构。 2. 尿液形成过程。 (二)学习难点 1. 肾单位的结构与尿液形成的关系。 2. 尿液形成过程中的物质变化。
学习评价设计	1. 完成"育人活动1:观察泌尿系统的组成和功能",评估育人目标1.3、3.3。 2. 完成"育人活动2:初识肾脏的位置和功能",评估育人目标1.2、1.3、3.4、3.5。 3. 完成"育人活动3:探索肾脏的结构",评估育人目标1.4、2.4、3.4、3.6、4.3、5.1、5.2。 4. 完成"育人活动4:探索尿液的形成",评估育人目标1.5、2.3、2.4、3.1、3.2。 5. 完成"育人活动5:分析血检报告单",评估育人目标2.2、4.2。

教学过程

环节	学习内容	教师活动	学生活动	五育融合育人点提示
课堂导入	创设情境	播放新闻"卖肾买手机"的视频和报道。	情景代入式地思考,并交流感受。	认知育人:激发学生对生物知识及生理结构的好奇心。
新课学习	1. 泌尿系统的组成	展示泌尿系统组成的模式图,引导学生分析得出泌尿系统中每个器官的功能。	育人活动1:观察泌尿系统的组成和功能。根据已有的生活经验和生物知识,推导出泌尿系统的组成和功能。	审美育人:通过了解人体泌尿系统的结构,感受结构的对称美,并能欣赏生物界的各种对称美。
	2. 古代医学对肾的认知	讲述我国古代医学对肾脏的认知: 资料一:肾者水脏,主津液。(《黄帝内经》) 资料二:肾则有一在肝之右,微下;一在脾之左,微上。我们来感知一下。(宋朝《欧希范五脏图》)	育人活动2:初识肾脏的位置和功能。通过两则资料分析出肾脏的作用和位置。并在老师的引导下,通过手势感受出肾脏的位置。	审美育人:感受我国古代医学典籍的价值美。 劳动育人:分析医书典籍,动手实践判断肾脏的位置。

续表

	3.观察肾脏	1.指导学生根据实验步骤对肾脏进行外部观察和内部解剖。 2.实验过程中提示学生解剖刀锋利,注意安全,用完的废弃手套折叠后放到统一的实验废弃桶中。 3.肾脏结构的小结。	育人活动3:探索肾脏的结构。 动手解剖肾脏、观察肾脏,并展示发言。	劳动育人:在认知与实践的交互中提升对肾脏结构的认识深度。
	4.近代对肾脏结构的发现	提供近代对肾脏结构的观察资料: 1666年,马尔比基首先发现肾实质的微小球体和相连的弯曲小管。 紧随其后,鲍曼和路德维希先后发现微小球体是一团毛细血管球,外面包裹着一个囊状结构,囊状结构后面连接着弯曲的管道。	感受人类对肾脏结构的探索过程。	德性育人:认同人类对肾脏的结构和尿液形成生理现象的认识是不断深化的过程。
	5.肾单位的结构	展示肾单位的结构模式图: 从已有的血管相关知识入手,引导学生对血液的流向和物质的变化进行分析。	根据已有知识分析理解肾单位的结构与功能。	学科认知:深刻理解肾单位的结构
新课学习	6.尿液的形成	1.抛出问题:肾单位是如何形成尿液的呢? 2.提供资料:鲍曼和路德维希发现了肾小球、肾小囊、肾小管,各自提出尿液形成的假说。 3.设问:如何验证鲍曼和路德维希各自假说的正确性? 4.展示图片:微穿刺技术获得的肾小囊腔中液体的成分。 5.呈现血液和原尿成分的对比数据表格。 6.问题:是不是所有的物质都过滤到肾小囊中了呢? 7.提问:为什么血细胞和蛋白质不能从肾小球进入肾小囊腔? (展示肾小球局部放大的动图) 8.问题:是不是血液中所有的小分子对身体来说都是无用的,必须排出体外呢? 提供资料:正常人每天产生的原尿大约有150 L,但最终排出1.5 L。说明了什么? 9.呈现原尿和终尿成分的对比数据表格。	育人活动4:探索尿液的形成。 根据提出的问题,进行科学探究,回忆科学探究的流程和方法。 分析:需要了解肾小囊中液体的成分。 分析说明:原尿是由血液滤过来的。 观察回答:在肾小囊中没有血细胞和蛋白质。 结合教师呈现的图片进行思考,想象肾小球起着筛子的功能。 思考: 根据资料进行猜测:原尿中的大部分物质最终又被血液吸收回去了。 根据实证数据,进行科学判断:原尿中大部分水、全部葡萄糖、部分无机盐,又重新被肾小管吸收进入血液中。	学科认知:加深对尿液形成过程的理解。 德性育人:重视科学证据,养成实事求是的科学态度。

续表

新课学习	课堂延伸	1.尿常规化验单分析。 2.卖肾买手机新闻后续。	育人活动5:分析血检报告单。	德性育人:关注我国肾脏的移植,肾结石、血尿等疾病及其治疗。
课堂小结	综合梳理肾脏的结构知识,统合尿液形成的生理过程。			
课堂反馈	根据板书内容,总结本节课的主要思路和知识。			
作业布置	学案上的拓展应用。			
板书设计	第二节 尿液的形成与排出 一、泌尿系统 二、肾脏的结构:古代——动手解剖——近代 三、尿液的形成:假说——方法——实证数据			

2.《人体代谢废物的排出》单元教学设计分析导引

《人体代谢废物的排出》单元以"物质代谢——代谢废物的形成和排出"为主线进行设计。本单元首先安排学习代谢废物的成分、代谢废物排出的三条途径,再依次认识尿的形成与排出、皮肤与汗液分泌。在本单元的学习中,学生联系前面几个单元的学习内容,能更加通透地理解人体内的物质代谢,在学习物质的吸收、运输、利用、排出中,感知到身体内物质的转变,并推动着能量的转化。认识生命的本质是物质和能量的代谢,从而建立物质和能量观。感受人体是一个协调平衡的和谐体,代谢废物需要及时有效地排出,从而建立稳态与平衡观。

理论与实践相结合,《人体代谢废物的排出》单元设计以丰富的科学史、科学探究活动、实验操作,帮助学生认识代谢废物的成分、肾脏的结构和功能、皮肤的结构和功能,深刻地认识代谢废物的排出途径和过程,认同结构与功能相适应的观点。同时以代谢废物排出紊乱的医学实例,如尿毒症、糖尿病等,引导学生分析其成因,并了解其治疗方法,提升健康的理念和技能。学生在解剖实验过程中,发现操作难度比较大,体验探究之路不易,从而对科学家及医务工作人员产生敬佩和尊敬的情感,形成社会责任感。

(三)八年级上册单元教学设计(以《生命的延续》单元为例)

1.八年级上册单元教学设计导表(表3-4)

表3-4 初中生物学学科全息育人《生命的延续》单元设计表

序号	单元名称	内容组合	统领概念、主题或要素	课时
1	生物圈中的动物和微生物	1.生物圈中的动物 2.生物圈中的微生物	1.动物因逃避敌害、争夺食物和栖息地、完成繁殖所进行的运动,是在神经系统和内分泌系统的调节下,由骨骼和肌肉共同完成的。 2.动物的行为使其能适应环境的变化,提高其存活和繁殖的机会。 3.动物的行为由先天遗传或后天学习而获得。 4.动物在生物圈中的作用以及动物资源保护。 5.微生物通常包括病毒、细菌、真菌等类群。 6.微生物在生物圈中的作用以及与人类的关系。	20课时
2	生命的延续	1.生物的生殖和发育 2.生物的遗传和变异	1.人体的生殖系统可以产生两性生殖细胞,通过受精作用产生新个体;其分泌的性激素对第二性征的发育和维持具有重要作用。 2.不同动物的发育方式不同,有些动物的幼体与成体形态相似,有些动物的幼体与成体形态差别很大。 3.生物能以不同的方式将遗传信息传递给后代。一些进行无性生殖,后代的遗传信息来自同一亲本;一些进行有性生殖,后代的遗传信息可来自不同的亲本。 4.DNA是主要的遗传物质。基因是包含遗传信息的DNA片段,它们位于染色体上。 5.遗传性状是由基因控制的,基因携带的遗传信息是可以改变的。	15课时

生物学 学科 八 年级 上 册 第二单元《生命的延续》单元教学设计

单元名称	生命的延续		总课时	15课时
单元学习内容	专题一:生物的生殖和发育 第1、2、3课时:人的生殖和发育 第4、5、6课时:动物的生殖和发育 第7、8课时:植物的生殖方式		课时安排	8课时
	专题二:生物的遗传和变异 第9课时:遗传和变异现象 第10课时:性状遗传的物质基础 第11、12课时:性状遗传有一定的规律性 第13课时:性别和性别决定 第14课时:遗传与环境 第15课时:遗传病和人类健康			7课时

103

续表

单元课标及教材分析	（一）课标分析：《课标（2011年版）》将"生物的生殖、发育与遗传"列为一级主题，《生命的延续》单元涵盖生物的生殖、发育、遗传和变异，包括人的生殖和发育、动物的生殖和发育、植物的生殖、生物的遗传和变异四个二级主题的内容。 （二）教材分析：《生命的延续》单元在北师大版初中生物学教材八年级上册中设置了2章。其中第19章"生物的生殖和发育"不仅阐述了人、动物和植物的生殖和发育方面的知识，而且提供了丰富的接近学生生活、联系生产实际的活动内容；第20章"生物的遗传和变异"从性状遗传和变异的现象开始，在揭示遗传和变异的实质及规律的基础上，探索遗传知识在人类生活和生产实践中的应用。
单元育人目标	1.认知育人 1.1 识别男性和女性生殖系统的结构，说出主要结构的功能。 1.2 描述人的生殖过程。 1.3 说出胚胎发育的过程和营养供应。 1.4 说明受精作用是优胜劣汰的过程。 1.5 说明精子和卵细胞完成受精作用是在输卵管上部。 1.6 构建排卵、受精卵形成过程、胚胎发育的概念模型。 1.7 描述人出生后发育的分期，概述青春期发育的特点，关注青春期发育的生理和心理健康。 1.8 举例说出昆虫、两栖类、鸟类的生殖和发育过程。 1.9 概述有性生殖的过程和特点。 1.10 举例说明植物的生殖方式，区别无性生殖和有性生殖。 1.11 关注生物的生殖和发育知识在生产实践中的应用。 2.德性育人 2.1 逐渐懂得珍爱生命、孝顺父母，发扬中华民族的传统美德。 2.2 观看受精作用的过程动画，明白生命来之不易，珍爱生命，感恩父母。 2.3 倡导青春期男女相处诚信礼节约，互相帮助，塑造美好心灵。 2.4 参与"观察蝗虫及其生活史的标本"的活动，养成在讨论交流中包容合作的道德修养。 2.5 参加"个体间性状的比较"活动，客观真实记录自身性状，养成实事求是的品质。 2.6 用性染色体及性别决定的知识解释生男生女的奥秘和性别鉴定等现实问题。 2.7 认识环境条件对生物性状的影响，关注自身所处的环境，形成生态文明意识。 2.8 认识并积极宣传我国新修订的民法典中禁止"直系血亲和三代以内的旁系血亲"或"患有医学上认为不应当结婚的疾病的男女结婚"的法律法规。 3.审美育人 3.1 对生命产生出神圣的感情，感受创造生命的美好。 3.2 "观察和识别人的生殖系统"，感受科学活动的过程美。 3.3 参与"观看两栖类动物生殖和发育的录像"的活动，体验科学活动的过程美。 3.4 通过参与"植物的营养繁殖""植物组织培养"的实践活动，感受学习过程中归纳概括、创新思维美和成果美。 3.5 参与"比较个体间性状"的活动，感悟生物的形态多样美、独特美，感受过程美。 3.6 欣赏和评价有关性状遗传的漫画，体会生命艺术之美。 3.7 感悟人体、细胞、细胞核、染色体、DNA、基因、性状的关系，体会科学思维逻辑美。 3.8 感受基因功能和价值美。 3.9 感受性染色体和性别决定的科学思维逻辑美。 3.10 思考生物与环境的关系，不同环境对生物性状表现的影响，体会生物与环境协调美。 4.健康育人 4.1 理解生殖系统健康是孕育新生命的前提。 4.2 形成健康的认识生殖系统知识的意识。 4.3 青春期多参加体育锻炼和文化娱乐活动，养成良好的生活习惯；青春期女性月经期间需要注意卫生保健。 4.4 通过遗传咨询向医生了解常见的遗传病问题。 4.5 认同禁止近亲结婚、产前诊断是预防遗传病发生的有效措施。 5.劳动育人 5.1 参与"饲养家蚕""观察鸡卵的结构"等活动。 5.2 参与"植物的营养繁殖""植物组织培养"的实践活动。 5.3 "预测一对夫妇所生子女的性状表现"的学生活动中，动手动脑体验劳动过程。 5.4 观察环境条件对生物性状表现的影响，动手动脑体验劳动过程，相互分享结果，获得劳动成果的体验。

续表

核心学习任务	1. 以活动"观察和识别人的生殖系统结构模型或图片"为核心,说出人的生殖系统的结构和功能。 2. 以"观看讨论受精过程、新生命孕育和产生的视频"为核心,学习新生命的孕育过程。 3. 以活动"分析人体出生后发育的资料"为核心,学习青春期发育特点。 4. 以"观察蝗虫生活史的标本"、参与活动"饲养家蚕"为核心,学习昆虫生殖和发育的主要类型和发育特点。 5. 以"观看两栖类动物的生殖和发育的视频"为核心,概述两栖动物生殖发育的特点。 6. 以活动"观察鸡卵的结构""参观养鸡场"为核心,说出鸟类生殖发育的过程和特点。 7. 以活动"植物的营养繁殖"为核心,学习植物无性繁殖的类型和特点。 8. 以活动"个体间性状的比较""欣赏和评价有关性状遗传的漫画"为核心,正确表述性状、相对性状、遗传、变异等概念。 9. 以活动"预测一对夫妇所生子女的性状表现"为核心,学会用图解的方式分析一对相对性状的遗传规律。 10. 以活动"观察环境条件对生物性状表现的影响"为核心,说明基因型、表现型和环境的关系。
	第二课时教学设计(其余课时教学设计略)
学习内容	人的生殖和发育(第二课时)——新生命的孕育
育人目标	1.2、1.3、1.4、1.5、1.6、2.1、3.1、4.1、4.2
学习重难点	(一)学习重点 新生命的孕育过程和营养供应。 (二)学习难点 在观看视频、交流采访的基础上,培养"珍爱生命、感恩父母"的情感。
学习评价设计	1. 完成"育人活动1:观看视频,思考、小组讨论精子和卵细胞的受精作用过程",评估育人目标1.1,1.3、1.4、1.5、1.6、3.1、4.1。 2. 完成"育人活动2:分小组阅读教材,思考胚胎的发育经历阶段",评估育人目标2.1。 3. 完成"育人活动3:阅读教材观察图片,分小组讨论胎儿的营养供应",评估育人目标1.2,4.2。

教学过程

环节	学习内容	教师活动	学生活动	五育融合 育人点提示
课堂导入	创设情境	教师以爱为主题,讲述学生父母相遇、相知、相爱到结婚,孩子出生的过程。 提问:一个新生命是怎么来的? 出示课题:新生命的孕育。	倾听。 让学生感知生命是因爱而起。 引发学生对生命的由来的思考。	激发兴趣,引出课题。 德性育人:通过父母的相遇、相识和相爱、结婚,孩子出生,感知生命源于爱。

续表

新课学习	(一)排卵	提问:卵细胞是什么器官产生的? 出示图片。 提问:这是什么啊? 教师通过图片展示,讲授卵巢排卵的过程。 同时提出异卵双生的由来。	学生回顾上节课内容,思考、回答。 思考。 感受人体排出卵细胞的神奇过程。 学生明确异卵双生的由来。	健康育人: 通过图片观察、教师讲解,让学生感知保持人体器官健康的珍贵,从而获得珍爱健康的感悟。
	(二)卵细胞的运输	教师提出卵巢产生卵细胞后,引导学生观察图片,思考卵细胞会去哪里。 得出结论:输卵管伞将卵细胞从卵巢送入输卵管。 过渡提问:卵细胞进入卵巢后会遇到哪些问题呢? 师生提出:卵细胞与精子是如何相遇,完成受精的? 让学生先观看视频,然后分小组讨论思考。 教师请小组发言人发言展示讨论结果。 并展示生生评价和师生评价。 教师出示结论:在输卵管上部,卵细胞与精子相遇,完成受精,形成受精卵。 教师提出:新生命的孕育从受精卵开始。 受精卵形成后要进行怎样的发育呢?	观察图,回答问题。 倾听教师的讲述。 学生思考、讨论,分小组回答。 思考。 育人活动1:观看视频,思考、小组讨论精子和卵细胞的受精作用过程。 学生分小组讨论。 1.精子到达输卵管一路畅通吗? 2.精子和卵细胞受精发生在什么地方? 3.受精卵的遗传物质来自哪里? 分小组展示。 明确精子和卵细胞的受精过程。 领悟新生命的孕育从受精卵开始。	认识卵细胞与精子相遇、完成受精的过程。 德性育人: 卵细胞与精子完成受精是万里挑一、自然选择的过程,从而形成珍爱生命的情感。 审美育人: 观看视频和图片,感知生命之美。

续表

新课学习	(三)胚胎发育	分小组阅读教材,思考问题并展示讨论结果。 教师提出:暂时不评价学生的回答正确与否,先带领大家了解一下胚胎的发育过程。 1.受精卵的分裂 (1)受精卵形成36小时后开始分裂。 (2)提出同卵双生的由来。 (3)提出受精卵经过卵裂,形成多细胞组织,发育成胚泡,在输卵管内边完成细胞的分裂边朝着子宫方向移动。 2.着床 胚泡达到子宫内膜,完成着床。 提问:教师引导学生观察图,思考胚泡与子宫内膜接触的地方不久就会发育成什么。 总结胎盘的由来。 3.胎儿的发育 (1)带学生认识5周、8周的胎儿的发育情况,并讲述母亲在第5周开始出现恶心呕吐的现象。从而让学生明白母亲怀孕的辛苦,产生更加孝顺母亲的感情。 (2)教师提出孕妈妈在怀孕前三个月要特别注意保证生活环境的安全,避免接触物理射线、化学药品、生物病毒的刺激,这样才能保证一个健康宝宝的出生。 4.营养供应。 (1)教师带领学生回忆卵细胞的结构,提出受精卵在输卵管内完成卵裂后的营养物质的供应。 (2)胚胎在子宫完成着床以后的营养供应由什么结构来提供。 提示学生选好发言人,找到答案的小组请举手,看哪个小组以最快的速度找到答案。 请小组展示。 总结:根据小组的发言知道:胎儿和母体之间通过脐带和胎盘进行着营养物质和代谢废物的交换。 提出:准妈妈的肾脏负担要比普通人大,同时生病后不能轻易服药,因为药物可能会被胎儿吸收,影响胎儿的发育。	育人活动2:分小组阅读教材,思考胚胎的发育经历阶段。 学生分小组展示讨论结果。 学生观察PPT图片、倾听并理解受精卵的分裂过程。 学生倾听,观察图片,回答。 学生形成胚盘的概念。 理解母亲,热爱母亲。 产生珍爱生命的感情。 学生思考回答问题。 表明我们每个人拥有健康身体的不易,引起学生珍爱生命的感情共鸣。 学生理解胚胎发育初期的营养供应。 育人活动3:阅读教材观察图片,分小组讨论胎儿的营养供应。 思考:母体和胎儿之间是如何进行营养物质和代谢废物的交换的? 看书,看图片,思考。 请小组发言人发言展示。 学生倾听、理解,感受妈妈的不容易。	理解胚胎发育的过程。 德性育人:认识到母亲怀孕的艰辛,更加热爱自己的父母,形成孝顺父母的个人修养。 审美育人:了解胎儿的发育过程,感受到生命之美。

续表

新课学习	（四）分娩	教师提出母亲分娩过程要忍受极大的痛苦，点明母亲的坚强、伟大。	感受到母亲完成分娩的痛苦，激发学生尊重父母，孝顺父母。	德性育人：激发感恩父母的情感。
	（五）亲子感情的升华	你知道吗？当你还是婴儿时，乳汁是你唯一的食物。妈妈的乳汁不但可以供给你营养，还可以提高你的免疫力。 在你出生后最初的一个月，大约每两小时就会喝一次奶，深夜也是如此。想一想父母养育你是多么不易！	让学生更加热爱自己的母亲。 最想对妈妈说的一句话。	德性育人：进一步深化学生感恩父母、热爱生命的情感。
课堂小结		课堂小练习。	学生练习。	检测课堂学习情况
课堂反馈	总结	教师带领学生总结。	回忆本节课内容。	巩固知识
作业布置		回家给父母一个大大的拥抱		

2.《生命的延续》单元教学设计分析导引

《生命的延续》单元设计以生命的起点、诞生、生长、发育和繁殖的时间点串起生命教育的主线。本单元的设计从学生的兴趣出发，结合认知规律，先学习与学生密切相关的人的生殖和发育，关注学生青春期的生理和心理健康，帮助学生认识自我、健康地生活，同时重点渗透关爱父母、珍爱生命的德性育人；然后再设计学习其他生物（动物、植物）的生殖发育和学习相关的生物科学技术在生活、生产和社会发展中的应用价值，最后设计学习遗传与变异现象、本质等。生物的生殖和发育是生物的遗传和变异的基础，本单元的设计遵循着单元教学设计的系统性、整体性。

（四）八年级下册单元教学设计（以《生命的演化》单元为例）

1.八年级下册单元教学设计导表（表3-5）

表3-5　初中生物学学科全息育人《生命的演化》单元设计

序号	单元名称	内容组合	统领概念、主题或要素	课时
1	生命的演化	1.生命的发生与发展 2.物种多样性	1.地质学、化石记录、解剖学等从不同的方面为进化提供证据。 2.生物的遗传变异和环境因素的共同作用导致了生物的进化。 3.地球上生活着各种各样的生物，可以根据特征将生物进行分类。 4.为了科学地将生物进行分类，弄清生物之间的亲缘关系，科学家根据生物之间的相似程度，把它们划分为界、门、纲、目、科、属、种等不同的等级。"种"是最基本的分类单位。 5.不同类群的生物各有其特征，在生物圈中具有不同的作用，保护生物的多样性极为重要。	16课时

续表

2	生物与环境	1.生态系统及其稳定性 2.人与环境	1.生物与环境相互依赖、相互影响。 2.一个生态系统包括一定区域内的所有植物、动物、微生物及非生物环境。 3.依据生物在生态系统中的不同作用,一般分为生产者、消费者和分解者。 4.生产者通过光合作用把太阳能转化为化学能,然后通过食物链(网)传递给消费者、分解者,在这个过程中进行着物质循环和能量流动。 5.生物圈是最大的生态系统。 6.人口增长及对策。 7.居家环境与健康。 8.关注农村环境。 9.关注城市环境。	10课时
3	生物技术	1.发酵技术 2.现代生物技术	1.微生物通常包括病毒、细菌、真菌等类群。 2.发酵技术利用了微生物的特性,通过一定的操作过程产生相应的产品。 3.现代生物技术(克隆、转基因技术等)已被应用于生产实践,并对个人、社会和环境具有影响。	4课时

生物学 学科 八 年级 下 册 第一单元《生命的演化》单元教学设计

单元名称	生命的演化	总课时	16课时
单元学习内容	专题一:生命的发生与发展 第1课时:生命的起源 第2、3、4课时:生物的进化 第5、6课时:人类的起源与进化	课时安排	6课时
	专题二:物种的多样性 第7、8课时:生物的分类 第9课时:原生生物的主要类群 第10、11、12课时:植物的主要类群 第13、14、15、16课时:动物的主要类群		10课时
单元课标及教材分析	(一)课标分析:《课标(2011年版)》将"生物多样性"列入一级主题,这个主题下面又分为两个二级主题:生物的多样性;生命的起源和生物进化。 (二)教材分析:教材设置了《生命的演化》这一单元,其中《生命的发生和发展》一章主要介绍生命的起源、生物的进化和人类的起源与进化,《物种的多样性》一章主要介绍生物的分类、原生生物类群、植物类群和动物类群。		

续表

| 单元育人目标 | 1.认知育人
1.1 知道神创论、自然发生论、生生论、宇宙生命论、化学进化论和自然选择学说的主要观点。
1.2 列举古生物学化石方面的证据，说明生物是进化的；说出地球上各类动物、植物和微生物出现的先后顺序。
1.3 说出现代类人猿和现代人类的相似性和区别。
1.4 简述森林古猿进化为类人猿祖先和人类祖先的大概过程。
1.5 简述人类进化经历的几个主要阶段及其特点。
1.6 说出四种现代人种类人猿与人类特征的比较。
1.7 说出人类的进化阶段。
1.8 说出原生生物的主要特征、包含的类群及与人类的关系。
1.9 知道植物系统进化树，说出不同植物类型的形态、结构特征、生活方式、与人类的关系及不同植物类型之间的亲缘关系。
1.10 举例说出无脊椎动物主要类群的常见种类、特征以及与人类的关系。
1.11 举例说出脊椎动物主要类群的常见种类、特征以及与人类的关系。
1.12 认同生物的结构与功能相适应，生物发生着适应环境的变化，与环境的协调一致。
1.13 感受生物的演化，本质上是物质和能量代谢的效率提升。

2.德性育人
2.1 学习雷迪实验、巴斯德实验，学习米勒不畏惧权威、勇于探索的精神。
2.2 举例说出我国在人类起源方面的重大发现，初步形成爱国爱家的品格。
2.3 学习我国生物学家事迹和取得的成就，激发民族自豪感。
2.4 参与对生物进行分类的活动，知道保护大自然、珍爱生命。
2.5 举例说出我国的藻类资源、植物资源、动物资源，认同中华大地资源丰富。
2.6 初步知道藻类大量繁殖造成水体污染，能简单参与环保活动。
2.7 知道濒危植物、动物的保护法令条例；认同动植物的重要性。
2.8 解剖植物体和动物体，知道其结构和功能，感受科学家研究的不易和其坚毅的精神品质。

3.审美育人
3.1 感受雷迪实验、巴斯德实验、米勒实验的科学思维之美。
3.2 体会人类进化结构功能适应之美、和谐美。
3.3 欣赏人类进化史上古绘画、石器、语言文字出现代表的文化价值美。
3.4 欣赏各种生态系统生物和非生物环境相互适应、和谐相处的图片、视频，体会协调之美。
3.5 调查市场中藻类生物的种类，感受科学活动美。
3.6 解剖和观察植物体、动物体，发现其结构和功能之困难，感受科学家的劳动带来的价值美。
3.7 初步体会生物的结构与功能美、植物文化的价值之美。
3.8 体会生物形态的美、结构与功能美及动物文化的价值之美。

4.健康育人
4.1 举例说出藻类的营养价值，举例说出生活健康饮食需适度食用藻类。
4.2 举例说出有些原生生物能使人患病。
4.3 举例说出植物的营养价值和食用有毒植物引发的疾病，知道注意饮食安全。
4.4 举例说出家畜、家禽的营养价值和食用野生动物引发的疾病，拒绝食用野生动物等。

5.劳动育人
5.1 参观自然博物馆，举例说出生物进化的历程。
5.2 探索人类起源和进化中手进化的意义。
5.3 模拟生物分类活动，充分体验科学研究过程。
5.4 调查和建立校园生物类群实践活动。
5.5 使用显微镜，观察水体原生动物，判断水体污染情况。
5.6 开展制作种子画、叶脉画、香囊、拓印画等活动。
5.7 观察比较不同的植物。
5.8 开展昆虫标本制作观察活动。 |

续表

核心学习任务	1.以活动"讨论地球上的生命是怎样发生的"为核心,比较有关生命起源的几种主要观点。 2.以活动阅读观看教材相关化石图片、资料为核心,学习化石记录了地球上各类动植物、微生物出现的先后顺序。 3.以活动"模拟自然选择"为核心,学习达尔文自然选择学说的主要内容。 4.以活动"比较类人猿与人类的相似特征"为核心,学习类人猿与人类的相似性和区别。 5.以体验活动"探索人类起源和进化中手进化的意义"为核心,简述人类进化各个阶段的特征。 6.以活动"尝试对生物分类""编写检索表"为核心,了解生物分类的方法、基本单位和生物命名的方法。 7.以活动"显微镜观察衣藻、水绵,宏观观察海带、紫菜"为核心,观察讨论并总结藻类特点及与人类的关系。 8.以活动"观察比较不同的植物"为核心,学习苔藓植物、蕨类植物、种子植物的形态结构特征及与人类的关系。 9.以活动"将下列动物进行分类""观察昆虫标本"为核心,认识动物系统的进化树,学习动物分类,认识动物主要类群的常见种类、形态、结构、生理特征及与人类的关系。

第十课时教学设计(其余课时教学设计略)

学习内容	苔藓、蕨类植物
育人目标	单元目标1.9、1.12、1.13、2.5、2.8、3.6、3.7、4.3、5.7
学习重难点	(一)学习重点 苔藓和蕨类植物形态特征和生活环境。 (二)学习难点 苔藓和蕨类植物形态特征和生活环境。
学习评价设计	1.完成"育人活动1:单元主题和线索明晰",评估育人目标1.12、1.13。 2.完成"育人活动2:认识植物的进化树",评估育人目标1.9。 3.完成"育人活动3:探究苔藓植物的原始特征",评估育人目标1.9、1.12、2.8、3.6、3.7、5.7。 4.完成"育人活动4:苔藓植物与生活",评估育人目标2.5、3.7、4.3。 5.完成"育人活动5:探究蕨类植物进化的特征"评估育人目标1.9、1.12、1.13、2.8、3.6、3.7、5.7。 6.完成"育人活动6:蕨类植物与人类的关系"评估育人目标2.5、3.7、4.3。

教学过程

环节	学习内容	教师活动	学生活动	五育融合 育人点提示
课堂导入	创设情境	【启出主题】由老子"天下万物生于有,有生于无"引出生物的演化。 【启明方向】道生一,一生二,二生三,三生万物。生物演化的总趋势是:由简单到复杂,由水生到陆生,由低等到高等。今天我们就要通过这个单元的学习,通透地看清进化的趋势。 生物体的本质是物质和能量代谢,生物的演化是让代谢的效率提升。 演化形成了生物多样性,生物多样性包括生态系统多样性、物种多样性、遗传物质多样性,今天这个单元我们主要聚焦于物种多样性。	育人活动1:单元主题和线索明晰。 跟随回忆和思考,整体把握单元的主题和线索。	认知育人:通过创设情境,设疑激发学生的学习兴趣,导入本节课题。 审美育人:感受中国传统文化思想对生物学的启示。

续表

	植物进化的历程	它是窃取天火的普罗米修斯,它所获取的光和热,不仅养育了地球上的其他生物,而且使巨大的涡轮机旋转,使诗人的笔挥舞。——俄国生理学家季米里亚杰夫 引出本节课聚焦的生物类群——植物。 展示植物的进化树。 问题1:苔藓是高等植物中的原始类群,原始的特征体现。 问题2:蕨类植物相较于苔藓,进化体现在何处?	感受植物对生物圈的作用 育人活动2:认识植物的进化树。 认识植物的进化历程,带着结构与功能相适应的观点,思考原始和进化体现在哪些结构上?	审美育人:感受植物给生物圈带来的价值美。 认知育人:感受植物的进化历程,认同进化与适应观。
新课学习	苔藓植物	引入:"苔痕上阶绿,草色入帘青。"——《陋室铭》 1.宏观——观察生存环境及整体观察。 2.宏观——常见类型。 3.宏观——个体观察。 对比绿色开花植物,观察苔藓植物的植株大小和器官(1 min) 4.微观——结构观察。 活动1:探秘苔藓植物的"花" 总结苔藓的生长发育生殖过程。 5.问题思考: 问题1:苔藓植物如何获取、运输水和无机盐? 问题2:苔藓植物根茎叶中有输导组织吗? 6.活动2:揭秘苔藓植物的"根、茎、叶"。 总结苔藓植物与绿色开花植物的异同 7.联系生活: 检测大气污染、含蓄水分、北极冻原的主要绿色植物、拓荒者(先锋植物)以及药用、观赏。	育人活动3:探究苔藓植物的原始特征。 带着问题,在活动中进行探究学习,通过亲身的劳动实践,去解剖,去观察,认识到其结构和功能的不易,从而感受到科学家的精神和劳动产生的价值。 育人活动4:苔藓植物与生活。 认识苔藓植物的作用,感受苔藓植物的价值和影响。	德性育人:感受古代人对苔藓植物的热爱和赋予的情感。 认知育人:不同植物类型的形态、结构特征、生活方式、与人类的关系。 审美育人:初步体会生物的结构与功能美和植物文化之美。 审美育人:解剖和观察植物体,发现其结构和功能之美,感受科学家的劳动带来的价值美。 健康育人:了解苔藓植物对人体的药用价值。 劳动育人:观察比较不同的植物。

续表

新课学习	蕨类植物	引入：蕨类植物与苔藓植物对比进化体现在何处？ 1.常见的蕨类植物。 2.对比观察——共同特征。 活动3：对比苔藓和蕨类的共同特征 3.对比观察——主要区别。 活动4：对比苔藓和蕨类的主要区别 科研小组汇报研究成果 4.总结：科学思维方法——比较。 以表格的形式从生活环境、繁殖方式、营养器官、疏导组织对苔藓植物的蕨类植物进行对比。 5.与人类的关系： 生活方面、生产方面、科研价值、生态修复等	育人活动5：探究蕨类植物进化的特征。 对比苔藓和蕨类的共同特征和主要区别，认同结构与功能相适应，蕨类植物比苔藓植物高级，体现在其结构上。 通过劳动实践，去探究，去观察，并聆听科研小组同学的汇报，认识蕨类植物的结构特征。 育人活动6：蕨类植物人类的关系。 认识蕨类植物的作用，感受苔藓植物的价值和影响。	认知育人：不同植物类型的形态、结构特征、生活方式、与人类的关系。 审美育人：初步体会生物的结构与功能美和植物价值之美。 健康育人：了解蕨类植物对人体的药用价值。 劳动育人：观察比较不同的植物
课堂小结	总结回顾	利用知识框架图对本节课进行总结。 启发出：结构特征与特定的功能相适应、生物与环境相适应、保护多样性极为重要。 情感升华：身披平凡，造就不凡！	回顾本节课的内容。	德性育人：认同高等植物中的原始类群，苔藓和蕨类植物，虽平凡，但其适应着环境，并作为先锋者，为其他生物的生存和发展提供基础。
课堂反馈		通过活动中的发言，总结归纳，建构知识框架		
板书设计	观察法　对比法 主线：寻找苔藓植物在进化上的原始性特征和与蕨类植物异同　　苔藓植物和蕨类植物 辅线：物质和能量代谢效率的提升			

2.《生命的演化》单元教学设计分析导引

《生物的演化》单元以"进化线——起源、变化、结果"进行设计,本单元首先安排学习生命起源的几种主要观点,再带领学生认识为生物进化提供了直接证据的化石,以及生物进化的原因,其后学习生物进化的结果——生物的多样性和适应性。在以自然选择学说为核心的生物进化理论学习中,培养学生尊重客观事实、不迷信权威、敢于质疑的思维品质。通过解释生物进化和发展,学生建立生物的进化与适应观、树立辩证唯物主义自然观。学习人类的起源和进化,学生更好地建立正确的人类与动物的关系。

理论与实例相结合,《生物的演化》单元设计以丰富的生物类群的学习,希望学生厘清生物之间的亲缘关系,认同生物来源于共同的祖先,建立生物统一性的观点,同时学习原生生物、植物、动物的主要类群,认同生物多样性对维护生态平衡具有重要作用的生态观,培养保护生物多样性对于人类生存和发展具有重要意义的社会责任。

二、课时教学设计案例及分析

(一)《生殖器官的生长》课时教学设计案例[①]及分析

1.《生殖器官的生长》课时教学设计表(表3-6)

表3-6　初中生物学学科全息育人《生殖器官的生长》课时教学设计表

	"初中生物学学科全息育人"《生殖器官的生长》课时教学设计
课题	第6章第3节《生殖器官的生长》	授课时长　40分钟
课型	新课	共 2 课时　第 1 课时
设计依据		课标(2011年版)要求:概述开花和结果的过程
整体设计思路		对于本节介绍的花的结构的学习:首先,通过视频直观地感受绿色开花植物生殖生长的第一个阶段开花,然后提出开花之后,不少植物会结果实和种子,这个变化是如何形成的?其次,围绕着果实桃子的形成过程去展开教学。功能与结构密不可分,学生先通过亲自动手解剖花卉,合作学习,在感官上有整体直观的认识,再自主梳理建构出花的基本结构。普通显微镜下花粉结构不是特别明显,暂时放弃了用显微镜对花粉的观察,采用电子显微镜下的花粉图片进行展示教学。解剖观察实验材料的选取在冬季是比较困难的,没有桃花,其他常用的鲜花如玫瑰、康乃馨、百合等子房的结构不是很明显。剑兰花子房中的胚珠结构最为明显,可以选取两到三种花卉,通过对比和总结得出花的基本结构。传粉和受精果实的形成过程比较抽象,难以理解,所以通过模拟动画加微课的形式,进行直观教学。最后,通过学生自主阅读教材,小组合作讨论对照图片梳理出花的结构和果实种子形成的关系。

[①] 案例提供者:石云英 重庆市兼善中学。

续表

教材及学情分析	1.教材分析 本节内容在北师大版初中生物学教材七年级上册第六章第3节,本节课前面两节内容介绍了绿色开花植物生活史中的种子萌发和营养器官的生长,所以教材一开始就进行了植物生殖器官的总结概括,然后介绍了花的主要结构、花的分类,传粉受精形成种子果实。 2.教材处理 教学参考建议用两课时完成,它的安排是花的基本结构一课时、花的功能——传粉受精形成种子和果实一课时。考虑到结构与功能相适宜的观点,学生在认识了花的基本结构后自然会思考花的这些结构具有怎样的功能,将教材内容做调整,将花的结构和功能融汇在一课时完成,既保证了知识的连贯性又强调了结构与功能相适宜的生物学学科核心观点。因此,第一课时就只突出重点内容花的基本结构(尤其是对雄蕊和雌蕊的深入介绍)、认识传粉和受精过程,理解传粉、受精作用后子房和胚珠的相应结构变化与果实的形成关系,从而对绿色开花植物的生殖有整体的认识,建立完善的概念体系。而第二课时则在对花的结构和功能的复习基础之上,系统地介绍花的分类:两性花、单性花和无性花,同时根据花的分类拓展传粉的类型包括自花传粉、异花传粉等,同时还可以开展观察花粉粒的萌发实验等。 学情分析: 1.学生特征:观察和动手能力较强,讨论分析问题的能力有了较大的发展,认知能力也在不断完善,有一定的口头表达能力。 2.知识方面:学生已经具有了绿色开花植物的种子萌发、生长的知识,也具备一定的结构和功能相适宜的生物学基本观点,在生活中接触了多种花卉,有直观认识,但对花的结构缺乏深入观察和科学认识。 3.难点预测:可能有部分学生对子房中的结构中存在胚和卵细胞等理解存在着一定的难度,同时对传粉、受精作用后子房和胚珠的相应结构变化与果实的形成关系的理解也可能出现难度。教师教学过程中要注意难点的突破。
育人目标	1.认知育人 (1)概述花的基本结构,解释花的主要结构是雄蕊和雌蕊的原因。 (2)概述传粉和受精过程。 (3)阐明花的结构与种子果实形成的关系。 (4)通过整体观察,解剖分层观察花的结构,培养学生生物学学科的核心素养之科学动手实践的能力。 (5)说明花的主要结构是花蕊的理由。 (6)说明受精作用之后种子和果实各部分的来源。 2.德性育人 (1)通过本节教材内容的两个观察解剖实验活动,培养学生严谨认真的科学品质。 (2)通过建议活动——认识几种植物的传粉方式,让学生意识到爱护小动物就是帮助植物传粉,爱护植物。 3.审美育人 (1)结合生活中的常见植物花朵视频和教材中各种花朵图片的欣赏,感受植物之美。 (2)通过教材中的活动——解剖和观察花的结构,发现植物的生长过程之美,进一步探究花的形态结构之美。 (3)通过理解开花的意义是形成果实种子繁衍后代,从而感受生命的价值之美。 4.健康育人 5.劳动育人 以小组为单位课后完成植物花卉的标本贴画制作,体验劳动的过程。
学习重难点	学习重点: (1)概述花的基本结构,解释花的主要结构是雄蕊和雌蕊的原因。 (2)阐明花的结构与种子果实形成的关系。 学习难点:理解传粉、受精作用后子房和胚珠的相应结构变化与果实的形成关系。

续表

教法学法	教法:通过微课、图片等进行直观教学;通过精心设计问题,采用问题导学法;通过构建花的结构到种子果实的形成过程图,进行概念教学;通过学生解剖实验进行探究性实验教学。 学法:动手解剖探究法、自主学习法、合作讨论法。
教学准备	教师准备:剪辑花开视频、制作植物传粉受精微课,准备鲜花百合、剑兰、康乃馨、蟹爪兰等,准备解剖刀、解剖针、剪刀、镊子、放大镜等。

教学过程

环节	教学内容	教师活动	学生活动	设计意图（育人点及育人效果预期）
课题导入	生殖器官的生长	播放视频:桃花、苹果花盛开。 提问: 1.这是植物的什么现象? 2.植物在这之后可能会出现哪些生物学现象? 讲述:植物的生长离不开根茎叶提供营养,因此根茎叶是植物的什么器官? 部分植物开花后会结出种子和果实,将种子播种适宜条件下会长出新的植物体,所以花、种子、果实三种器官与植物的繁衍后代也就是生殖有关,它们被称为生殖器官。生殖器官是如何生长的?	观看视频。 思考回答。 营养器官。 生殖器官。	感受植物带给人类的美感,吸引学生注意力,快速进入上课状态。 激发学生产生对桃子如何形成的学习兴趣。 美育:结合生活中的常见植物花朵视频和教材图片中的各种花朵图片的欣赏,感受植物之美。
新课教学	花的基本结构	出示:桃花到果实这一过程的图片。 讲述:通过视频我们认识了这是什么花? 这是桃花形成的果实——桃子。我们生物学中有个重要的观点是结构与功能相适宜,桃花具有怎样的结构才能形成果实,我们一起先来探究桃花的结构。 学生活动1:解剖观察花的结构。 说明:冬天没有桃花,老师准备了剑兰和百合花代替。 要求:小组为单位,确定发言、解剖、粘贴、批注人,分工合作。 操作: 1.整体观察:对照教材113页图6-11,取一花朵,仔细观察花的外形和各部分的颜色,为组员指认花的各部分结构。 2.逐层观察(具体操作见导学单)。 3.小组展示交流。 提示:1.在操作过程中有困惑可以举手示意老师。 2.在保证科学性的前提下尽量做到美观。 巡视指导学生的解剖观察学习。 老师倾听指导。	观看图片。 倾听,思考。 倾听,明确活动时间、目的、操作。 看书,整体认识花的结构。 解剖操作,粘贴在白纸上、批注结构。 小组代表展示交流。 其他同学倾听并补充。	通过图片结合问题,引导学生建构起结构和功能相适宜从而去探究花的结构。 智育:培养学科思维。 通过自主阅读、合作动手操作、小组代表交流、师生互助总结,突破学习花的结构。 劳育:实现动手操作。

续表

新课教学	师生共同建构花的结构	讲述:同学们观察得很仔细,而有些结构肉眼不是很容易观察到,老师带领同学们一起来继续放大观察。 请同学们收拾好活动器材,可以在课后将粘贴的花塑封自制成鲜花标本画。让花儿以另一种方式继续发挥它的美丽。 桃花是否有这样的结构?我们一起来看看。 出示:桃花模型。 从下到上,花托上由外到内依次是?花托花柄的区别? 精讲精子的来源,子房胚珠的结构。 学生活动2:自主学习。 1.梳理花的结构,填写导学单①~⑦。 2.思考:从植物繁衍后代的角度思考,你认为花的哪部分结构最重要,为什么? 问:根据你所填的内容,给同学们概述花的基本结构有哪些。 讲述:一朵发育完全的花多数具备这些基本结构,当然,有些花只都具备一部分这些结构。这涉及花的分类,我们下节课细说。 出示花的基本结构 问:哪部分结构最重要呢,为什么?	看模型认识说出桃花的结构。 倾听、观看图片理解花的子房、胚珠、精子花粉花药的关系。 自主学习填导学单。 思考回答。 展示回答。 完善概念。	从桃花模型入手,一方面很好地巩固了花的结构,另一方面也是呼应开头。 智育:说明受精作用之后种子和果实各部分的来源。 这样的设计从花的实物解剖到建构梳理花的结构,由个例到普通,由直观到抽象完成重点内容的教学。 美育:探究花的形态结构之美。
	传粉受精	学生活动3:观看微课,同桌交流,开花后,形成种子和果实前经历了哪两个主要过程?为同桌简述这两个过程。 概括:1.传粉:雄蕊的花药里散出的花粉以一定方式传送到雌蕊的柱头上,这一过程叫传粉。 2.受精:花粉形成精子和胚珠内的卵细胞结合形成受精卵的过程。 讲述:传粉和受精是种子形成的前提。完成受精后,种子和果实分别是由哪部分结构发育而来的呢? 出示问题: (1)从整体来看,种子和果实由花的哪部分结构发育而来? (2)从局部来看,种子和果实分别由哪几部分组成?这几部分别由花的哪部分结构发育而来? (3)将讨论结果填写到导学单⑧~⑩。 展示花的结构到种子果实模式图。 归纳:受精后胚珠发育为种子,子房发育为果实	看视频。 同桌交流。 展示交流。 做好笔记勾画。 阅读教材第115页最后一段(1分钟)结合第116页图6-15,小组讨论回答。	通过视频和微课直观地动态地演示了传粉和受精以及种子果实的形成过程。 智育:探究花的形态结构之美。 对于花的结构与种子果实的对应关系这个难点,学生先带着问题看书,然后通过讨论互助,结合图片对照,以及前面突破了的子房和精子的微观结构从而较好地将微观不可见的难点内容突破。 智育:说明受精作用之后种子和果实各部分的来源。

续表

课堂反馈		出示练习题。	学生自主完成答案写在导学单空白处。	当堂巩固知识,及时检测应用
课堂小结	小结与升华	*展示概念图填空。 花不仅仅给我们带来了美的感受,不少花还能结果造福人类,同时花产生种子果实繁衍后代。同学们就像这些花儿一样,也是我们祖国的花朵,期待同学们在这个时期努力增强体质,增加学识,像花一样绽放后收获美好的果实。 提醒:学生可以在课后将流程图剪下来粘贴在书上。后续继续巩固。	学生回答填空。 倾听。	总结课题回复解决导入问题同时情感升华,花样少年珍惜青春珍爱花朵。 健康育人。 通过理解开花的意义是形成果实种子繁衍后代,从而自觉爱护花草树木,珍爱生命。
作业布置		课后搜集整理花卉类型,尝试进行分类。		
板书设计		生殖器官的生长 开花 →传粉和受精→ 种子果实的形成 　　｜ 花的结构(主要:雌蕊和雄蕊)		

2.《生殖器官的生长》课时教学设计分析

(1)教学设计理念分析

在进行《生殖器官的生长》这一节的课时教学设计时,教学参考建议用两课时,第一课时学习基本结构,第二课时学习花的功能。教师在充分阅读课标、教材,结合学情的基础上,对教材进行了调整,将花的结构和功能融合在一课时完成,第二课时再对花的结构和功能的复习基础之上,系统地介绍花的分类、拓展花传粉类型和开展观察花粉萌发实验等。这样的处理是基于结构与功能相适宜的观点,学生在认识了花的基本结构后自然过渡到学习花的这些结构具有怎样的功能。这样处理既保证了知识的连贯性又强调了结构与功能相适宜的生物学学科核心观点,可以有效地达成认知育人中学科思维的教学育人目标。这样的设计突出了由课程的忠实执行者转变为课程的建设者和开发者的教师观。

在《生殖器官的生长》这一节的教学设计中,对花的结构这一知识点的学习,教师在设计时,先引导学生观看多姿多彩的花朵盛开的视频,感受花的美丽,有效地渗透审美育人,激发起学生学习的热情和探索花的结构的求知欲。此时的设计不是靠教师的全盘讲授,而是设计学生先自主观察鲜花的实物,然后再设计小组动手解剖花的环节,随后设计对比桃花模型认识花的结构,最后通过安排学生填写学案从而完整地建构起花的结构。这样的设计从花的实物解剖到建构梳理花的结构,由个例到普通,由直观到抽象完成重点内容的教学。在这个教学设计的片段中,始终突出了教学应该以学生为主体,教师为主导的教学观。而这段教学设计的目的是希望学生在参与多种多样的学习活动中,体验到生物学的美,进行审美育人,锻炼学生的实验操作能力,同时也建立生物学概念——花的结构而达成认知育人。

(2)教学设计原则分析

本节课的设计,不仅仅关注了课标中对学科知识、能力的要求,而且充分挖掘育人因子,在研读课标、分析教材与学情后认真确立了本节课的"五育"目标。为了实现"五育"目标,突出重点教学和突破难点,本节课精心设计了育人活动,充分地体现了育人性。教学过程完整地包括导入、新课讲授、课堂小结、课堂反馈、板书设计等环节,体现了教学设计的科学性和系统性。

(3)教学设计要素分析

课堂导入环节,教师让学生观看各种鲜花在春夏秋冬盛开的视频感受生命的艺术美和力量美,同时抛出开花后如何结种子果实的问题,引入本节课的学习,选取的视频与本节课的主题紧密关联,既激发出学生学习的热情,也形象生动地进行了审美育人。此外,设计学生活动观察解剖鲜花也能有效地让学生感受到花的多样美和结构美。

新课推进过程中,通过设计育人活动"学生小组解剖花卉"的实验,实现认知育人和劳动育人的课程目标。学生在解剖花卉的实验中感受到科学活动过程美和思维美。通过植物精子、卵细胞结合发育的微课等,将生物学学科教学与学科育人有效地结合,重点突出认知育人、劳动育人、审美育人的融合性育人。在教学环节中,本节课采用科学性的设计,先通过实验操作,学生动手亲自观察花的结构,再设计通过桃花模型认识花,最后师生共同抽象建构花的结构这一概念。对于生殖器官的生长这一重要概念的理解,除了要知道基本内涵花的结构,还要知道花的传粉受精的功能,而为了突破这一抽象的微观的过程难点,教学中设计了播放相应的动画,用以帮助学生更好地理解,从而完整地建构起花的结构和功能相适应的观点。

课堂小结升华环节,在《生殖器官的生长》的教学设计中,教师设计了学生填写学案上概念图的形式进行课程的小结,而在学生自我建构、表达后,教师进行升华:"花不仅仅给我们带来了美的感受,不少花还能结果造福人类,同时花产生种子果实繁衍后代。同学们就像这些花儿一样,也是我们祖国的花朵,期待同学们在这个时期努力增强体质,增加学识,像花一样绽放后收获美好的果实。"同时提醒学生可以在课后将流程图剪下来粘贴在书上,以便后续巩固使用。这样的设计既可以总结本节课,又回答了课程导入的问题。通过对"花"的结构和功能的学习、类比,在健康育人、德性育人方面进行有效渗透,实现育人目标。

本节课时的教学设计通过核心育人活动"解剖观察花的结构"和微课"植物传粉受精"将本节课的重点突出和难点突破。同时通过这两个活动,学生在实验操作中动脑动手,获得劳动体验,此外在解剖过程中和学习微课中也感受到了花的结构美以及花的结构与功能相适应的多样美。这两个育人活动有效地实现认知育人、劳动育人、审美育人,还能渗透德行育人。

(二)《动物运动的形成(第一课时)——骨》课时教学设计案例及分析

1.《动物运动的形成(第一课时)——骨》课时教学设计表[①](表3-7)

表3-7 初中生物学学科全息育人《动物运动的形成——骨》课时教学设计表

	"初中生物学学科全息育人"《动物运动的形成(第一课时)——骨》课时教学设计
课题	第15章 动物的运动 第2节 动物运动的形成	授课时长	40分钟
课型	新课		共4课时 第1课时 动物运动的形成——骨
设计依据		《课标(2011年版)》要求:教学中,教师帮助学生形成以下概念:动物因逃避敌害、争夺食物和栖息地、完成繁殖所进行的运动,是在神经系统和内分泌系统的调节下,由骨骼和肌肉共同完成的。具体内容:说明动物的运动依赖于一定的结构。活动建议:观察某种脊椎动物的肌肉、骨骼、关节的基本结构。
整体设计思路		由动物运动方式的多样性创设情境,追问动物运动形成的原因并通过具体运动说明运动形成的原因,重点放在说出脊椎动物运动系统的组成(以人为例)。将运动系统中的骨作为研究对象,围绕骨的形态、长骨的结构和功能,骨的成分展开教学。在教学环节中体现和落实五育目标。
教材及学情分析		教材分析: 本节教学中,育人目标的预设与达成、教学过程的设计与实施都要围绕本节的重要概念展开。概念体系是对与重要(上位)概念密切关联的次位概念与下位概念的结构性描述,反映了学科知识的内在逻辑及其在教学中的地位和作用。本节内容涉及两个较为重要的上位概念,其中:骨、骨连结和骨骼肌组成人体的运动系统是本节的第1个上位概念,它由3个次级概念支撑。其中第1个次级概念是:骨是由骨膜、骨质、骨髓组成的器官。为此围绕骨的形态、结构、功能、成分展开教学。在教学环节中体现和落实五育目标。 学情分析: 学生已有对器官、系统概念的理解。能够举例说明人体的8大系统,举例说出人体器官。学生通过初一生物学学科的学习已掌握观察法,针对"观察哺乳动物的长骨"的有效实施有方法基础,知道观察的内容、程序并做记录。但学生绘制结构模式图还有一定技术困难。对结构与功能相适应的生命观念的理解还需要加强。
育人目标		一、认知育人 1.描述人体运动系统的组成和功能。 2.举例说出人体骨的不同形态。 3.识别长骨的各部分结构及说明长骨各部分的功能,并阐明与运动相适应的特点。 4.说明骨的成分及其物理特性。 5.通过有序地观察长骨的结构,分析各部分结构的功能,提高观察及分析能力。 6.通过设计骨的成分实验,观察实验现象,分析和得出结论,提高科学探究能力。 7.建构长骨的物理模型。 8.通过骨的结构及功能的学习,帮助学生树立结构与功能相适应的生命观念。 9.通过骨的形态、结构及功能的学习,培养学生归纳概括的科学思维。 10.通过骨的成分的学习,培养学生演绎、归纳的科学思维。 二、德性育人 通过骨的成分的学习,关注老年人走路乘车安全。 三、审美育人 四、健康育人 通过对骨的成分的学习,自觉养成正确的坐立行走姿势。 五、劳动育人

---
① 案例提供者:周仪宣 重庆市兼善中学蔡家校区。

续表

学习重难点	学习重点: 1.长骨结构与功能。2.骨的成分及物理特性。				
	学习难点:长骨结构与运动相适应的特点。				
教法学法	教法:讲授法、实验法、讨论法。				
	学法:自主学习法、合作讨论法。				
教学准备	教师准备:牛的股骨、猪股骨、解剖器材、《动物运动的形成——骨》课件				
教学过程						
环节	教学内容	教师活动	学生活动	设计意图 (育人点及育人效果预期)	
情境创设	复习:动物运动方式 动物运动形成的原因 1.脊椎动物运动系统的组成(以人为例)	一、提出问题: 1.展示一组动物运动的图片,这些动物有哪些运动方式呢? 2.动物运动方式呈现出多种多样的特点。动物运动现象的发生,其生命活动规律值得我们去深度思考和研究。动物运动形成的原因是什么呢?请大家思考。 3.请一位学生从座位上起立,走到讲台前面来。结合活动提出问题:这位同学为什么能从座位上走到前面来?进一步引导学生思考并回答动物为什么能够完成各种运动。 二、指导看书(第9页第一段,呈现目标) 1.描述人体运动系统的组成。 2.描述运动系统的功能。 3.描述动物运动形成的原因。 指导学生看书,第17页末段。 三、活动体验:师生一起完成一些简单动作,如:下蹲、屈肘等,体会人体各种运动的完成。引出运动系统,以人体为例,思考并回答动物的运动系统是由哪些结构组成的。 可见,动物能够完成各种运动的原因是多方面的。其中动物的运动系统是重要的结构基础之一,依据学生的回答,总结运动系统的组成包括骨、骨连结、骨骼肌。(注意骨连接不等同关节)运动系统起着支持、保护和运动的作用。 本节课,我们围绕第1课时的学习目标展开学习。呈现学科知识目标: 1.脊椎动物运动系统的组成(以人为例)。 2.骨的形态。 3.长骨的结构和功能。 4.骨的成分。	思考,回答。 思考。 学生参与活动,思考、回答。 自主学习,并在教科书上和笔记本上做笔记:第2节 动物运动的形成,运动系统的组成和功能,动物运动形成的原因。 学生参与、体会、思考、回答。 在教科书上重点标注。 在笔记本上和教科书上标注。	1.温故而知新。再次感知动物运动方式的多样性,渗透动物行为多样美的审美教育。 2.引出第2节《动物运动的形成》,培养学生由现象到本质的思维能力。 3.由形象思维到抽象思维,引导学生思考并回答运动形成的生命活动规律。 4.优化学生的学习方式,进一步实现学习目标,落实在教科书和笔记本上,内化为学生的理解。 5.达成第1个育人目标。描述人体运动系统的组成和功能。 6.师生明确学科知识目标,通过学科知识目标引领双主体同频共振。建立学科知识目标整体思维。	

续表

	2.骨的形态	过渡：人体有206块骨，全身的骨由骨连结构成骨骼。人体不同部位的骨形态不同。 提出问题，指导看书： 1.人体的骨有哪些形态呢？ 2.每种形态的典型特点是什么呢？ 提供标本或展示图片，请同学们举例说出人体骨的不同形态，描述每种骨形态的典型特点。	自主学习 1.教科书第13~14页； 2.教科书第9页。 学生观察、思考、举例、归纳。	7.培养学生从整体到局部的思维方式。渗透人体骨骼严谨有序的审美教育。渗透骨的形态多样性的审美教育。 8.培养学生的学习方式。 9.培养归纳概括的科学思维。 10.达成第2个育人目标。举例说出人体骨的不同形态。
新课教学	3.长骨的结构及功能	过渡：骨的形态多种多样，下面我们以人体长骨作为研究对象。人体运动时，长骨起着支持和杠杆作用。长骨有哪些与其功能相适应的特征呢？ 活动：观察哺乳动物的长骨 1.引导学生举例说出人体长骨。 2.指导学生自主学习活动的目的要求，材料用具，方法步骤。(参考教科书第10页) 3.指导学生识别骨膜、区别骨质、识别和区别骨髓。 4.指导学生自主学习长骨的结构和功能。 6.启发式讲解长骨的结构和功能。 7.讨论：长骨由哪几部分组成？各部分的重要功能是什么？长骨有哪些与其功能相适应的特征呢？ 在学生归纳总结的基础上补充完整。 8.播放视频——长骨的结构和功能。 9.拓展：联系生活实际，如手术中保护骨膜的意义、骨折后的注意事项、骨髓移植等。	学生举例指出说出人体的长骨(参考教科书第13页)。 自主学习。 学生代表演示并讲解：长骨的结构。 其他学生倾听、观察和识别长骨结构。 听讲，感悟，理解和回答。 分组讨论。 归纳总结长骨的结构功能，在笔记本上和教科书上标注。 学生观看。 听讲解。	11.达成第3个育人目标。识别长骨的各部分结构及说明长骨各部分的功能，并阐明与运动相适应的特点，帮助学生树立结构与功能相适应的生命观念。培养学生归纳概括的科学思维。培养学生的学习方式。 12.关注身体健康，关注疾病对健康的影响，渗透健康育人。

续表

新课教学	4.骨的成分	过渡:长骨的结构使它既坚固又轻便,非常适于运动。长骨除了结构上与其功能相适应外,还有没有其他特点与其功能相适应呢?科学实验表明骨质与骨的支持和承重功能有关。科学家测试成年人的股骨能承受174~276 kg压力。骨的这种特性与骨的成分有密切关系。 1.探究骨的成分。 骨由什么物质组成?如何用实验的方法检测骨中的成分? 视频——鉴定骨的成分 补充归纳完善: 骨中含有无机物和有机物,它们分别使骨有坚硬的特性和韧性的特性。 2.不同年龄阶段骨成分的特点。 科学家对不同年龄的人骨成分数据统计。 为什么我们要注意补钙? 老年人为什么容易骨折?为什么要特别关照老年人的行走和乘车安全? 青少年骨为什么容易变形?	听讲。 思考。 讨论。 交流。 学生以小组为单位,回忆以前的知识和实验(种子的成分,食物的营养成分等),对骨的成分做出推测,并设计实验。 观看视频,观察现象。 学生得出结论。 在笔记本上和教科书上标注不同年龄阶段骨成分的特点。 学生讨论、分析、交流。	13.达成第4个育人目标。说明骨的成分及其物理特性。 通过设计骨的成分实验,观察实验现象,分析和得出结论,提高科学探究能力。 通过骨的成分的学习,培养学生演绎、归纳的科学思维。
课堂反馈	学习目标达成情况检测	思考与练习第18页 1.判断正误(1)(2)(3)。 2.长骨在结构上有哪些特点与它的功能相适应? 3.青少年为什么要注意正确的坐、立、行的姿势?	检测。 评价。	当堂巩固知识,及时检测应用。
课堂小结	小结	1.脊椎动物运动系统的组成(以人为例)。 2.骨的形态。 3.长骨的结构和功能。 长骨的结构使它既坚固又轻便,非常适于运动。骨的结构决定着骨既坚固又轻便,骨的成分决定着骨既有硬度又有弹性,这些都是与运动相适应的。 4.骨的成分。	学生回答。	
作业布置		基础要点扫描:1题,2题 知识技能巩固:1~4题,11题		

续表

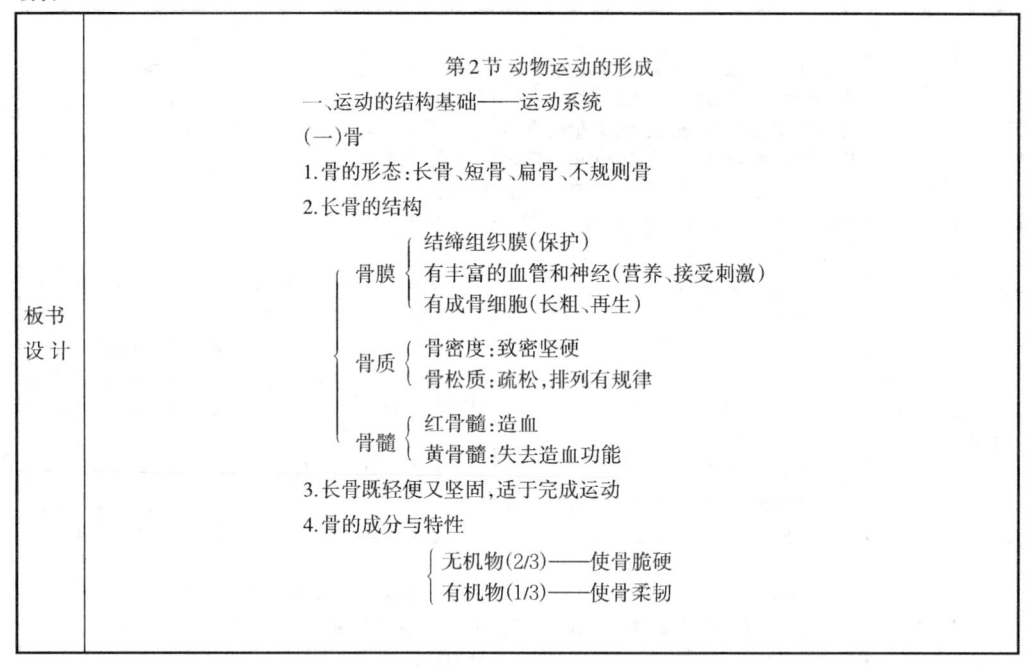

板书设计	第2节 动物运动的形成
	一、运动的结构基础——运动系统
	(一)骨
	1.骨的形态：长骨、短骨、扁骨、不规则骨
	2.长骨的结构
	  骨膜 { 结缔组织膜(保护)
	     有丰富的血管和神经(营养、接受刺激)
	     有成骨细胞(长粗、再生)
	  骨质 { 骨密质：致密坚硬
	     骨松质：疏松，排列有规律
	  骨髓 { 红骨髓：造血
	     黄骨髓：失去造血功能
	3.长骨既轻便又坚固，适于完成运动
	4.骨的成分与特性
	  { 无机物(2/3)——使骨脆硬
	   有机物(1/3)——使骨柔韧

2.《动物运动的形成——骨》课时教学设计分析

(1)教学设计理念分析

《动物运动的形成——骨》这一课时的教学设计，总体上体现了学生是发展中的人，学生是独特的人，学生是具有独立意义的人，学生是课堂教学中教师的合作者。通过情境的创设，展示动物运动方式图片。一位学生从座位上起立，走到讲台前面来的活动，让学生再次感知动物运动方式的多样性，渗透审美教育，引出《动物运动的形成——骨》，培养学生由现象到本质的理性思维。顺势而上，步步推进，呈现并提示学生记录4个学科知识目标，围绕4个学科知识目标，展开教学，将"五育"目标有机渗透。在教学中尊重学生的个性和主体地位，与学生合作学习，助推学生发展，应用多种评价手段和方法反馈发展情况。

教学是课程创设与开发的过程。教学是师生交往、积极互动、共同发展的过程。教学应重过程。教学应关注人。重组教学内容，如先骨骼再到骨的学习，改变实验教学的组织形式，如"活动：观察哺乳动物的长骨"，变课堂分组实验为课后独立实验和课堂演示实验。

(2)教学设计原则分析

本节课的设计，从情境创设到新课教学各环节，到课堂反馈，课堂小结，作业布置等，教师尽最大努力，在启发式的教育思想指导之下，在五育目标指引之下，通过互动去实现课堂的活跃与教育教学的深度。课堂中要通过回答、演示、关注、期待、等候、评价等种种策略,将五育目标有机渗透和融合,体现初中生物课堂全息育人要求。

(3)教学设计要素分析

本课时的教学设计育人目标指向明确,教学资源较为丰富,教学策略多样,体现了生物学学科的课程基本理念;面向了全体学生,提高了学生生物科学素养。倡导了探究性学习。在启发式的教育思想指导之下,在五育目标指引之下,通过互动实现课堂的活跃与教育教学的深度。通过多样化的方法,突出教学重点,突破教学难点,实现育人目标。

当然,本节课时教学设计教学资源建议多样化,选择的面要扩大,如增加视频资源。分组实验和演示实验的效果要研究,学生课后实验效果要跟进评价。健康育人和德性育人目标的实现要继续跟进评价。认知育人学科知识的评价要有层次性。评价手段和方法应多样化,并进一步提高科学性和有效性。

第四章 初中生物学学科全息育人课堂教学实施

课堂作为培养德智体美劳全面发展的社会主义建设者和接班人的主阵地,是落实立德树人根本任务的重要途径。面对新形势,肩负新使命,初中生物学学科全息育人课堂教学实施,在教学中以"全息育人"为育人导向,以生物学知识为载体,倡导德智体美劳"五育融合",充分发挥初中生物学在学科育人中的价值,注重学生能力培养和素养提升,为学生的终身发展奠基,同时促进教师教学业务水平提高,为教师实施全息育人课堂教学提供系统的建议和指导。

　　本章从课堂教学的现状和全息育人课堂教学价值分析入手,通过对教学的基本理念及原则分析,最终指向全息育人视域下课堂教学实践指导——初中生物学课堂教学实施。通过初中生物学学科全息育人课堂教学案例的分析,给一线生物教育工作者提供一个新的思路和参考,使学生在初中生物学课堂教学活动中获得生物学学科核心素养的提升,德智体美劳全面发展。

第一节　初中生物学学科全息育人的课堂教学理念

教学理念是人们对教学活动、学习活动内在规律的认识之集中体现。人们对教学活动的看法和持有的基本态度和观念,是人们从事教学活动的指导思想,能在教学活动中指导教师的教学行为。教学理念与教学实践有着密切关系,教学理念是教学实践活动的向导,有什么样的教学理念就会有什么样的教学实践活动。[1]转变教育思想和教育观念是教育教学改革的先导。[2]初中生物学学科全息育人课堂教学研究,基于传统教育理念,分析我国教育理念的发展规律,结合教学实践,提出了初中生物学学科全息育人课堂教学理念。初中生物学课堂教学以初中生物学学科全息育人课堂教学理念为先导,指导教学实践,促进教学思想和教学观念的转变。

教学理念构成上有理论层面、操作层面和学科层面之分。教学理念包括关注学生的进步和发展、关注教学效益。

一、课堂教学理念的发展

新中国成立以来,我国开展了八次课程改革,我国基础教育教学理念经历了四个发展阶段:第一阶段即重视学生基础知识和基本技能的"双基教学理念",这个阶段约从1949年至1979年;第二阶段,发展到重视智力开发和能力发展的"智能教学理念",这个阶段从1980年至1982年;第三阶段,为重视非智力因素阶段,并把非智力因素与发展智力、培养能力结合起来,这个阶段从1983年到1989年;第四阶段,再发展到重视学生素质全面发展的"素质教育的教学理念"阶段,即从根本上克服传统教育的弊端,逐步实现"应试教育"向素质教育的转变,这个阶段从20世纪80年代末到90年代初开始,现在正处于攻坚阶段。1999年,中共中央 国务院颁布了《关于深化教育改革全面推进素质教育的决定》,素质教育成了教育改革的目标。教学目标,从"双基""三维目标"到"核心素养",是一个螺旋上升逐渐递进的过程,后者较之于前者,既有传承也有超越,是从学科知识本位到"以人为本"的核心素养提升的过程。[3]

---

[1] 刘小艳.浅谈教学理念[J].中国校外教育(下旬刊),2014(5):72,76.
[2] 陈玉琨,李如海.我国教育评价发展的世纪回顾与未来展望[J].华东师范大学学报(教育科学版),2000(1):1-12.
[3] 余文森.从三维目标走向核心素养[J].华东师范大学学报(教育科学版),2016,34(1):11-13.

二、全息育人的初中生物学课堂教学理念

为落实党的十八大和十九大关于立德树人要求,贯彻全国教育大会精神,推动核心素养的落地、落细、落实,我们提出基于全息育人的初中生物学课堂教学。在教学中,以社会主义核心价值观为引领,转变教学观念,更新教学理念,在初中生物学学科全息育人课堂教学中实现五育融合,促进学生全面发展,将立德树人根本任务贯穿于教育过程的始终。

(一)教师教育观:教学"双主"和谐发展

从我国的现实情况看,20世纪90年代以前的教学模式基本上都是以教师为中心,其学习理论基础是行为主义。这种模式的优点是有利于教师主导作用的发挥,便于教师掌控整个教学活动,但忽视学生的认知主体作用,不利于学生创新思维和创新能力的培养。按这种模式培育的多是知识型人才。以学生为中心的教学模式,则是进入20世纪90年代以后随着多媒体和网络技术的日益普及,才逐渐发展起来的。建构主义的学习理论与教学理论是以学生为中心教学模式的主要理论基础。这种教学模式由于强调学生是认知过程的主体,是意义的主动建构者,因而有利于学生主动探索、主动发现,有利于创造型人才的培养;但往往忽视教师主导作用,忽视师生之间的情感交流和情感因素在学习过程中的重要作用,也导致学生自主学习的自由度过大,容易偏离教学目标的要求。

"以教师为中心"和"以学生为中心"各有优劣,"双主教学"是两种教学模式的发展,在教学中结合两种教学模式的优点,体现"以人为本"的思想,既发挥教师教育主导作用,又体现学生的认知主体作用,充分调动教和学两方面的主动性、积极性的教学理念。教师是教学活动的设计师,教学活动的组织者,是教学活动过程中的主导者。教师要精心组织教学活动,根据学生的学来调整教学设计和内容,灵活运用教学方法,采用多种教学手段,激发学生兴趣,激活学生思维。同时,教师要尊重理解学生,承认学生在学习中的主观能动性、个体差异性,认识学生是学习活动的主体,培养学生主动参与到课堂教学的主体意识,充分发挥学生的创造性。

(二)课堂教学观

1.从"生活"到"知识"再到"实践"

"生活"到"知识"再到"实践"思想源自杜威提出的"教育即生活"。生物科学是自然科学中的基础学科之一,是研究生命现象和生命活动规律的一门科学。《课标(2011年版)》要求,通过学习既要让学生理解基础的生物学知识,又要让学生领悟生物学家

在研究过程中所持有的观点以及解决问题的思路和方法。说到底它源于生活,又高于生活。从"生活"到"知识",就是要求教师在教学中可以将取自学生熟悉的生活素材作为探索的起点,用与学生生活密切联系的实际事物引发学生的学习兴趣,触发学生心灵深处的学习需求、学习动力,进而实现育人。比如用具有地方特色的事物作为教学资源可以增强学生热爱家乡的情怀,用民族特色习俗等作为素材增强学生民族自豪感等。这也要求教师在教学中进行情景化教学,让生活素材成为情景教学的资源。

毛泽东同志讲过"实践出真知",说明了真正的知识只有从实践中获得。习近平总书记指出:"调查研究是谋事之基、成事之道,没有调查就没有发言权,没有调查就没有决策权。"从"知识"到"实践",就是将所学知识、规律带进生活进行检验,用所学规律去理解生活中的现象规律,用所学生物学方法去探索生活中更多的未知,从而提高学生分析问题、解决问题的能力,培养创新精神和实践能力。

2.尊重生命价值

叶澜教授说,在课堂教学里的教师和学生,他们不只是在教和学,他们还在感受课堂教学中生命的涌动和成长,只有这样的课堂教学,学生才能获得多方面的满足和发展,教师的劳动才会闪现出创造的光辉和人性的魅力。生物学也称生命科学、生物科学,它本身就是认识生物、探索生命的科学。初中生物学教学中应让学生树立生命存在观,充分认识到生命存在的重要性,学会有意识地有效地保护生命,学会热爱和珍惜自己及他人的生命,并不断充实生命存在的内涵。初中生物学认识的生命不仅有人还有动物、植物、细菌、病毒等生命体,他们与人类共同进化,都是生态系统中不可缺少的组分。个体生命有独特性,我们还要教会学生学会尊重和敬畏生命。

3.活动化教学

"活动化教学"理念源自杜威提出的"做中学"及陶行知先生的"教学做合一"的思想。"活动化教学"是指在生物学课堂的教学过程中构建既具有教育性、创造性、实践性、操作性又具有生活性、趣味性的学生主体活动,引导学生在活动中体验,在活动中感悟,在活动中求知、在活动中益智,在活动中快乐学习,促进学生整体素质全面提高的一种教学理念。这里的活动不仅包含了外显形式的活动化(操作活动、言语交流活动和感知活动),也包括内隐的思维活动(由外显活动转化而来的观念活动和智力活动)。教学过程中以学生探究学习为主,把多样化、个性化的学习融合在一起,以活动为基础,通过学生主动参与、主动探究、主动思考激发起学生科学思维的发展。

(三)课堂评价观——有效课堂评价

教师在课堂上对学生课堂表现做出评价,在初中生物学课堂教学中是常见的现象,它也是课堂中教师和学生进行互动的重要形式之一。教师评价恰当与否,不仅关系到课堂气氛、教学效果,甚至关系到学生的终身发展。

有效的课堂评价要求老师尊重学生的个体差异性,切忌一刀切,可以设置有针对性的多样的反馈性练习。评价语言具有准确性、具有一定感染力和指导性。评价角度个性化,过程性评价及结果性评价相结合,外显的语言、逻辑等与内隐的思维、素养等相结合。有效的课堂评价具有激励性、启发性,不仅能给学生及时的反馈,使学生发现学习中存在的问题,启发学生的学科思维,还能提高学生学习积极性,发挥学生能动性,调动学生学习的主动性,力求促进学生身心的和谐发展,最终促进全体学生的进步和提高。

第二节　初中生物学学科全息育人的课堂教学原则

教学原则是根据一定的教学目的和教学过程规律而制定的指导教学工作的基本准则,它反映了人们对教学活动本质性特点和内在规律性的认识,是指导教学工作有效进行的指导性原理和行为准则。教学原则作为教学活动的准则,它能够对教学活动的各个方面起到指导和调控作用,是有效设计教学方案和开展教学活动的根本依据,在教学活动中正确和灵活运用,有利于教学任务的完成和教学目标的实现,提高教学效率。

随着教学实践的发展,人们对于教学规律的认识不断深入,教学原则的研究也将进一步深入发展,不断改进、充实和完善。现阶段我国中小学常用的教学原则共八条,分别为:(1)教育性与科学性相统一的原则;(2)理论联系实际的原则;(3)直观性教学原则;(4)启发性原则;(5)循序渐进原则;(6)巩固性原则;(7)因材施教原则;(8)量力性原则。

中学教学是分学科进行的,离开学科就无所谓教学,因此教学原则只有深入到学科之中才能发挥作用。[①]学科教学原则应该是(总体的、一般的)教学原则的具体化、个别化,两者之间的关系是整体与部分的关系,一般与特殊的关系。

初中生物学学科全息育人课堂教学原则是对在全息育人视域下开展教学实践经验的总结;是在借鉴古今中外的教育原则并结合我国的实际,依据新课程的理念,根据学生的认知特点和生物学学科的基本规律而制订的有效指导初中生物学课堂教学实

---

① 孙中旭.谈地理教学原则[J].大连教育学院学报,2010,26(04):63-65.

践的一般性原理和行为准则;是对以往有效教学原则的继承和发展。在初中生物学学科全息育人课堂教学实施中,这些教学原则对于我们完成教学目标,确定教学内容,选择教学方法和教学形式,组织和实施教学过程等等教学的各个方面确实具有重要的指导意义。这些要求成为实施生物学教学活动的准则,对教学活动的各个方面起着指导和调节的作用,为教师提供积极有效开展教学活动的依据。

一、一般性教学原则

(一)因材施教原则

因材施教原则是指教师在教学中,考虑学生的实际情况,照顾学生个别差异,有的放矢地进行有差别的教学,使每个学生都能扬长避短,获得最佳的发展。教师在教学过程中应该针对学生的特点进行有区别的教学;采取有效的措施使学生获得充分的发展。比如在课堂教学中进行分组教学时,就要依据因材施教原则,合理搭配各组成员、合理进行任务分工,这样才能充分面向全体学生,让所有学生都能真正参与到课堂活动,所有学生都有发展。

在初中生物学教学中贯彻这一原则,教师首先要充分了解学生,包括学生的学习成绩、成长经历、性格特点等;其次,教师应当尊重学生的差异,不能用统一的标准去衡量每一个学生,考虑每个学生的特长、特点,安排任务、设置问题时有的放矢,鼓励学生积极参与,引起学生的情感共鸣,自觉、主动地参与到课堂教学活动中。七年级上册第3单元第6章第1节《种子萌发形成幼苗》,在【观察种子的结构】板块,教师授课时,全体学生都要认识种子都有种皮和胚,参与观察与识别大豆和玉米种子的结构的实验活动。教师在活动中根据需求对不同学生予以指导,可以邀请生活经验丰富的学生谈一谈生活中对种子的认识;对于学有余力的学生还可以让他们完成种子结构示意图的简图,开展种植活动,观察种子发育中结构变化等。

(二)循序渐进原则

循序渐进原则也叫系统性原则,是指教师在教学中根据所传授的学科知识的内在逻辑系统以及学生能力发展、知识掌握顺序循序渐进地开展教学,使学生系统地掌握基础知识、基本技能,形成严密的逻辑思维能力。此原则是学生认识规律的反应,学生在学习过程中一般是沿着从已知到未知,从简单到复杂的顺序进行的。所以在教学中,老师要做到了解学情,研究教材,按照课标的顺序教学。教学中各个环节的联系做到环环相扣、一脉相承,教学内容由近及远、由浅入深、由简到繁。通过复习旧知识,提出新问题;创设情境,联系生活;有讲有练,讲练结合;由点到面,点面结合等多样的方式启发学生思维,最终完成知识建构。问题设计要有启发性、层次性,应根据学生的认知规律,从易到难,由浅入深,做到循序渐进。如七年级上册第2单元第3章第1节《细胞的基本结构和功能》,在【练习使用显微镜】【观察人和动物细胞的基本结构】【观察植物细胞的基本结构】板块的学习上都遵循循序渐进的原则,教师应指导学生先熟悉显微镜的使用,再利用显微镜观察装片,认识细胞结构,进一步理解生物体的结构层次。

(三)直观性教学原则

直观性教学原则是指在教学中以亲身实践或以具体事物、现象及事物现象的逼真描绘来丰富学生的直接经验并激起学生的感性认识,充分利用学生的多种感官和已有的经验,使学生获得生动的表象,从而对知识全面、深刻地掌握和理解的教学过程。直观教学可以分为:实物直观、模象直观和言语直观三大类。在初中生物学教学中怎样做好直观教学呢?实现直观教学的常用方法包括多媒体演示教学、实验教学、教具展示教学、课外实践教学等。在常规教学中,教师要结合实际教学充分利用实验室资源、地方资源、网络资源,采用现代化教学手段开展教学活动;充分利用实物、标本、模型、板书、挂图展示教学素材,给学生以生动的视觉冲击;依据直观教学原则,在教学中通过模型建构活动、探究活动,让学生更好地理解和把握生物学中的核心概念。实验教学中,教师依据条件,积极开展学生实验,教师演示实验,微课教学等活动,让教学更直观生动,学生体验更真切。直观教学原则被17世纪捷克教育家夸美纽斯视为教学的"金科玉律",被18世纪瑞士教育家裴斯泰洛齐视为基础性教学原则,此原则在初中生物学学科全息育人教学中对劳动育人能起到直接的指导和有效落实的作用。如:八年级下册第22章第3节《植物的主要类群》,在【观察比较不同的植物】板块,教师课前准备好苔藓植物(如葫芦藓)、蕨类植物(如铁线蕨)、种子植物(如松枝、小麦等),授课时学生看到实物来认识,学生积极性高又好理解。课后学生还可以自己去校园、公园等观察更多植物。七年级下册第12章第2节《感受器和感觉器官》,在【观察眼球的结构模型】板块,教师可以借助眼球挂图和可卸装眼球模型进行教学,学生先看图,再操作模型——拆卸再组装,然后总结、表达、展示,越是接近真实体验,越能让知识内化。值得注意的是,直观是手段而不是目的,直观给予学生的是感性经验,而教学的最终目的是让学生掌握理论知识,因此教师在教学中要注意指导。

(四)量力性原则

量力性原则是指教学的内容、方法、分量和组织形式要与学生的发展水平相适应,使学生能够接受，但要有一定的难度，需要学生经过努力才能掌握，以促进学生的身心发展。此原则是为了防止出现教学难度低于或高于学生实际程度而提出的。贯彻这一原则，教师需要正确认识学生和科学地估计他们的知识、接受能力和智力水平，认识到学生能做什么，从学生发展的实际可能性出发，恰当地由近及远、由已知到未知、由简单到复杂、由易到难、由具体到抽象、由部分到整体地进行教学，通过充分发挥自身的主导作用，最终积极地促进学生知识的增长和能力的发展。

在中国古代，早有这种教育思想的萌芽。孔丘说："中人以上，可以语上也；中人以下，不可以语上也。"《学记》提出："语之而不知，虽舍之可见。"明代王守仁说：在教学中对学生要"量其资禀""常使精神力量有余，则无厌苦之患，而有自得之美"。这就符合了量力性原则。从欧洲文艺复兴时期开始，资产阶级教育家就极力主张教学和教育要适合儿童年龄特征。捷克教育家夸美纽斯更明确提出这个原则。这一原则与维果斯基的最近发展区是一致的，维果斯基指出教学要走在发展前面，不能太难或太简单，可以说最近发展区为量力性原则提供了强有力的理论依据。七年级上册第3单元第6章第1节《种子萌发形成幼苗》，在【观察种子的结构】板块，教师授课时，指导学生通过实物、挂图观察大豆和玉米种子的结构，通过种植活动观察种子结构变化，认识种子功能等。

二、学科性教学原则

（一）目标性原则

目标性原则要求教师在初中生物学课堂教学过程中，要始终围绕本节课的育人目标，合理使用教材、有效组织课堂，始终坚持育智与育人相结合；既不能简单进行知识讲解而忘了发挥素材的育人因素，也不能为了育人而脱离了生物学课堂教学；要让学生在学会生物学知识技能的同时，得到德、智、体、美、劳多方面的发展。

育智与育人结合，要求教师在进行初中生物学学科知识教育的同时渗透德性育人、劳动育人、审美育人、健康育人，这有助于全息育人在初中生物学课堂教学中落地生根，最终指向学生的全面发展。著名教育家陶行知说："先生不应该专教书，他的责任是教人做人，学生不应当专读书，他的责任是学习人生之道。"

育智与育人相结合的初中生物学课堂是一个生动有意义的课堂。如北师大版初中生物学七年级上册第1单元《认识生命》，教师可以用图标、绘画等不同的方式表示生物圈，引导学生欣赏美等。第2单元《生物体的结构》，教师在引导学生学习动物细胞都具有细胞膜、细胞质和细胞核知识时,需要学生学会制作装片并用显微镜观察人和动物细胞的基本结构,以及绘制1~2种动物细胞的结构简图,其中须引导学生学会使用生物器材,并会绘制生物简图,这些知识和劳动育人、审美育人、健康育人、德性育人密切相关。

(二)启发创造性原则

启发创造性原则是在吸取中外教育遗产的基础上提出的,是教师主导作用与学生主体作用相统一的规律在教学中的反映。19世纪德国著名的民主主义教育家第斯多惠说过"一个坏的教师奉送真理,一个好的教师则教人发现真理""教学的艺术不在于传授本领,而在善于激励唤醒和鼓舞",他的这一观点体现了启发性教学的重要性。启发创造性原则是指在教学中教师要承认学生是学习的主体,在教学活动中最大限度地调动学生学习的积极性和探索欲,引导他们独立思考,积极探索,激发他们的创造性思维,自觉地掌握科学知识和提高分析问题与解决问题的能力,使学生在融会贯通地掌握知识的同时,充分发展自己的创造性能力与创造性人格。如:七年级上册第3单元第6章第3节《生殖器官的生长》,学生在学习知识后,教师引导学生解剖百合(其他两性花或单性花),分析桃花是如何发育成果实和种子的,知道花和果实结构的对应关系。八年级上册第6单元第20章第3节《性状遗传有一定的规律性》,在【预测一对夫妇所生子女的性状表现】板块,学生学习分析了一对右利手的夫妇,生了一个左利手的子女后,教师引导学生利用所学知识分析人类或其他生物其他性状的事例或自己举例分析性状表现和遗传图解。

(三)互动性原则

《礼记·学记》云:"是故学然后知不足,教然后知困。知不足,然后能自反也;知困,然后能自强也。故曰:教学相长也。"意思是只有先去学习才能知道自己知识的缺乏,只有教了别人之后才能知道自己对知识还理解不清,认识到了自己知识的不足,然后才能反过来要求自己;知道了自己对有些知识还理解不通,然后才能自己努力。所以说:教和学互相促进,教别人也能增长自己的学问。巴西教育家弗莱雷说:"教师不再仅仅是授业者,在与学生的对话中,教师本身也得到教益,学生在被教的同时反过来也在教育老师,他们合作起来共同成长。"教学过程是师生交往、共同发展的互动过程。课堂是师生一起焕发生命活力的场所,是师生共同成长的过程。学生的勤奋好学,善思好问,都会促进老师的进步和成长。[1]课堂上,师生互动、生生互动,共同进步,实现

---

[1] 王婕妤.中学历史特级教师教学原则与策略研究[D].开封:河南大学,2016.

教学相长。有效的互动,促进学生思考,促进学生将知识转化为能力。在教学实践中,互动性原则几乎贯穿始终。如北师大版初中生物学七年级上册序言《走进生命世界》,教师与学生分享熟悉的生物种类及有趣的生命现象,打开学生的思维,学生们也会主动分享自己知道的生物种类及生命现象,师生分享自己的生活趣闻,走进彼此生活。第1单元《认识生命》,教师在讲述生物圈是在海平面以下约11000米和海平面以上约10000米之间,包括大气圈的下层、整个水圈和岩石圈上层,这里有维持生命的空气、水、阳光等条件时,引导学生用不同的方式表示生物圈,如图标、绘画等。

(四)实验性与实践性原则

实验性体现在,课程涉及的几乎所有的生物学概念、结论、规律都要用实验进行验证或者寻找答案,离开了实验仅依靠说教的生物学教学是空洞的。在教学中贯彻实验性原则,通过实验得出结论,运用实验进行科学验证,应用实验结论进行知识迁移应用,将实验探究的思维渗透到教学过程中。实践性原则要求教师在教学中,要理论与实践相结合去传授知识,培养学生分析问题及解决问题的能力,达到学懂会用,学以致用的目的。此原则是直接经验与间接经验相统一的教学规律在教学中的体现。基于此原则,结合初中生物学实践性的特点,教师在教学中应当积极引导学生开展实验,参加各种实践活动,通过动手操作,以求身体、心理、智力协调发展,有效达成劳动育人、健康育人。如八年级上册第5单元第15章第2节《动物运动的形成》,在【观察哺乳动物的长骨】板块,教师在传授知识后,学生可以亲手体验解剖猪或羊等的长骨并展示。第9单元第25章第1节《发酵技术》,在【酿一瓶醇香浓郁的米酒】板块,师生共同厘清发酵原理(米酒制作方法步骤),学生(教师也可以同做)回家去完成实验,成果带到班级进行展示比赛等。

(五)科学性原则

科学性是指教学过程中涉及的生物科学知识、生物学思想、科学概念、实验方法、内容体系、引进的实例等必须符合科学性,讲解不能出现逻辑错误、知识错误,不能违背科学性原则,更不能与科学相矛盾。课堂教学结构、课堂教学语言表达、课堂教学方法,特别是生物学实验设计(包括实验原理、材料选择、实验过程、实验现象观察和结果处理)都要科学安排,利用适当的时机进行启发和渗透,这样不仅能帮助学生理解基本的生物学知识,形成积极的科学态度,还能保障课堂教学有效果。如第1单元第1章第1节《形形色色的生物》,在实验【观察一滴水中的生命】中,教师会准确示范如何使用显微镜和如何利用显微镜区分生物与非生物,让学生认识到科学的实验是验证科学知识的基本技能。第2节《生物与环境的相互影响》,在实验【探究温度和湿度对霉菌生长的影响】、【测量不同植被环境的空气温度和湿度】中,教师指导学生学会使用干湿计、理解实验原理以及认识减少实验误差的方法等科学知识和实验技能。

第三节　初中生物学学科全息育人课堂教学策略

初中生物学学科全息育人课堂教学实施要求改变传统的教学策略。全息育人课堂教学实施的核心作用是有效搭建从理论设计到课堂实践的桥梁,解决课时紧、内容多、育人任务重等问题。在教学中教师不应该将教学目光局限在教材知识的学习上,而是应该通过适当的知识拓展,拓宽学生的学习思路,丰富其知识结构,提高学生的自主探索能力。教师要思考如何让初中生物学课堂教学对学生的学科核心素养发展有帮助,对思维发展有启发,最终能为学生的终身发展奠基;如何在课堂教学中渗透五育的同时让学生的生物科学素养得到提高。初中生物学教学中不同课型、不同的章节的教学重难点不同,教学的切入点也不同,因而要采取不同的教学策略。

一、探究式教学

(一)教学分析

1.探究式教学内涵

探究式教学是建立在人本主义教育观基础之上的,是人本主义教育观的基本实践形式。[1]探充式教学的思想起源于科学探究,最早提出在教学中使用探究方法的是杜威。他以经验论哲学为基础,提出了"做中学"和从经验中学习的课程理论。他关注学生思维能力的培养和训练,他所强调的思维方法叫思维五步法,也叫探究五步法。20世纪中叶,美国著名生物学家、教育家施瓦布在多年研究的基础上,提出了探究式教学方法。

探究式教学,又称"做中学"、发现法、研究法,实质上是将科学领域的探究引入课堂,在教师的启发诱导下,学生通过阅读、观察、实验、思考等途径去主动探求知识,掌

---

[1] 秦曙光.基于人本主义教育观的高中生物探究式教学模式刍议[J].科教导刊(下旬),2018(9c):123-124.

握认识和解决问题的方法和步骤,研究客观事物的属性,发现事物发展的起因和事物内部的联系,通过类似科学家的探究过程理解科学概念和科学探究的本质,从中找出规律,形成概念,建立自己的认知模型和学习方法架构,并形成一定的科学探究能力的一种积极自主的教学方式。探究性教学具有开放性、探索性、实践性、自主性、过程性、交互性的特点[①]。教师在教学过程中主要任务就是积极组织和有效指导学生学习,坚持以学生为本,让学生有机会参与到教学环节中,使被动接受变为主动参与,通过学生的主体活动来完成教学任务;教师在教学过程中注重学生体验的过程,即使结果是既定的,但是通过体验的过程,经过生生互动、师生互动,有了思维的碰撞,既能让学生体会到探究的乐趣,又能开发学生的创造性,同时发挥学生学习的主动性。

2.课堂教学分析

《基础教育课程改革纲要(试行)》明确提出要改变学生的学习方式,倡导自主学习、合作学习和探究学习,强调学生通过实践,增强探究和创新意识,学习科学研究的方法,发展运用知识的能力。课标提出了面向全体学生、提高生物科学素养、倡导探究学习等课程基本理念,为当前形势下初中生物学教学明确了新要求、新任务。初中生物学作为一门基于自然科学的课程,结合新课标改革和中国学生发展核心素养要求,生物学教师不但要向学生讲解教学材料上的内容,同时还要加强对学生探究能力和创新能力的培养,全面提升初中学生生物学学习水平和综合能力。将探究式教学运用到初中生物学的教学过程中能够很好地解决和克服传统填鸭式教学对学生思维和创造力的束缚,使学生的主体地位得以充分地发挥,提高学生的学习热情和课堂参与度。学生的主体地位、主动能力都得到了充分体现。因此,探究式教学是一种符合现代教育理念和素质教育发展趋势的高效教学模式。在教师引导下,学生主动参与到发现问题、寻找答案的过程中,体验科学家的探究过程,理解科学概念和科学探究的本质。这样的教学方式也能满足国家发展对未来创新人才的需求,对于在初中生物学课堂教学中培养学生的科学精神和实践创新能力具有非常重要的作用。

探究式教学不是对所有教学内容都适用,必须对教材进行分析,充分估计学生的需要和现有知识储备,以确定适合探究的内容或对象。根据探究教学的基本内涵、特征和初中生物学教材的编写情况,可以开展探究教学的内容有:一是过程性知识,如人体代谢废物的排出、食物的消化和营养物质的吸收等;二是基本原理和规律,如遗传的基本定律等;三是客观事实现象的认识,如微生物在生物圈中的作用;四是生物学科学史;五是探究性实验和研究性课题。选择探究内容是为了确定探究路径,不同的探究

---

① 万先军.初中生物探究式教学方式思考[J].大众科技,2004(04):34-35.

内容需要不同的探究方式。一般说来,对生物学概念、原理的学习适合选择发现学习,而探究性实验、研究性课题则适合于问题解决学习。

在初中生物学教学中实施探究式教学,并不意味着探究过程就需要完全遵从科学家探究的过程。纵观生物学发展史,可以发现许多生物学规律的得出,并非简单的线性探究过程,而是需要经过一种螺旋式、反复式的探究过程。由于课堂空间时间的限制、学生认知的限制,甚至教学条件的限制等,在一堂课上也很难完成完整的科学探究活动。初中教学中的科学探究被认为是真实探究简化之后的类科学探究,初中生物学探究式教学的目的除了让学生更符合认知规律地进行学习之外,更是为了让学生了解探究的基本原理、基本过程,培养学生的科学思维、科学态度,能够让学生在遇到问题时自发地产生一种探究意识,并通过已形成的探究能力进行尝试性探索。[1]

(二)探究式教学实施策略

探究式教学的思想起源于科学探究,而科学探究包括科学思维、科学探究过程(形成问题、建立假设、制订研究方案、检验假设、做出结论)和科学探究技能(观察、分类、测量、预测、控制变量、实验等)三个方面。[2]从探究式教学的纵向展开来看,生物学学科探究式教学的基本程序包括以下六个步骤:(1)观察现象,提出问题;(2)做出假设或猜想;(3)设计实验或收集证据;(4)进行实验或解释;(5)分析结果,得出结论;(6)表达和交流。在学生的科学探究中,其探究过程可以涉及所有要素,也可以只涉及部分要素。在实践过程中我们发现,有效的探究式教学策略的关键有三点:一是探究问题的提出,二是探究过程的设计,三是实施实验的过程。

1.观察现象,提出问题

爱因斯坦说过:提出一个问题,往往比解决一个问题更重要,因为解决一个问题也许仅仅是一个数学上或实验上的技能而已,而提出新的问题、新的可能性,从新的角度去看旧的问题,需要有创新性的想象力,而且标志着科学真正的进步。在探究式教学中如何能让学生提出有价值的问题呢?

(1)创造真实情境

新课程倡导"以问题为中心"的课堂教学模式,强调通过设计真实、复杂、具有开放性的问题情境,引导学生参与探究、主动思考。根据学生的发展需求,提供与教学主题相关又能引起学生共鸣的情趣,这是一堂好课的开始。真实的情境最好是学生比较熟

---

[1] 蒋丽丽.初中生物探究式教学的实践与思考[J].中学课程资源,2013(04):57+20.
[2] 苏明学.生物学探究式教学基本路径的建构[J].生物学教学,2002(12):11-12.

悉的材料,可以是与我们日常生活紧密联系的,可以是社会关注的议题,可以是正在发生的新闻等等,都可以成为创造真实情境的素材。"互联网+"的时代,教育的资源也相当丰富,这就需要老师们善于积累素材,功夫做在平时。比如,新冠疫情可以用作学习病毒时的素材,也可以作为"预防传染病"教学的素材。2019年非洲蝗灾可以作为学习昆虫的生殖和发育的素材,也可以作为学习"动物在生物圈中的作用"的素材。

(2)明确问题

根据情境,老师要能循循善诱引导学生发现问题,最终选择一个与学习主题密切相关的问题作为探究活动谈论的焦点。老师课前一定要充分了解学生的认知水平,如果学生没有提出老师想要的问题,生拉硬拽地就把自己预设的问题抛给学生,这就真成了一个假探究。

2.做出假设或猜想

猜想和假设不是凭空而来的,而是立足于现实情况,利用科学的推理做出的判断。认知理论的研究表明,学生的学习不是从空白开始的,已有的经验会影响现在的学习,教学只有从学生的已有知识和生活实际出发,才会调动学生的学习积极性,学生的学习才可能是主动的。[①]做出猜想和假设之后,我们就可以围绕这个预设结论展开研究,寻找合适的实验器材、资料等,确定研究方法,验证猜想和假设的正确性。

3.设计实验或收集证据

实验设计就好比高楼大厦的蓝图,只有科学的设计才能保证后续实验的顺利开展。让学生参与到实验设计中就是让学生成为设计师,这个过程一定程度上建立在学生已有的基本方法和对课题的认识,能培养学生的科学精神。设计实验主要内容有:实验材料选择、实验目的、实验原理、实验方法、实验步骤、预测结果等。收集证据的过程能充分调动学生的思维,也考查学生的知识储备,通过多种途径和形式如观察、实验、调查、查阅文献等获得事实和证据。

4.进行实验或解释

进行实验,即按照制订的计划开展实验的过程。这部分可以依据实验的具体难度,选择性地开展课堂实验。解释,是对所收集的证据进行筛选、归类、统计和列表分析等综合处理,并运用已有的知识得出符合证据的结论,对问题做出科学的解释。这部分是探究教学的中心环节,老师应该充分了解学情,结合教学目标有选择性地开展实验。

[①] 张潺.初中生物探究教学的认识与实践[J].四川教育学院学报,2006,22(S1):185-186.

(1)分组分工合作

探究活动的过程中,班级学生提前明确分组安排,组间任务明确,组内分工明确。学生已有的经验、文化背景各有不同,学习能力、动手能力等方面各有差异,学生对事物的理解会各不相同,那么分组可遵循组间同质而组内异质的原则。分工让每一个同学真正参与到实验活动中,每一个同学都有事可做。合作能使学生看到问题的不同侧面,对自己和他人的观点进行反思或批判,从而建构起新的和更深层次的理解,也增强了团队精神和合作意识。

(2)强化规则意识

实验中涉及很多实验材料、实验工具、实验时间,教师提前给同学们讲实验要求,明确实验规则,让实验有序进行,这是实验活动有序进行、有效进行的保障。

(3)突出教师主导与学生主体相统一

发挥教师主导作用是学生高效进行实验的必要条件。学生主动性、积极性的发挥依赖于教师的适时引导。教师固然重要,但毕竟是外因,外因要通过内因才起作用,学生就是学习的内因。只有学生的主体地位得以体现,才能让学习变得有效,整个探究过程中离不开学生自主自愿的参与。

(4)信息技术辅助教学

针对一个问题可能会涉及多个探究实验,而课堂时间有限,只能选择一个操作性强又有代表性的进行。"互联网+"为生物实验探究教学提供了全新的视角,教师可以通过网络选择一些不容易操作,跟本探究又密切相关的资源辅助教学。另外老师可以将耗时长的实验,提前录制成微视频。这都能帮助学生更全面地认识探究过程。

5.分析结果,得出结论

能根据结果,得出结论,这要求学生具备一定的理论基础,充分理解实验原理。如果结论与假设不一致,不要轻易推翻假设,要用辩证思维解释问题。首先检查和思考探究计划的严密性,证据收集的周密性以及解释的科学性,并对结论的可靠性做出评价。如果实验过程严谨,方法科学、操作得当,再考虑重新假设,确定新的探究方向、改进方案进行探究。但在课堂时间有限的情况下,不可能进行多次重复实验。所以这要求老师在课前做足功课,掌握课堂可能出现的情况,针对不同的可能性做出预判,提供合适的资料进行解释。让学生明白实验都充满无数的可能,也允许出错,但只要能用科学的方法检验实验过程这就离成功更近一点。探究性教学注重体验的过程,体验的过程能使学生体会到前所未有的喜悦。即便出现了不理想的结果,学生也不会因此感到失落,而是通过一个有始有终的实验过程,体验到探究的乐趣。

6.表达和交流

这一环节可以让学生分享实验中的经验教训以及感悟,也可以谈谈科学原理、技术方法的应用。老师的任务主要是仔细聆听,及时纠正学生观点中的错误之处,针对学生的表现及时评价鼓励表扬;并进行知识梳理,形成知识体系、总结方法等。

二、概念教学

(一)教学分析

1.概念教学内涵

概念是反映事物本质属性的思维形式。课标中明确指出,生物学重要概念是对生命基本现象、规律、理论等的理解和解释,对学生学习生物学和相关学科具有重要的支撑作用。生物学概念是生物学课程内容的基本组成,是生物学事实的归纳总结,并对生命基本现象、原理、规律等兼具表达和解释的功能。生物学概念和科学探究能力成为提高生物科学素养的必备知识和关键能力。由重要概念、生物学原理和规律等共同构成的生物大概念是生物学学科结构的主干部分,而生物学核心概念处于学科结构的中心。

概念教学就是在课程中围绕核心概念展开的教学活动。在课程中运用概念教学不仅可以使学生准确理解概念的内涵和外延,学生在对生物学事实进行抽象、归纳和概括的过程中还训练了科学思维,课堂教学中核心概念的形成过程对学生信息处理、实验操作和科学探究能力等都具有积极的促进作用。积极探索并开展概念教学成为全面提高学生生物学学科素养的重要路径。

2.课堂教学分析

新课程理念下,概念教学更注重学生主动参与学习过程,注重概念形成的过程中获得直观的感性体验,在概念形成过程中学生知识能力、情感态度和价值观得到全面的发展。《普通高中生物学课程标准(2017年版)》阐明生物学课程性质是以提高学生生物学学科核心素养为宗旨。在课程内容上指出:学生在本课程结束后,应该能够对重要的生物学概念有较好的理解和应用,进而形成生物学核心素养,而不是仅仅对知识的记忆和背诵。义务教育阶段的生物学概念教学也应该紧随这个步伐,教学过程注重实践,注重学生的主动参与。做到既要让学生参与动手活动,又要让学生积极融入涉及动脑的环节,加深学生对生物学概念的理解,提升应用知识的能力。初中生物学概念教学课程的设计,应该充分考虑学生的年龄和心理特征,已有的知识储备和学科能力,尽可能将德、智、体、美、劳的育人因子有机整合在一起。课堂教学中倡导学生主动参与，通过合作探究、互动交流等多种教学方式加强概念的理解，课堂教学评价注重概念之间的联系，注重概念知识在生产、生活中的实践应用。全程体现课程"五育融合"的综合育人价值。

(二)概念教学实施策略

自1978年教育部颁布的生物学教学大纲(课标)明确中学生应掌握的生物学概念以来，概念教学迅速普及。为了让概念教学在课堂中发挥更大的育人价值，教师们积极探索概念教学策略，以提高概念教学在课堂中的有效性。通常情况下概念教学可分为概念引入、概念生成、概念巩固三个基本环节。

1.概念引入

概念引入在概念教学中有着至关重要的作用，通过概念引入唤醒学生前概念。在概念教学中，恰当的导入方式可以引发学生情感共鸣，激发学生学习兴趣，拓展学生的思维活动。全息育人下的概念教学，其导入的方式和素材的选择更要能充分体现"五育"价值，在整个概念教学中起到枢纽作用。常见的概念导入的方法有：

(1)复习引入

复习引入是传统的导入模式，其特点是可以让学生加深前后概念的联系，通常是以复习提问的方式来进行。教学中可以起到节省时间，点到为止的效果，这种方式通常用于一般性概念的教学。而对于核心概念或者大概念的教学，则更多采用情景引入和实验引入的方式。

(2)情境引入

教师精心选择与核心概念相关、与日常生活或社会热点联系紧密、育人综合价值高的素材来设计真实、复杂、具有开放性的情境。情境引入由于能够充分调动学生的感官、情感和思维活动，因而对学生的概念理解、德性修养和审美情趣具有综合育人价值。

(3)实验引入

通过学生实验、探究活动和模拟活动引入，能够增强学生的实践体验，能够让学生真实地感知核心概念的内涵，有助于学生对概念的理解。例如初中生物学教材中通过植物细胞的吸水和失水过程实验引入质壁分离和质壁分离复原的概念，对学生实验能力、思维能力和学科概念的理解具有综合育人价值。

2.概念形成

概念教学课型的重心是让学生加深对概念的理解和认识，其课堂的有效性最终要体现出学生对初中生物学概念内涵和外延的认知程度。学生要会区分生物学核心概念与自己生活中凭感知认识的前概念的区别,如人体进行气体交换的呼吸和细胞呼吸等,将核心概念的理解由感性上升到理性;学生要能够准确区分生物学中易混淆的概念,如结构层次中的系统和生态系统、细胞分裂和分化等。在较抽象概念的教学中,教师可以借助视频、图画、实物等素材,通过边观察、边说、边思考、边写等多种形式,做到眼到、口到、手到、心到、脑到,使概念的形成经过形象化感知、外部言语、再到内部言语这样一个过程,完成前概念转化为准确完整的生物学科学概念。

3.概念巩固

随着学生生物学核心概念的积累,单一孤立的概念容易产生概念间的混淆。为了巩固所学的概念知识,教师要引导学生通过概念图等模型建立概念间的联系,形成以概念为中心的知识体系。概念教学的目的是生物学核心概念的应用,生物学核心概念的应用反过来也能达到巩固加深学生所学的概念知识。对于概念的应用不能局限于教材知识和习题,教师还必须不断拓展知识的应用范围,拓宽学生的眼界。除了利用核心概念表达交流生物学中的原理和规律,还能够将核心概念用于生产、生活实践,用于解读社会关注的热点问题,如用病毒的结构和生命活动解读新冠疫情的传播和预防等。

三、模型教学

(一)教学分析

1.模型教学内涵

生物模型教学对培养学生思维能力、创新能力与实践能力具有重要意义。在初中生物学学科全息育人课堂教学实施中,建立模型,展开教学,有利于发展学科认知,达成五育融合,也是落实劳动育人的重要方式。

模型是由元素、关系、操作以及控制其相互作用的规则组成的概念系统,是由一些外部表征体系来呈现的。[1]模型作为一个工具或一种媒介,帮助科学家们描述、解释或者预测现象。在教育领域中引入模型,通过模型将困难的知识点简化、具体化、形象化,有助于学生掌握并理解所学知识。哈里森(A.G.Harrison)和揣古斯特(D.F.Treagust)于2000年将模型分为尺度模型、类比模型、图像和符号模型、数学模型、理论模型、示意图、图表和表格、概念—过程模型等等。生物模型是将生物学研究原型的一些次要的、

---

[1] 陈凯,陈博,周宏.基于 Netlogo 的化学建模教学案例评析及反思[J].中国电化教育,2010(01):94-97.

非本质联系舍去,形象简约地表现生物原型或突出反映原型的主要特征和联系的一种理想物质、过程或假想结构。①

物理模型、数学模型、概念模型是初中生物学课堂教学中应用的主要模型。物理模型一般指一种实物模型,或者是一种装置,也可以是按照比例大小制作的模型。数学模型指能够表示事物之间的数学关系、性质的方程式,应用数学的图表等。概念模型指对概念等进行归纳整理,以知识结构体系来呈现,常用的概念模型是概念图和思维导图,通常用于复习总结。"初中生物学学科全息育人"模型教学课型建构及课例分析将从这三个方面提出建议。

2.课堂教学分析

(1)目前初中生物学模型教学存在的问题

①教师育人意识不强,对引导学生建模的育人功能重视不够。学生在生物学学习过程中并没有形成建模意识,在模型教学中没有建模型,而是背模型。初中生物学学科全息育人课堂教学应当培养学生的学习兴趣,引导学生认识科学规律,探究模型建构的过程,在日常教学活动中渗透建模思想,为高中学习夯实基础。在建模教学课开始之前教师要介绍模型的定义、类型、建构模型的方法与原则,在课中教师要引导学生主动建构模型,要求学生独立完成模型的制作,并在下节课展示评价。

②在模型完成后,教师容易轻易地否定部分学生所建立的模型。"学科全息育人"课堂教学要求教师面向全体学生,让每个学生都能参与到建模中,对做得不好的地方进行启发点拨,对做得好的学生给予表扬鼓励。模型完成后应引导学生对模型持有怀疑的态度,回顾建模过程,找出存在的问题并进行查漏补缺,要培养学生积极面对问题,解决问题的心态。

③有的教师直接对照模具讲授新课,没有引导学生主动建构模型,这种课堂仍然是以教师为中心,学生处于被动地位。"学科全息育人"课堂教学中教师应讲授模型的建构方法,引导学生自己动手构建模型,教师点拨指导,发挥学生的主体作用,培养学生的建模能力。

④建模教学由于围绕模型展开教学,会打乱原有的教材顺序,并减少内容覆盖,这些会令教师感到不适应,且学生一开始需要花费时间来深入理解和训练发展模型的技能。②

初中生物学教材中教学模型的出现,往往伴随着抽象的、复杂的、易混淆的、学习

---

① 周玲,李其柱.开发与利用生物模型资源释放学生潜能的教学原则和实施策略[J].中学生物教学,2017(21):11-15.

② 张静,郭玉英.物理建模教学的理论与实践简介[J].大学物理,2013,32(02):25-30.

难度大的知识内容,教师如果只通过展示课本上现有的模型,不降低学习难度、提升学生学习兴趣、帮助学生建立形象认识等,不指导学生去构建模型,这难免使得模型教学的育人价值大打折扣。

(2)初中生物学学科全息育人模型教学

初中生物学学科全息育人挖掘教材育人点,提出模型教学建议,引导教师发挥创造力指导学生构建模型,这既是课标要求、教材要求,更是实现学科育人价值的重要途径。

①认知育人方面

模型教学促进学科知识目标落实:概念模型的构建过程,可以有效促进学生应用所学知识,明确知识结构。

模型建构能力是生物学学科能力的重要体现:模型构建能力的培养要求学生通过构建概念模型厘清概念间的关系,通过构建物理模型认识各种生命层次的结构,通过构建数学模型能对科学数据进行基本的分析。

模型构建能够发展学生的科学思维和创新思维:创新思维的培养首先是质疑,批判质疑使学生具备创新的意识,其次鼓励学生敢于通过科学探究进行创新实践并在合作中激发创新灵感、丰富创新成果。在模型建构教学中,可以利用课本中的素材来培养学生的批判性思维能力;模型建构的过程,也是学生根据自己所获取的知识进行创新的过程。因此,初中生物学教学中应该充分利用建构模型的机会来培养学生的创新能力。

②德性育人方面

模型构建过程必然需要学生合作交流,这既培养了学生解决实际问题的能力,更培养了学生包容、独立、实事求是、尊重科学事实的良好品德,由于生物学与生活密切相关,课堂上通过建构模型有助于学生深刻地认识生命现象及规律,形成生命观念,并将所学知识应用于解决生活中的问题,增强学生的社会责任意识。

③审美育人方面

学生在模型构建中需要经历观察、制作、欣赏等过程,既体验了自然的结构功能美、协调平衡美,更通过动手制作,体验了科学思维与活动之美。

④健康育人方面

在模型构建中,学生通过观察形象展示的生命结构和生理过程,对身体指标、器官健康、生活习惯等有了更直接的体会和深刻的认识,有利于建立健康的生活习惯。

⑤劳动育人方面

在模型构建中,学生可以自己动手制作模型,学习劳动技术,增加劳动体验,分享劳动成果,有利于个人成长。

因此,初中"学科全息育人"课堂教学进行模型建构教学时,建议提前对整节课做好时间安排,指导学生根据知识内容,在大脑中将理想的模型构建出来,再动手实践,并根据实际情况加以修改完善。教师应注重将建模思想和方法贯穿在教学中,引导学生积极主动建构模型,并适时给予针对性的点拨和帮助,培养学生发现问题、提出问题、分析与解决问题的能力。

(二)模型教学实施策略

初中生物学学科全息育人将物理模型教学法、数学模型教学法、概念模型教学法应用于课堂教学中,以初步培养学生的建模思维和建模能力,同时达成提高学生核心素养,落实"五育融合"的教育目标。

1.物理模型教学的基本路径

物理模型以实物或模式图形式直观地表达认识对象的特征。物理模型建构教学有利于培养学生的空间认知能力。物理模型在初中生物学教材中出现频率最高,比如分子模型、细胞结构模型、器官模型、植物模型、动物模型、生理过程模型等。物理模型教学的一般步骤:

(1)学习课本知识,提出问题,引出建立物理模型的重要性,激发学生兴趣。例如我们能否自己画一个更清晰的细胞?能否用黏土做细胞器组装一个细胞?能否用蔬菜水果做一个器官?

(2)学生分组进行合作学习,在教师的指导下分析构建物理模型所需的要素。教师对模型概念及建模方法进行介绍,让学生对模型建构有初步认识,分析该物理模型的基本构造。学生设计自己想要制作的模型。

(3)教师提供备选材料,或学生课下自行准备材料。如颗粒积木、磁力片、黏土、塑料瓶、乒乓球、软管、彩色纸都是构建物理模型经常用到的材料。

(4)学生充分发挥自己的想象力和创造力建构物理模型。学生分组建构物理模型的基本元件,了解分析各基本元件之间的关系,按照相互关系连接各基本元件。

(5)课堂展示、交流、评价、反思并检验、修改模型。以全体学生积极参与为前提,教师鼓励所有学生都参与到建构、展示和交流评价的过程中,通过交流、反思、检验、修改自己小组的模型,在此过程中应积极肯定学生的努力和合作、创新精神。

2.数学模型教学的基本路径

数学模型是用来描述一个系统或其性质的数学形式;或者是为了某种目的,用字母、数字及其他数学符号建立起来的等式或不等式。在初中生物学教材中主要体现为数学公式、表格和曲线图,如细胞体积与表面积的关系、遗传物质的变化规律等。数学模型教学的一般步骤:

(1)观察研究对象,分析实例,提出问题,激发学生兴趣。如通过观察表中数据,你能找出其中的规律吗?能否用曲线图表示?

(2)学生分组合作讨论,绘制表格,总结规律,提炼数学公式。此过程有利于培养学生的类比推理能力,形成科学思维。通过分析实例来计算并推导出数学公式,培养学生的建模意识。

(3)根据数据绘制曲线图。通过绘制曲线图引出新知识的学习,总结规律,让学生意识到数学模型的直观和对学习的重要性。

(4)进一步观察修正模型,推导出完善的数学公式。教师带领学生由特殊到一般,推导出完善的数学公式。此过程中学生借助数学模型探索数据背后的规律,更加容易理解生物学知识,促进科学思维的形成;同时探索生命活动规律,形成生命观念,尝试将所学知识用于解决实际问题。

3.概念模型教学的基本路径

概念模型是描述生物学中某个事物的知识关系而构建的概念图。概念模型包括中心概念、内涵、外延。在教材中,概念模型通常以概念图的形式出现,表达概念之间的相互关系,体现知识的网络构架,几乎每一章每一节都可以建立概念模型;由于概念图直观形象、简明扼要,是学生进行有意义学习的重要工具,在复习时查漏补缺,巩固知识。一般来说,学生自己发现、建构获得的认知要比教师灌输、学生记忆获得的认知更丰富和牢固。通过概念模型的建构,有助于学生对概念的深层次理解和建立知识网络。概念模型教学的一般步骤:

(1)列出相关概念,提出问题,激发学生兴趣。如同学们能厘清这些概念之间关系吗?能否用文字和箭头表示这些概念之间的关系?

(2)学生分组讨论,画出初步关系图并建立连接,绘制概念图。学生回忆知识,构建概念图,培养系统思维与逻辑思维能力。

(3)展示、交流、修改和完善。以学生为中心,使学生整体把握知识框架,更好地理解并记忆知识。学生自主归纳总结构思、修改、借鉴、完善概念图,有助于形成科学思维。

4.课堂教学关注点

(1)注意教学内容的选择。教材中关于模型的内容比较多,尤其是概念模型,由于课时限制,应选择典型的内容开展模型建构教学。其他一些内容可以布置给学生课后进行,内容比较多的时候,还可以将班级学生分成不同的组进行操作,然后安排各组同学演示交流。

(2)注意教学时机的选择。模型建构可以在各节教学内容中作为一个环节,也可以专门开展一个专题,比如复习时可以专门用一段时间开展模型建构,也可以用于章节回顾。要与教学内容有机结合,不要显得突兀,保证教学效果。

(3)充分发挥学生的主体作用。模型建构是学生自己应用知识解决问题的,所以模型建构要尽可能放手让学生自己操作,从而让他们的能力得到锻炼和提高,哪怕开始效果不尽如人意,坚持下来也会有很大改观。学生能力提高了,主动性加强了,教学效率会稳定提高。

(4)教师要明确模型的特点。制作模型,首先要了解模型的基本特征、组成单位或基本元素、连接方式、需要条件等(含知识储备)。这些条件是教师要上课之前充分准备好的,否则将无法指导完成模型建构。只有在对所要建构的模型有充分了解的基础上才能正确建构出模型,保证模型建构的科学性和准确性。

(5)注意反思与完善。模型建构完成后,要注意通过课堂展示、交流进行反思,看其是否有需要修改的地方,若有不够完善的地方要逐渐加以完善。

第四节　初中生物学学科全息育人课例分析

本节以本章第三节为基础,是上一节内容在初中生物学课堂教学中的具体实践。本节将分别从探究教学、模型教学、概念教学三方面,以初中生物学教材(北师大版)为例,以具体的教学课例分析全息育人在初中生物学教学中的具体落实。

一、《运输作用》[1]

(一)课堂教学实施流程

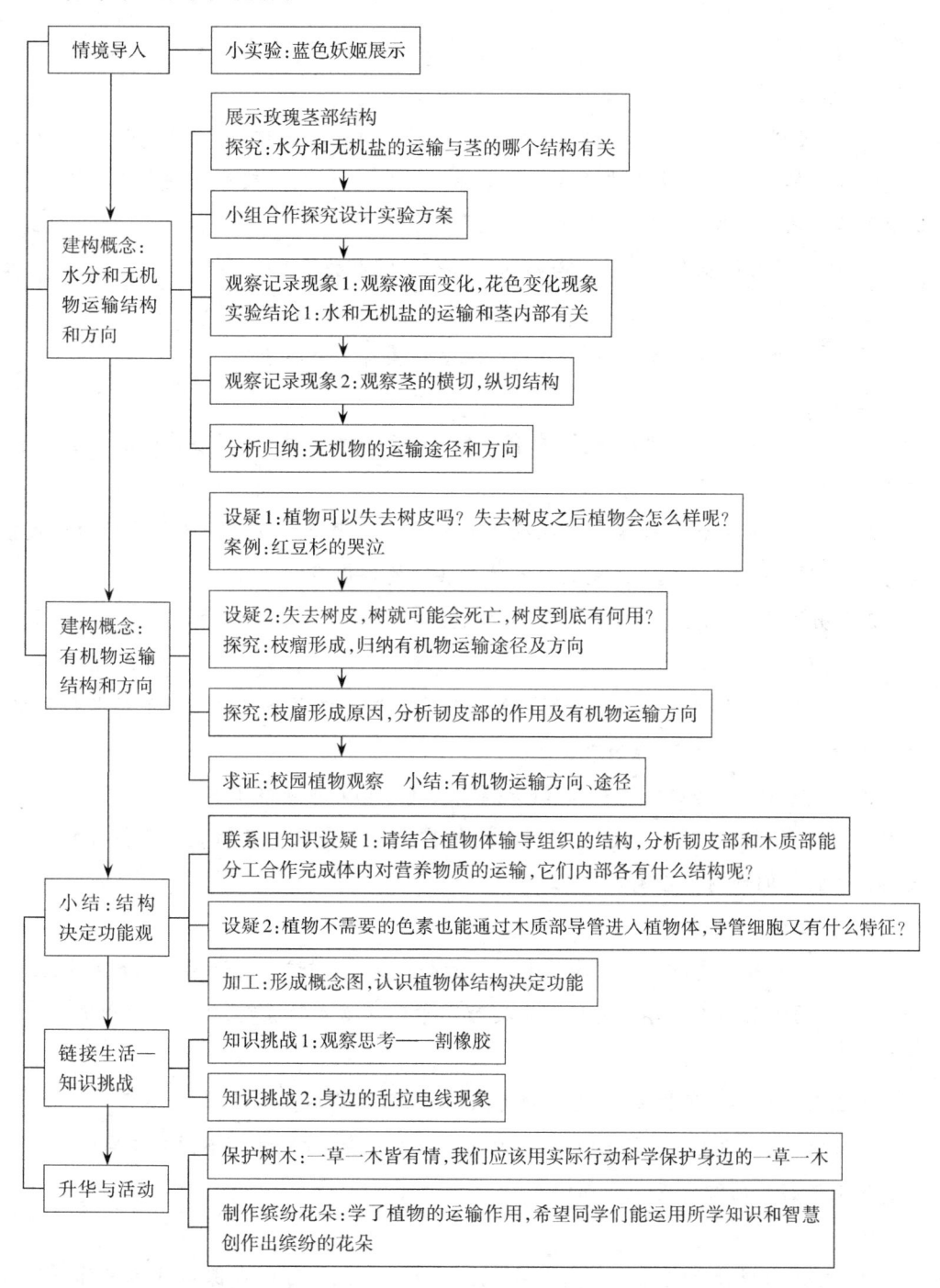

- 情境导入 —— 小实验:蓝色妖姬展示

- 建构概念:水分和无机物运输结构和方向
  - 展示玫瑰茎部结构
  - 探究:水分和无机盐的运输与茎的哪个结构有关
  - ↓
  - 小组合作探究设计实验方案
  - ↓
  - 观察记录现象1:观察液面变化,花色变化现象
  - 实验结论1:水和无机盐的运输和茎内部有关
  - ↓
  - 观察记录现象2:观察茎的横切、纵切结构
  - ↓
  - 分析归纳:无机物的运输途径和方向

- 建构概念:有机物运输结构和方向
  - 设疑1:植物可以失去树皮吗?失去树皮之后植物会怎么样呢?
  - 案例:红豆杉的哭泣
  - 设疑2:失去树皮,树就可能会死亡,树皮到底有何用?
  - 探究:枝瘤形成,归纳有机物运输途径及方向
  - 探究:枝瘤形成原因,分析韧皮部的作用及有机物运输方向
  - 求证:校园植物观察 小结:有机物运输方向、途径

- 小结:结构决定功能观
  - 联系旧知识设疑1:请结合植物体输导组织的结构,分析韧皮部和木质部能分工合作完成体内对营养物质的运输,它们内部各有什么结构呢?
  - 设疑2:植物不需要的色素也能通过木质部导管进入植物体,导管细胞又有什么特征?
  - 加工:形成概念图,认识植物体结构决定功能

- 链接生活——知识挑战
  - 知识挑战1:观察思考——割橡胶
  - 知识挑战2:身边的乱拉电线现象

- 升华与活动
  - 保护树木:一草一木皆有情,我们应该用实际行动科学保护身边的一草一木
  - 制作缤纷花朵:学了植物的运输作用,希望同学们能运用所学知识和智慧创作出缤纷的花朵

---

[1] 案例提供者:蒋汶洮,西南大学附属中学校

(二)探究"水分和无机物运输结构和方向"课堂教学实录

1. 情景导入,提出问题

师:世界上自然生长的蓝色妖姬极少,市面上卖的所谓的"蓝色妖姬"多是人工对花朵进行染色制成,同学们见过吗?今天你们很幸运,老师给你们带来了一朵名副其实的"蓝色妖姬"。

师:其实制作方法很简单,要准备的有新鲜的带叶的白色玫瑰,主要成分为水和无机盐的蓝色培养液。将玫瑰枝插入液体培养大约5个小时,你就可以拥有芳香的蓝色妖姬。其原理就跟我们这节课讲的运输作用有关系。

师:瓶中的液体能进入花朵这与植物的哪个器官有关呢?

生:茎。

师:我们把玫瑰茎进行横切,可以明显地看到茎有几个部分?

生:4个部分。

师生:茎的最外层是树皮,树皮中有一种重要结构叫韧皮部,再往内的这一层叫木质部,中间这一层叫髓。

师:染液中的水和无机盐能进入花朵中是靠茎的哪个部位呢?是最外层的树皮?还是树皮以内的结构?或者是茎的所有结构共同的作用呢?

2. 做出假设,设计实验,预测结果,分享交流

生:做出不同假设。

师:就以上三个假设,我们设计实验探究到底是茎的哪个部位参与了对水和无机盐的运输。同学们思考实验如何设计?

生1:发表想法,将白玫瑰插入蓝色培养液,之后切开茎观察变色部位。

师:你的设计非常棒,这也是老师想到的其中一个实验。老师展示已备好的板书表格。请同学们预测实验现象。

生:花变蓝,水变少。

师:除此以外还要设计什么实验呢?下面给大家3分钟时间,请同学们开展小组讨论,将你们的方案写在导学案表格中。提醒同学们注意实验原则,比如对照原则、单一变量原则。

生2:另一组不保留树皮,用蓝色培养液。预测结果:水量不变,花色不变。

师:课代表说的还不能给100分,其他同学还有机会,你们还有不同方案吗?

生3:去掉中间的树皮。

……

师:这会出现什么现象呢?你这个问题值得探究,你可以在课后具体操作一下。这个方案比较复杂,我们留作思考。

生4:去掉树皮,放入清水培养。花朵不变色,水量不变。

师:这一组跟哪组形成对照?这又说明什么问题?

……

师:其实方案很多,那么我们可不可以再精简一下呢?

生:保留树皮,清水培养,预测现象——水变少,花色不变。

师:通过这三组实验,就可以确定到底是茎的外部树皮还是其内部结构参与了水分的运输。那么如果要进一步确定是内部哪个结构参与了水分的运输,我们又该怎么做呢?

生:发表新的想法,如去掉髓部。

师:如果我再加新的实验,有没有办法借助现有的三组实验进行判断呢?

生:切割茎。

3.进行实验,观察现象,分析结果

师:我就按同学们这样的设计做了预实验,同学们看一看实验现象是不是与大家预测的一致。(播放微视频)

师:实验现象跟我们预测的一致吗?

生:不一致。

师:通过检验才知道真理是怎么样的。根据视频中的现象修正黑板上的方案。

师:引导学生分析实验得出结论:水和无机盐的运输与树皮无关。而是跟内部结构有关系。那么下一步怎么做?

生:解剖。

师:老师先给大家做示范。用枝剪进行横切、用镊子和刀片进行纵切。强调纵切时特别注意保护好手,不要为了实验不顾自己安危。

实验助理给小组分发材料,学生进行解剖实验。

……

师:请同学们仔细观察被染成蓝色的部位,请一个同学上台将你观察到的现象画在黑板上。其他同学请用笔涂在导学案的对应图案中。

生:记录观察到的现象。

师:我们看到木质部被染成了蓝色,这说明参与水和无机盐运输的是什么结构?

生:木质部。

4.表达和交流

师:运输方向是从下往上(在板书中展示。)是不是只有植物的茎才有木质部参与水和无机盐的运输?同学们请对比观察染色的枝条和没被染色的枝条。

生:观察。

生4：茎的叶片、萼片、花朵上都有木质部参与水和无机盐的运输。

师：有句农谚说"有收无收在于水，收多收少在于肥"，这说明水肥对于植物生长非常重要。农民伯伯们在作物生长过程中就会给作物洒水施肥。植物的生活需要通过根从土壤中吸收水分和无机盐，再通过茎的导管的运输作用，输送到叶等器官。

师：展示准备的彩色花，同学们也可以用今天所学的知识制作出缤纷的花朵。

(三)课堂教学实施反思

1.体现的教学理念

(1)教师教育观

教学"双主"和谐发展理念：本节课，学生活动比较丰富，如设计实验、解剖观察等，如果任由学生自由发挥，教室极有可能杂乱无序，一节课的内容很可能也无法完成。本节课中，老师通过提前做好预实验、材料分组等，各个环节精心组织，合理安排并调控各环节的时间分配，充分体现教师是教学活动的设计师，教学活动的组织者，是教学活动过程中的主导者。老师用一个个问题将所有活动有效串联，使各个环节一脉相承。老师就像拍摄一部电视剧的导演，在课堂进程的适当环节能巧妙说"卡"，通过老师提前准备好的数据、图片资料、微视频等突破重难点，让课堂变成一个可以把控的课堂。课堂活动采用小组合作的方式，充分尊重学生的个体差异，在分组时遵从组内异质、组间同质的原则；各个活动中，明确组内分工及学生学习任务，让每一个学生都成为活动的参与者，而不是旁观者，让学生成为学习活动的主体。

(2)课堂教学观

"活动化教学"的理念：本节课贯穿探究教学的思想，通过多样化的活动，历经"现象—问题—假设—求证—结论"等过程，最终形成了结构功能观。通过小组合作设计实验、借助微视频观看实验现象、解剖材料观察实验现象、小组讨论分析实验现象等活动，建立"茎对水分和无机盐的运输作用"。

从"生活"到"知识"到"实践"的理念：本节课利用生活中同学们感兴趣的话题"蓝色妖姬"引入。提出问题：这朵蓝色妖姬其实是用白色玫瑰培育的，你们知道这是怎么办到的吗？到底是茎的哪部分结构参与运输水和无机物？再开展课后活动"用你的智慧创作出缤纷的玫瑰"实践。通过"知识挑战"环节，运用知识，再借助课后活动"用实际行动科学保护身边的树木"进一步实践。

尊重生命价值的理念："蓝色妖姬"的展示，让孩子们看到生物学技术与自然的结合。

(3)课堂评价观

有效课堂评价的理念:本节课老师从多个角度、多种方式对学生的学习活动做出了激励性的评价。语言评价,如在实验设计中,学生能准确运用实验原则,抓住实验要点。行为评价,如在小组实验中,对于实验完成度高的同学,老师让同学们将"掌声"送给他们予以表扬,对于积极提问的同学老师给予"点赞",甚至积分等。当然仅有这些评价还不够,老师应该多对学生进行启发性的评价。如当展示了"蓝色妖姬"后,有学生问道"多少钱一枝呀?可以赚钱了"。老师应该对他的想法做出及时回应,如"你很有经济学头脑,学好科学技术确实可以改变生活。所以同学们要珍惜当下的时光学好科学本领,不等老大徒伤悲"。

2.教学原则的运用

依据目标性原则,本节课教学目标定位清晰,准确把握课标要求即"列举茎输导水分、无机盐和有机物的实验证据;说出植物茎运输水分和无机盐以及有机物的部位、方向",紧扣五育目标。依据"五育融合"原则,本节课实现了学科认知育人、德性育人、审美育人、劳动育人。依据启发创造性原则,在教学中通过新颖的情景激发学生学习兴趣,启发思考,并运用合作探究、微视频、图片资料等多种方式突破重难点。依据互动性原则,本节课采用小组合作的方式,有效实现生生合作、生生互动,通过实验展示环节,有效实现生生互动、师生互动。依据实践性与实验性原则,本节课主要有课前微课展示实验、课堂学生实验、课后学生实践活动。依据科学性原则,在教学中有效落实实验的基本原则,如实验的对照原则、单一变量原则等,教学中注重培养学生的科学探究思维。

3.教学策略的应用

(1)探究教学的运用

观察现象,提出问题:利用白色花可以制作出蓝色妖姬的小实验激趣导入,提出问题:这朵蓝色妖姬其实是用白色玫瑰培育的,你们知道这是怎么办到的吗?教师介绍染液成分,进而问题转化成核心问题——水分和无机盐的运输是利用茎的什么结构?

做出假设或猜想:教师展示茎的结构,学生再做出假设。水分和无机盐运输部位在树皮。

设计实验或收集证据:教师提供材料,学生设计实验。教师提醒学生实验设计注意对照原则和单一变量原则。不同小组设计多种方案,通过师生讨论最终确定可行实验方案。

进行实验或解释:由于受时间限制,本实验课堂开展不能观察完整过程,因此老师要提前进行实验,课堂上通过微视频展示实验过程,之后小组观察实验现象,并对茎做横切和纵切,观察变色部位。

分析结果,得出结论:学生结合现象分析实验。得出水分和无机盐通过茎木质部从下往上运输。

表达和交流:请学生观察材料花、叶的变色情况,思考是否只有茎中才有木质部?植物的根、茎、叶、花、果实中都有木质部,输导组织贯穿了整个植物体。

(2)其他提高课堂教学有效性的措施

强化安全意识,保障学生安全:实验中有一些材料、操作工具会有一定危险性,老师一定要防范可能带来的风险。首先,规范实验操作。比如实验中用到的镊子、刀片、枝剪,老师在课堂上先给学生示范操作,并提醒学生,防止活动中带来伤害。其次,关注细节。实验材料玫瑰枝条上有很多小刺,学生操作可能会扎到手,所以上课前老师应提前处理掉。玫瑰染色时用到的染液,老师在上课前就用清水流水处理干净,避免学生弄脏衣物等。

巧设问题,开展探究教学:探究教学对于学生科学思维的形成、创新能力的培养都有极大的优势,但对学生老师的要求比较高。针对课堂难度较大,容量较大的问题,怎样能让学生在有限的时间轻松愉快地收获知识提升能力呢?在本节课老师通过环环相扣的问题调动了学生思维,让学生通过一系列问题的解决来实现课程目标,提高生物课堂教学的有效性,又使得教学内容自然衔接。提出的问题一定要"精""准"。精,是让每一个问题都有价值,不要有重复啰嗦的问题;准,是要求问题指向明确,不要提模棱两可的问题。

排疑解难,设计可行的实验方案:在实验设计中,鼓励学生多多表达,但是每个同学设计的方案可能不同。比如,针对"植物茎的哪部分参与运输水和无机盐",同学们做出假设,之后设计方案,就出现了众多方案。难道所有方案都在课堂开展实验吗?首先,根据实验设计基本原则,比如对照原则、单一变量原则等选择科学的实验方案。其次,从实验在课堂上的可行性考虑,选择最佳方案。

熟练运用多媒体:本节课涉及的活动内容丰富,有小组合作讨论设计实验、现场的观察实验,老师PPT中也有丰富的教学素材。老师熟练运用多媒体可以有效地在各个教学内容之间自然衔接,有限的时间高效进行教学活动。首先,老师课前充分了解多媒体运用的环境,特别是在一个新的上课地点,上课前检查各设备是否正常工作,如视频、音频播放。其次,可以运用投屏,将学生小组讨论、小组观察、小组的实验设计等及时投屏到PPT中,这样真正让全班进行有效互动。

关注学生,及时评价:课堂上老师对学生的关注直接影响到学生学习的积极性。特别是在班级人数较多的情况下,老师的视线不要只局限在某一区域,要与班级左右前后各组同学都有适当交流;在学生活动进行过程中,深入到小组,了解学生出现的问题,并给予指导,对于典型问题或全班同学都出现的问题,可以当着全班进行分析;学生提问、发言之后能给予有意义的评价;实验材料均等分配,保障每一个小组都有材料能参与活动。

二、《人的生殖和发育》第二课时——新生命的孕育[1]

(一)课堂教学实施过程

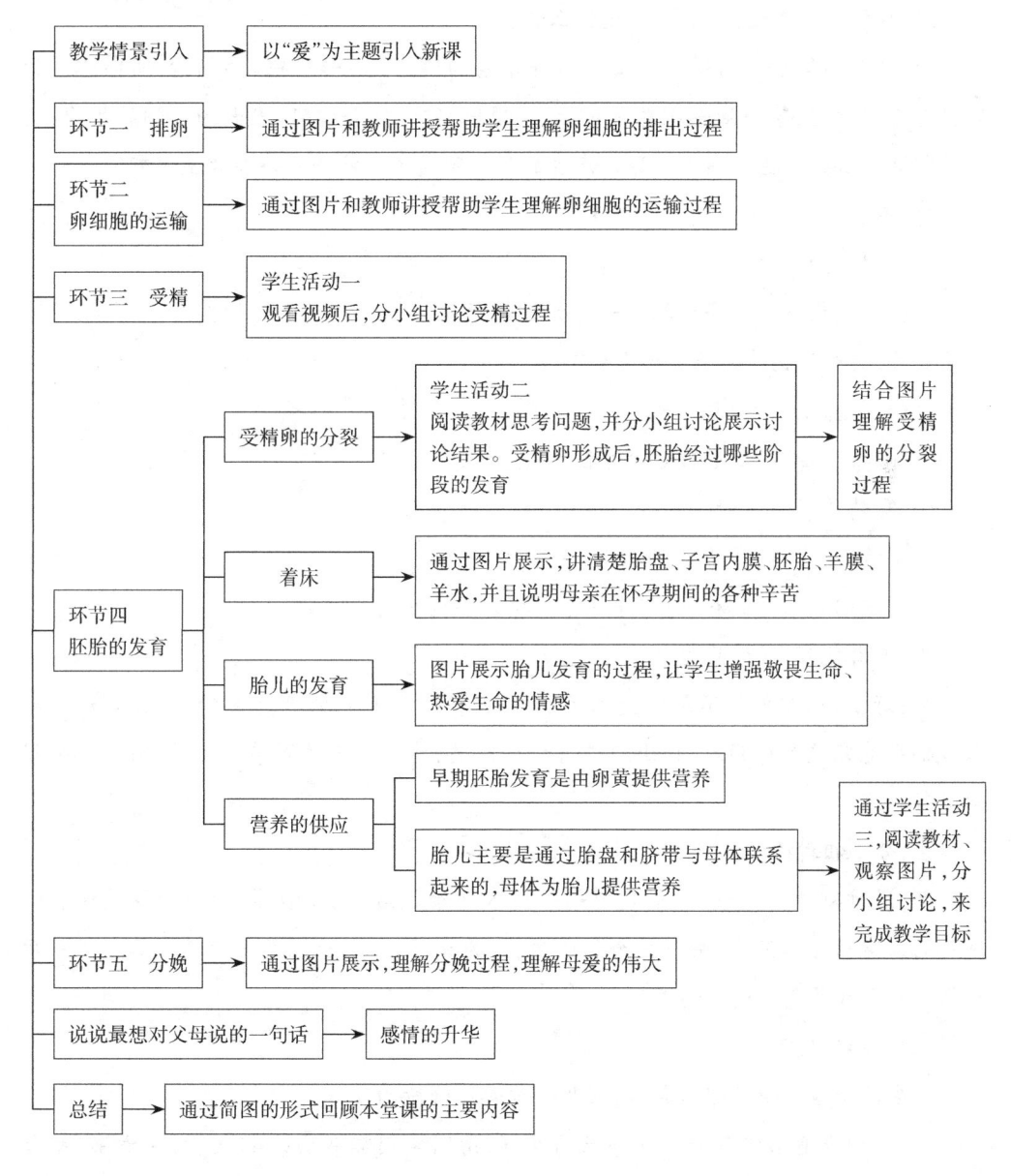

流程	子环节	内容	备注
教学情景引入		以"爱"为主题引入新课	
环节一 排卵		通过图片和教师讲授帮助学生理解卵细胞的排出过程	
环节二 卵细胞的运输		通过图片和教师讲授帮助学生理解卵细胞的运输过程	
环节三 受精		学生活动一 观看视频后,分小组讨论受精过程	
环节四 胚胎的发育	受精卵的分裂	学生活动二 阅读教材思考问题,并分小组讨论展示讨论结果。受精卵形成后,胚胎经过哪些阶段的发育	结合图片理解受精卵的分裂过程
	着床	通过图片展示,讲清楚胎盘、子宫内膜、胚胎、羊膜、羊水,并且说明母亲在怀孕期间的各种辛苦	
	胎儿的发育	图片展示胎儿发育的过程,让学生增强敬畏生命、热爱生命的情感	
	营养的供应	早期胚胎发育是由卵黄提供营养	通过学生活动三,阅读教材、观察图片,分小组讨论,来完成教学目标
		胎儿主要是通过胎盘和脐带与母体联系起来的,母体为胎儿提供营养	
环节五 分娩		通过图片展示,理解分娩过程,理解母爱的伟大	
说说最想对父母说的一句话		感情的升华	
总结		通过简图的形式回顾本堂课的主要内容	

---

[1] 案例提供者:李娟,重庆市朝阳中学

(二)课堂教学实录

1. 新生命孕育的概念模型的引入

教师以"爱"为主题引入课题,父母因为有爱才有了自己,然后提出女性生殖系统的功能,进一步提问卵巢的作用。

2. 新生命孕育的概念模型构建

(1)排卵

师:我们来看看这张图片,这是什么啊?

师:这是卵巢放大的图。在女性的排卵期,卵巢产生一种特殊的结构,叫卵泡。卵泡里面有卵细胞,等卵细胞发育成熟后,慢慢地,卵泡就会破裂,里面的卵细胞排出,这就是卵巢排出卵细胞的过程。那么产生的卵细胞是不是就一直待在卵巢里啊?

生:不是。

(2)卵细胞的运输

师:来,我们看第二个步骤——卵细胞的运输。同学们看看这幅图片,在卵巢旁边有输卵管,这个结构看起来像什么啊?

生:滑滑梯。

教师加以总结卵细胞的运输过程。

(3)受精作用

学生活动一 观察精子、卵细胞的受精

请同学们和老师观看视频,并且思考视频右边的两个问题。

生:观看视频,思考问题。

师:好了,同学们是不是感受到了生命的神圣啊,是不是感觉生命来之不易啊,那么我们观看完这个视频后,分小组进行讨论问题,请一三排的同学往后转,前后四个同学进行讨论。

生:分小组讨论。

师:通过刚才的视频,我们发现精子进入卵细胞后,尾部断掉,精子的细胞核和卵细胞的细胞核合二为一,形成一个细胞核,成为受精卵,此时完成了受精。那么下一步受精卵的发育是怎么进行的呢?

(4)胚胎的发育

学生活动二 受精卵形成后,胚胎经过哪些阶段的发育

师:我们来看第四部分——胚胎的发育,请同学们翻书至第69页,自主看书,结合图片,思考:受精卵形成后胚胎要经过哪些阶段的发育?

学生看书思考,上台分享。

教师带着学生构建胚胎发育的概念模型:

①受精卵的分裂

教师介绍受精卵的分裂,并强调受精卵分裂过程中,伴随着朝着子宫方向滚动。

②着床

教师提出胎盘、羊膜、羊水、胚胎、子宫内膜的功能,并通过图片展示胚胎着床后,妈妈出现孕吐等症状,激发学生对父母的感恩之情。

③胎儿的发育

师:胚胎发育直到第二个月末,此时已经初具人形,从第二个月末到出生叫作胎儿。

师:继续看第10周、11周、38周的图片。快要生的时候,妈妈的肚子越来越沉重,教师在此阶段阐述妈妈怀孕的不容易,进一步激发学生对父母的感恩之情。

④营养供应

学生活动三 阅读教材观察图片,分小组讨论。

采用学生看书、分小组讨论、分小组展示、教师带领学生总结的方式。

提出妈妈在怀孕期间,身体的泌尿系统、循环系统、呼吸系统等的负担比平时要重。

(5)胎儿分娩

提出分娩时妈妈虽然很痛苦,但是很坚强,爸爸全程照顾妈妈。

最想对妈妈说的一句话。教师启发引导,让学生有感而发,表达对父母的感谢。

3.新生命孕育的概念模型形成

教师带领学生总结,并完成板书,帮助学生形成概念模型。

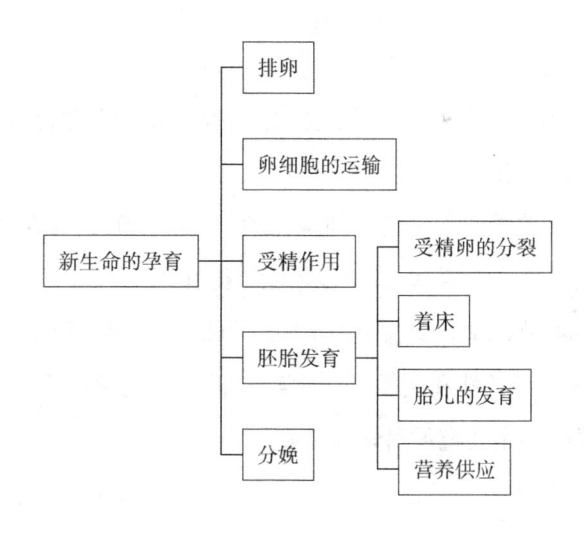

```
新生命的孕育 ─┬─ 排卵
              ├─ 卵细胞的运输
              ├─ 受精作用 ─┬─ 受精卵的分裂
              │            └─ 着床
              ├─ 胚胎发育 ─┬─ 胎儿的发育
              │            └─ 营养供应
              └─ 分娩
```

(三)课堂教学实施反思

1.体现的教学理念

(1)教师教育观

教学"双主"和谐发展理念:教师和学生在课堂教学中,体现了双主共学的理念,学生是学习的主体,教师是教学的主导。把课堂交给学生,教师在适当的时候予以点评和鼓励,对学生的学习起着推动作用。在教学中,通过小组活动、提问、阅读等方式,让学生自己去发现问题、分析问题和解决问题,而教师在其中引导、设疑,和学生一起总结,不是像传统课堂直接讲授知识,这样学生获得知识后,在脑海里留下的记忆比传统的讲授要深得多。

(1)课堂教学观

"活动化教学"的理念:初中学生正处于人生中比较活泼的阶段,孩子渴望交流和表达,在课堂中更是如此。因此,在人的生殖与发育第二课时这节内容中,教师设置了三个学生活动,让学生在活动过程中思考、看书,再与同伴进行交流,接着到全班进行展示,教师再带着学生进行总结。学生以自己喜欢的方式完成学习任务,激发了学习兴趣,同时在德、智、体、美等方面都得到了发展。

(2)课堂评价观

有效课堂评价的理论:课堂评价是教学中不可缺少的组成部分,有效的教学评价对于学生的学习具有积极的促进作用,在本节课的教学中,学生在分小组活动过程中,积极思考,得出结论,教师予以充分的肯定,教师详细分析学生值得肯定的地方。学生在学习过程中需要进一步思考,如有不足的地方,教师也及时地提出,以便在下次教学中改进。

2.教学原则的运用

五育融合的原则,这节课中进行了德育、美育等多方面融合,让学生在学习知识的同时,还渗透了生命观念。

互动性原则:在教学中必须要有师生互动,生生互动,这样在课堂上才会有生命与生命的碰撞,才会有思维的训练,进一步才能获得知识。

科学性原则:本节课中在讲排卵、卵细胞的输送、受精、胚胎发育等过程时,一定要讲求知识的严谨性、科学性和逻辑性。生物学科和其他学科不一样,它是一门说理的学科,所以在课堂上一定要遵循科学性原则。

3.教学策略的应用

(1)概念模型教学的应用

完成本堂课的教学后应该帮助学生建立起新生命的孕育过程的概念模型。建立概念模型能让学生把知识整体化,让零散的知识之间有了联系。

在建立概念模型之前,要帮助学生梳理出各个重要概念,建立概念联系,从而形成概念模型。在本节课中,首先通过图片展示卵细胞的排出过程,形成"排卵"这个重要概念。然后卵细胞在输卵管内移动过程中遇到精子,完成受精,形成受精卵,在这个过程中帮助学生形成"卵细胞的运输""受精作用"两个重要概念。接着,受精卵经过多次分裂形成多细胞组织,这个过程是在输卵管内进行的,此时的营养物质是由卵黄提供,直到胚胎到达子宫内膜完成着床后,由母体为胚胎提供营养,理解了"胚胎发育"的重要概念。十月怀胎,直到胎儿分娩产出,帮助学生认识"分娩"这个重要概念。师生通过三个学生活动展开学习、讨论,建立了重要概念之间的联系,形成了新生命孕育的先后过程,最终建立起新生命孕育这个大概念。学生通过构建概念模型,形成了生物科学的理性思维,为人生以后的生物科学的学习打下坚固的基础。

(2)其他提高课堂教学有效性的措施

本节课对于初中生是非常重要的一节课,同时也是非常不好上的一节课,学生正处于青春期,思想懵懂,大多数学生对生理知识渴望,但是又不好意思,同时有些性格外向的学生又以此为话题乱说。教师在上这节课之前进行了思考,在课堂教学中,一直以"爱"为主题展开教学,这样既可以避免谈到人的生殖器官的知识的时候引起尴尬,又可以让学生轻松接受,同时加强对学生进行亲子教育,形成感恩父母、热爱生命的情感。

三、《人体产生的代谢废物》[①]

(一)课堂教学实施流程

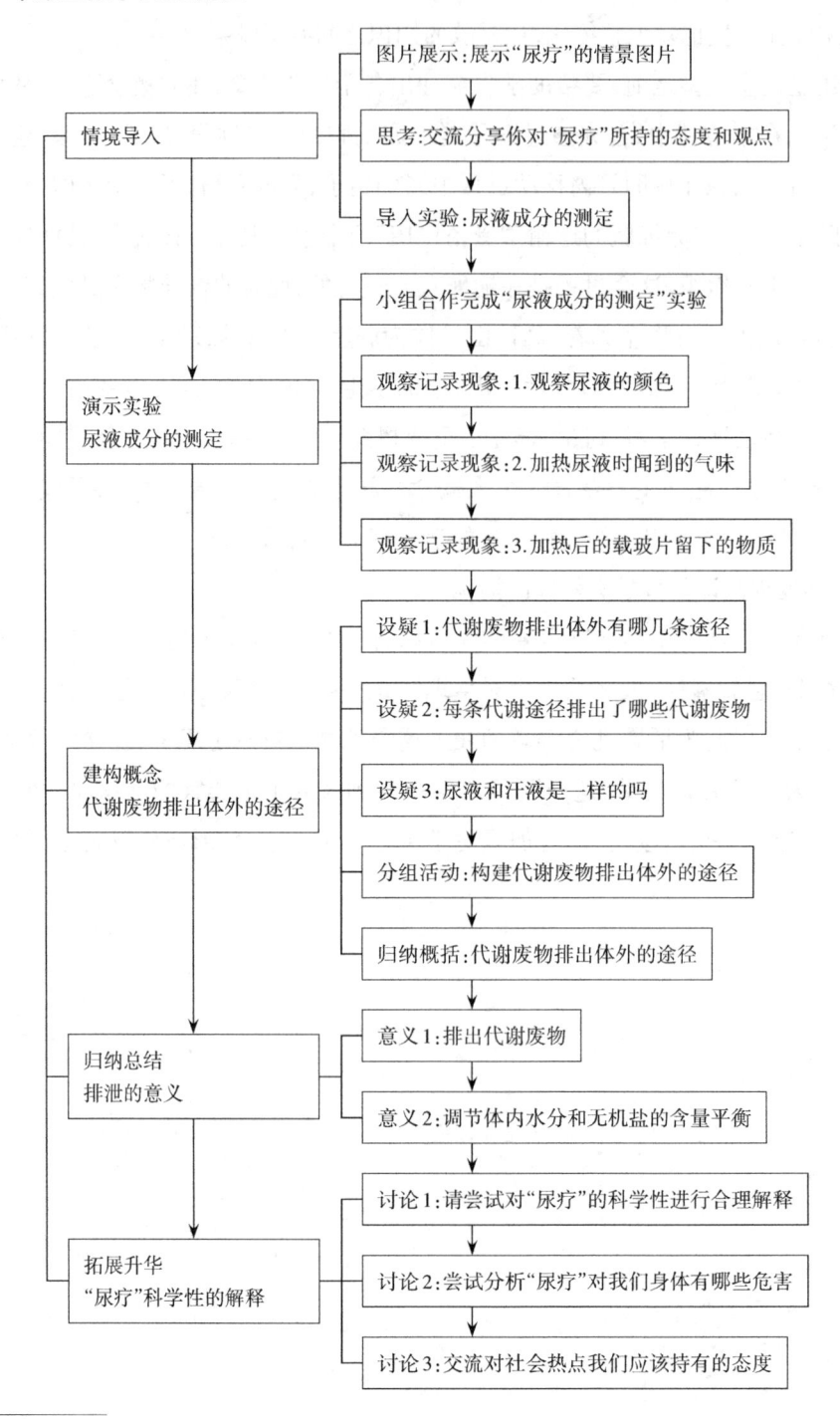

```
情境导入 ──┬── 图片展示:展示"尿疗"的情景图片
           ├── 思考:交流分享你对"尿疗"所持的态度和观点
           └── 导入实验:尿液成分的测定

演示实验 ──┬── 小组合作完成"尿液成分的测定"实验
尿液成分的测定 ├── 观察记录现象:1.观察尿液的颜色
           ├── 观察记录现象:2.加热尿液时闻到的气味
           └── 观察记录现象:3.加热后的载玻片留下的物质

建构概念 ──┬── 设疑1:代谢废物排出体外有哪几条途径
代谢废物排出体外的途径 ├── 设疑2:每条代谢途径排出了哪些代谢废物
           ├── 设疑3:尿液和汗液是一样的吗
           ├── 分组活动:构建代谢废物排出体外的途径
           └── 归纳概括:代谢废物排出体外的途径

归纳总结 ──┬── 意义1:排出代谢废物
排泄的意义 └── 意义2:调节体内水分和无机盐的含量平衡

拓展升华 ──┬── 讨论1:请尝试对"尿疗"的科学性进行合理解释
"尿疗"科学性的解释 ├── 讨论2:尝试分析"尿疗"对我们身体有哪些危害
           └── 讨论3:交流对社会热点我们应该持有的态度
```

[①] 案例提供者:文贻勤,重庆市江北中学

(二)《人体产生的代谢废物》课堂实录——人体代谢废物排出体外的途径

1.概念引入

师：我们分析了细胞的呼吸作用，也知道了呼吸作用会产生多种代谢废物。那什么叫代谢废物？

生：人体细胞在代谢活动中通过呼吸作用分解有机物，产生水、无机盐、二氧化碳和尿素等物质，这些物质是代谢废物。

师：人体细胞产生的代谢废物如果积累过多，会对人体的健康产生危害吗？请举例说明。

生：会，如尿毒症。

2.概念形成

师：那么人体有哪些途径可以排出这些代谢废物？请大家结合生活实际，参考教材内容，构建"人体代谢废物排出体外的途径"的概念模型。

学生以小组为单位合作构建"人体代谢废物排出体外的途径"概念模型。

师：我们请一个小组推荐一个代表来展示一下你们组构建的排泄途径的模型。

学生展示构建的"人体代谢废物排出体外的途径"概念模型，图4-1。

图4-1 学生展示构建的排泄途径

3.概念巩固

师：请大家对这位同学所构建的模型，谈一谈你的观点。

学生相互交流，对模型进行修正，教师对修正后的模型进行总结。

(三)课堂教学实施反思

1.体现的教学理念

(1)教师教育观

教学"双主"和谐发展理念:构建"人体代谢废物排出体外的途径"的概念模型难度不大,易于操作。为保证学生活动有序进行且能完成预期目标,教师提前将活动需要达成的认知用问题串的形式呈现出来,充分体现教师在教学活动中设计师和组织者的作用。学生活动采用了小组合作的方式进行,让每一个学生成为活动的参与者,成为学习活动的主体。

(2)课堂教学观

"活动化教学"的理念:本次活动体现的是模型教学的思想,通过小组合作,组内和组间交流以及学生和教师的共同评价,学生能够构建并完善人体代谢废物的排出途径,很好地达成了教学的预期效果。

从"生活"到"知识"到"实践"的理念:本次活动对皮肤排出汗液的排泄途径的构建结合了平常的生活体验,如汗水滴入口中的咸味,衣服穿久了的异味等生活常识,来分析汗液中的代谢废物,还由此展开注重个人卫生等健康的生活习惯的育人,体现了从"生活"到"知识"到"实践"的教学理念。

(3)课堂评价观

有效课堂评价的理念:本节课的评价一是老师对学生的学习活动做出激励性的评价,二是学生之间的相互评价。在模型构建中,老师对于完成度高的同学,予以及时的肯定。学生之间的相互评价主要在模型构建过程中学生的展示和交流中得到体现。

依据目标性原则,这次育人活动目标定位清晰,依据课标要求:说出人体产生的代谢废物的排出途径,培养归纳总结能力。依据"五育融合"原则,这次活动实现了学科认知育人、德性育人、健康育人、劳动育人。依据启发创造性原则,在教学中通过模型建构激发学生学习兴趣,启发思考,增强合作交流能力。依据互动性原则,本次活动通过小组合作的方式,通过模型建构,有效实现生生互动、师生互动。

2.教学策略的应用

(1)模型教学的应用——"概念模型"教学

本次教学活动采用了教学策略中的模型教学,通过学生自主构建排泄途径的概念模型突破教学难点。以概念图的形式,体现本节课概念之间的相互关系从而建立排泄途径的知识网络。

首先,引导学生列出相关概念,提出问题,激发学生兴趣。排泄的途径涉及以下概念:呼吸系统、泌尿系统及重要器官肺、皮肤等。教师在教学中结合学生已有的关于呼吸作用的知识和本节课的实验,并结合日常生活中的常识,梳理出学生已经形成的关于尿液、汗液还有呼出的气体成分的一些基本概念。

其次,学生通过分组讨论,画出关系图并建立连接,绘制概念图。以人体产生的代谢废物为中心概念,通过文字框、箭头和适当的文字分小组讨论构建关于排泄途径的概念图,从而培养学生的系统思维与逻辑思维能力。在模型构建中,学生构建出来的模型形式多样,无论什么的模型形式关键是把握住排泄物质、排泄形式和排泄途径。

最后,展示、交流,共同修改和完善。教师在课堂中抽取其中一组为展示和交流构建的排泄概念图,由其他组提出自己的意见,最后形成比较完整的排泄途径的概念图(见图4-2);同时也展示一些概念图构建形式上有不同的小组进行展示比较,总结模型构建最核心的是把握住排泄物质、排泄形式和排泄途径,使学生整体把握知识框架,更好地理解并记忆知识,形成归纳总结的科学思维,并在合作与交流的小组活动中增强勤于动手动脑的劳动意识。学生在身心健康和社会适应力方面也得到了锻炼。

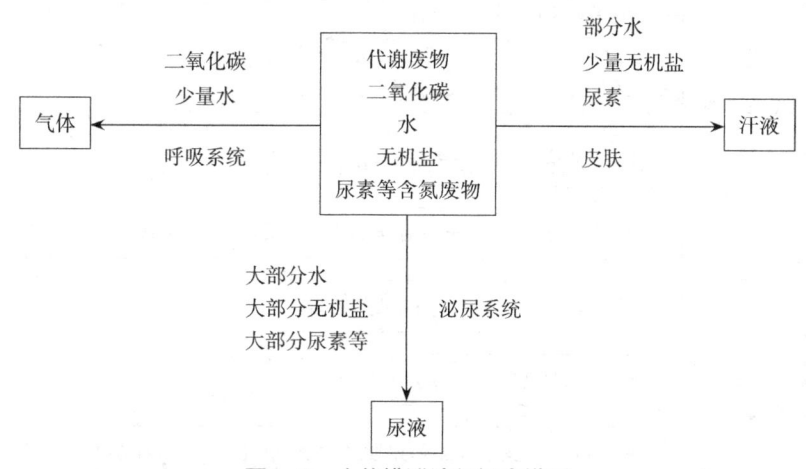

图4-2 人体排泄途径概念模型

(2)其他提高课堂教学有效性的措施

熟练运用多媒体:本次活动采用PPT将所构建的模型通过投屏的方式及时展示出来,实现学生间的有效互动。

关注学生,及时评价:课堂采用每六个人为一组的分组合作学习方式。教师对学习过程中每一组的情况及时关注,并给予适当的指导,同时对每一小组的各位同学在小组活动中的情况适时关注,对于典型问题或全班同学都出现的问题,适时进行分析和指导,交流展示的时候尽可能地让每一小组都有表现的机会且及时评价。

四、《生殖器官的生长》[①]

(一)课堂教学实施流程

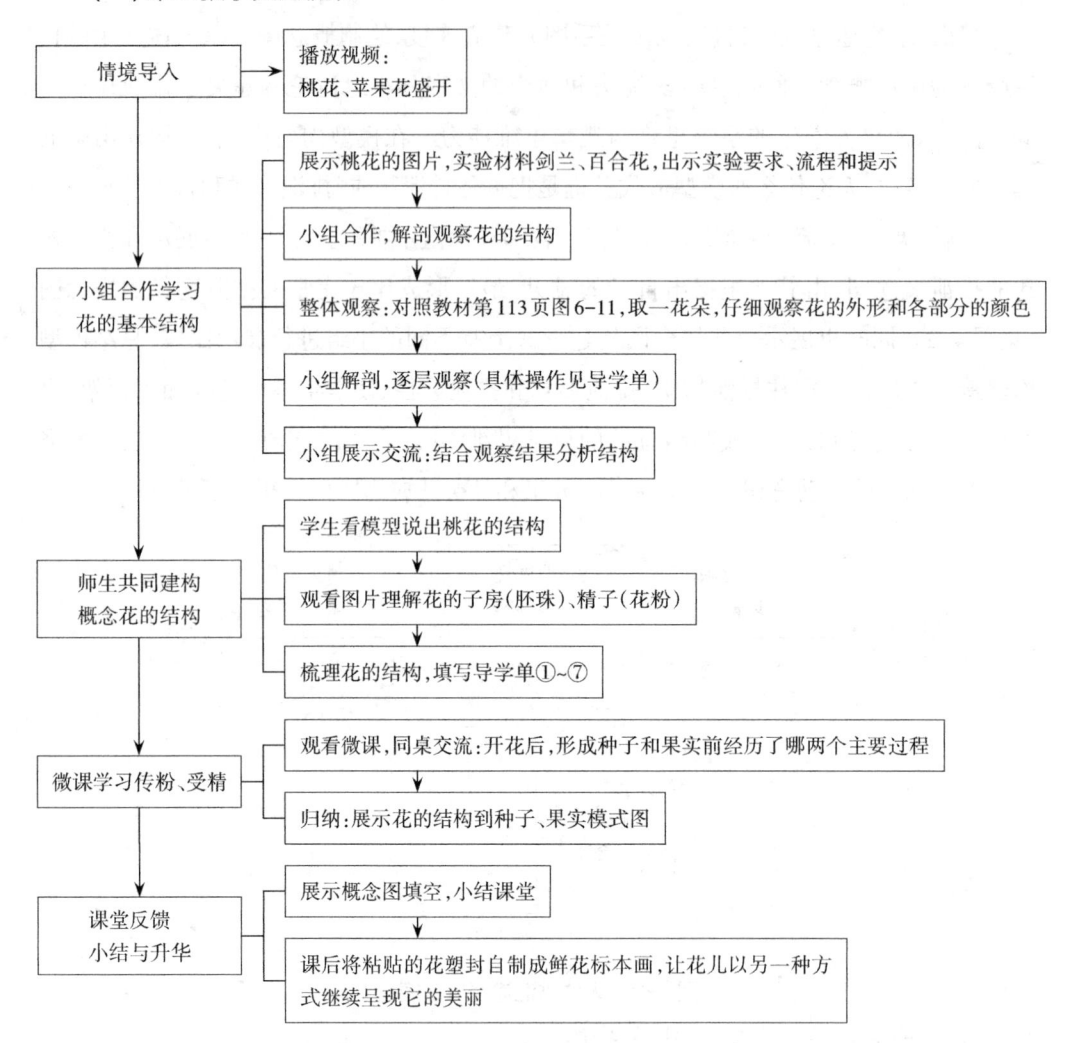

```
情境导入 → 播放视频:桃花、苹果花盛开

小组合作学习    → 展示桃花的图片,实验材料剑兰、百合花,出示实验要求、流程和提示
花的基本结构    → 小组合作,解剖观察花的结构
              → 整体观察:对照教材第113页图6-11,取一花朵,仔细观察花的外形和各部分的颜色
              → 小组解剖,逐层观察(具体操作见导学单)
              → 小组展示交流:结合观察结果分析结构

师生共同建构    → 学生看模型说出桃花的结构
概念花的结构    → 观看图片理解花的子房(胚珠)、精子(花粉)
              → 梳理花的结构,填写导学单①~⑦

微课学习传粉、受精 → 观看微课,同桌交流:开花后,形成种子和果实前经历了哪两个主要过程
              → 归纳:展示花的结构到种子、果实模式图

课堂反馈       → 展示概念图填空,小结课堂
小结与升华     → 课后将粘贴的花塑封自制成鲜花标本画,让花儿以另一种方式继续呈现它的美丽
```

(二)《生殖器官的生长》课堂实录(部分环节)

小组合作学习:花的基本结构

师:桃花有不同的颜色、形态、大小。这些花它们都能够结出果实是因为有一些特别的结构吗,有哪些结构呢?今天我们就一起动手亲自来探究。冬天没有桃花,老师准备了剑兰和蟹爪兰花代替观察。请同学们以2人小组为单位,确定发言、解剖、粘贴、批注人,分工合作。请大家按照课件上的要求进行合作学习。操作时注意有困惑可以举手示意老师,同时在保证科学性的前提下尽量做到美观。

---

① 案例提供者:石云英,重庆市兼善中学

……

师：拿出你们的实验材料，对照教材上第113页的图仔细看看各部分结构，它的颜色、大小、形态，各部分的名称，同桌之间相互指认一下，说一说这是哪些结构。

生先看书，整体认识花的结构，给同桌讲解。

图4-3　同桌之间指认花的结构

……

师：多数小组都已经认识好了，那接下来我们要逐步观察，请大家翻看你们的导学单，上面有具体的要求。对照导学单解剖操作，粘贴在白纸上、批注花的各部分结构。请同学们两人为一个小组合作分工，1人解剖，1人粘贴，然后再进行批注，最后小组进行展示。

学生小组操作，教师指导。

师：请哪个小组上台展示，给大家说一说你们观察到的花的结构。

（展示平台展示小组的实验操作结果）

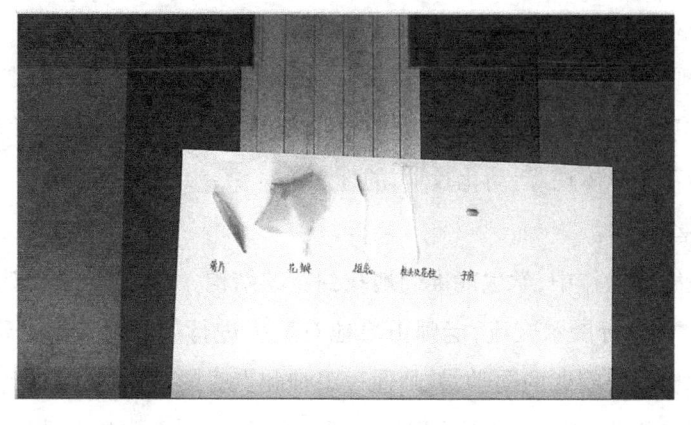

图4-4　小组展示解剖花的结构

生1：第一个比较小的就是萼片。

师：下面的同学可以拿着花对比观察一下。

生1：下面那个比较大的里面有点白的，就是花瓣，然后在下面白色那个须须，还有一点黄色的那个叫花丝，他们组合在一起就是雄蕊。

生1：雌蕊和花托花柄放在一起的，上面有点儿像开花的那个结构就是柱头，下面的须须就是花柱，然后在下面有点看不到，我们切出来了有点鼓起的，那就是子房。

师：那这个子房切开之后，你们看到什么结构呢？

生2：一些颗粒，可能是胚珠。

师：对的，那些颗粒状的就是胚珠。谢谢你们组的展示。非常仔细地观察了整朵花的结构，讲解清晰，非常棒，谢谢你们。

小组内其他同学还有补充吗？

生2：我想那个有点绿色的就是花托，在下面。

(三)课堂教学实施反思

1.体现的教学理念

(1)教师教育观

本教学片段，老师精心组织，明确活动的目的、流程、分工和注意事项，合理安排并调控各环节的时间分配，充分体现教师是教学活动的组织者，是教学活动过程中的主导者。老师用提前精心准备好的剑兰、百合花、卡纸、胶棒等材料，为开展学生活动提供充足且合适的准备，而在实验中放手让学生去操作，明确组内分工及学生学习任务，让每一个学生都成为活动的参与者，教师只做适度的点播，让学生成为学习活动的主体。

(2)课堂教学观

通过"现象—问题—实验—结论"等过程，最终形成了结构功能观；通过小组合作解剖观察实验、借助微视频观看实验现象、小组讨论分析实验现象等活动，掌握"花的结构与功能"，充分体现"活动化教学"的理念。

(3)课堂评价观

在实验解剖操作中，学生能准确地找到花的结构，并将它科学美观地贴在卡纸上，小组代表上台进行展示交流，老师由衷地对学生进行鼓励并带动全班同学一起送掌声。对于积极回答问题的同学，教师通过眼神和点头的动作给予肯定。对于主动举手回答问题的同学先鼓励肯定再依据回答进行适度的表扬。本节课及时有效地对学生多个角度、多种方式进行激励性的评价在课堂上充分地得到体现。

2.教学原则的运用

本节课通过小组合作解剖观察花的结构、小组讨论花的传粉受精过程,有效地实现生生合作、生生互动,体现了互动性原则。通过实验展示环节,一个代表讲解,其他组员补充和协助,学生与学生之间合作互助交流,教师点评。课后学生继续完善植物花的塑封,体现了实践性原则。

3.教学策略的应用

(1)概念教学的应用

①概念引入:通过播放一年四季百花盛开的视频,引导学生思考花开之后会结果实和种子,而种子播种能形成新的子代,从而明确花、果实、种子是植物的生殖器官,顺势提出植物的生殖器官如何生长,导入"植物生殖器官的生长"的概念。

②概念形成:首先学生分小组对照教材上的图整体观察实验材料花的结构,然后学生小组内分工合作解剖观察剑兰、蟹爪兰、百合花的基本结构,并粘贴批注在学案上,接着学生代表展示,小组同学补充,教师引导归纳认识花的结构。最后教师借助桃花模型,与同学一起总结得出花的结构。

③概念巩固:学生通过建构网络概念图的形式对所学的概念进行巩固。

(2)其他提高课堂教学效果的措施

本节课内容抽象微观,除了安排鲜花实物进行解剖观察其结构,同时也结合桃花模型,直观形象地帮助学生理解花的基本结构的概念。此外,在概念学习中,教师通过提前设计并印制导学单,有效地协助学生进行自主解剖观察花的基本结构。学生在课后也能充分利用导学单上的网络概念图进行及时有效的复习,起到对概念的巩固和加深印象的作用。本节课较好地体现了学生自主学习,教师为主导的理念,学生的概念是自主习得,而非教师灌输讲解获得。

五、《植株的生长》[1]

(一)课堂教学实施流程

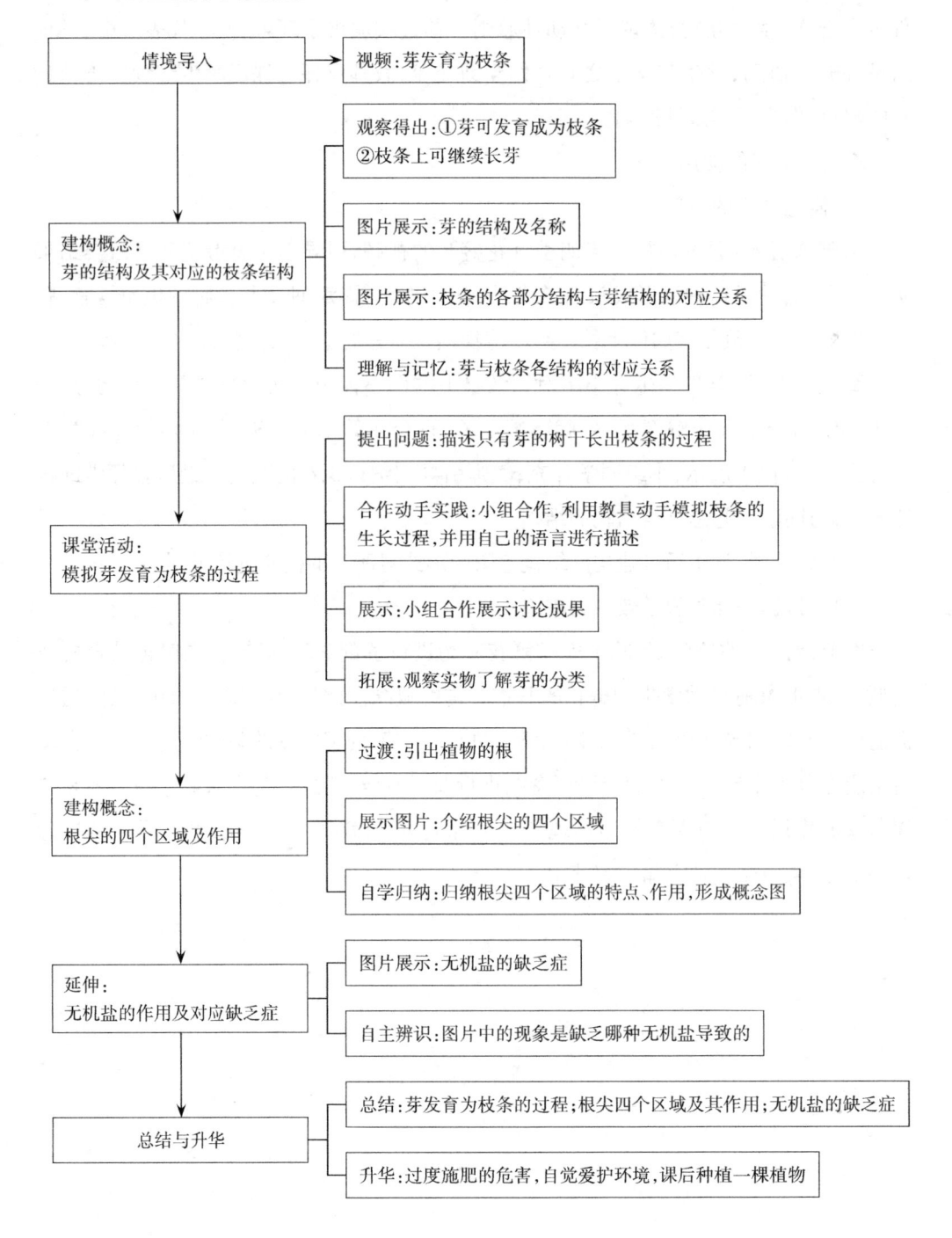

```
情境导入 → 视频:芽发育为枝条
    ↓
建构概念:         ┌─ 观察得出:①芽可发育成为枝条
芽的结构及其对应   │           ②枝条上可继续长芽
的枝条结构        ├─ 图片展示:芽的结构及名称
                 ├─ 图片展示:枝条的各部分结构与芽结构的对应关系
                 └─ 理解与记忆:芽与枝条各结构的对应关系
    ↓
课堂活动:         ┌─ 提出问题:描述只有芽的树干长出枝条的过程
模拟芽发育为      ├─ 合作动手实践:小组合作,利用教具动手模拟枝条的
枝条的过程        │              生长过程,并用自己的语言进行描述
                 ├─ 展示:小组合作展示讨论成果
                 └─ 拓展:观察实物了解芽的分类
    ↓
建构概念:         ┌─ 过渡:引出植物的根
根尖的四个区域    ├─ 展示图片:介绍根尖的四个区域
及作用            └─ 自学归纳:归纳根尖四个区域的特点、作用,形成概念图
    ↓
延伸:            ┌─ 图片展示:无机盐的缺乏症
无机盐的作用及   └─ 自主辨识:图片中的现象是缺乏哪种无机盐导致的
对应缺乏症
    ↓
总结与升华       ┌─ 总结:芽发育为枝条的过程;根尖四个区域及其作用;无机盐的缺乏症
                 └─ 升华:过度施肥的危害,自觉爱护环境,课后种植一棵植物
```

---

[1] 案例提供者:段静,重庆市兼善中学

(二)《植株的生长》课堂实录(部分环节)

1.环节一:"芽发育成为枝条"概念引入

(观看玫瑰花枝条生长视频)

师:这个是长大的枝条,它由什么结构发育而来呢?为了便于观察,老师将其中几个画面截取下来,可以看出,最后的枝条就是由这个部分发育而来,这两个小圈中的结构叫作"芽"。一段时间后,这两个芽发育长大形成两根枝条,因此:

师、生:枝条由"芽"发育而来。

师:芽可发育成为枝条。细心的同学还发现了,左边的枝条上,又长出了新的芽,说明枝条上可继续长……

生:芽。

师:可以想象,芽会继续长大形成新的枝条,通过这样的过程,植株就可以开枝散叶。

图4-5 学生观看视频,总结形成"芽发育成枝条"概念

2.环节二:"芽发育成为枝条"概念巩固

(已经学习了芽和枝条各结构的对应关系)

师:同学们已经掌握了芽和枝条中各结构的对应关系,那我们来一起解决实际问题。

这是一根光秃的枝条甲,一段时间后长成了乙,现在,由同学们以小组为单位描述从甲到乙的生长过程,举个例子:甲中芽的芽轴发育成茎……,最终形成了乙。

同学们可以借助桌子上的材料。每个小组有一个甲,三根枝条,三片树叶,两个芽。清点完之后就可以讨论了,五分钟后请两位同学上来讲述你们模拟的过程。

(五分钟后,请同学展示)

生A:(一边粘贴一边描述)芽轴发育成了茎,幼叶发育成了叶。

师:好,这位同学完成了第一步,同学们看看和你们做的一样吗?

生:(举手)我觉得芽轴发育成为茎之后,原本的芽就没有了。

师:对,芽发育成为新的结构,原来结构就不存在了,很好。那请这位同学(生A)更正过来。

生A:(生A撕掉原来的芽)

图4-6 学生合作完成:描述并模拟芽发育为枝条的过程

生A:还有芽,芽由芽原基发育而来。

师:对,那你觉得芽该粘在哪儿呢?可以参考乙图。

生A:(粘贴两个芽原基)

师:那再请另一个同学完成后续的过程。

生B:(一边粘贴一边描述)芽轴发育为茎,原有的芽就不见了,幼叶发育为叶,芽原基发育为芽。

图4-7 两位同学合作完成的成果展示

师:两位同学描述得非常清楚,让我们用掌声感谢他们。(掌声)

师:通过这样不断重复的过程,最终一棵植株就变得枝繁叶茂了。

(三)课堂教学实施反思

1.体现的教学理念

(1)教师教育观

该片段充分体现了"教学应该以学生为主体,教师为主导"这一理念。让学生模拟芽发育为枝条的过程,学生动手又动脑,让学生有参与感,在过程中形成自己的感性认知。在这个活动过程中,出现了一些事先没有预料到的学生反应和回答,老师面对这些问题时,合理回应,引导学生回到思维正轨,既解决了学生的疑惑又达到了预期的目的。

(2)课堂教学观

尊重生命价值的理念:描述"植物的芽发育为枝条"的过程中,让学生体会到不是只有动物才有生命价值,植物也有生命,植物也对我们有重要作用,尊重每一个生命的价值。

(3)课堂评价观

有效的课堂评价不仅让学生从中获得知识,更重要的是肯定学生的成果,激发学生学习探究展示的动力。在本片段中,需要评价的地方很多,老师不仅采用了教师评价的方式,还有学生互评的方式,让更多的学生参与其中,更愿意参与到下一次活动中去。

2.教学原则的运用

本活动有清晰的目标,目标达成与否也可以通过学生的回答等方式加以检验。学生清晰地表述了芽发育为枝条的过程,表明已初步掌握了"芽与枝条各个结构的对应关系"这一知识点。依据互动性原则,本节课中有师生互动、生生互动,通过互动与活动,让学生融入其中,获得知识;依据实践性与实验性原则,学生动手实践,利用教具模拟芽发育过程,培养动手实践能力;依据"五育融合"原则,如"模拟芽发育为枝条的过程"活动,在知识讲述的同时融入了美育、德育、劳育等。

3.教学策略的运用

(1)概念教学的应用【以"芽发育成为枝条"概念为例说明】

①概念引入:通过"芽发育成枝条"的视频,让同学们直观地感受到——枝条是由芽发育而来的,引发思考"小小的芽如何发育为偌大的枝条呢?",从而激发学生探索的

兴趣,引入"芽发育成为枝条"的概念。

②概念形成:老师展示芽的纵剖模式图,对应讲解芽的各部分结构及其名称,引导学生思考该结构将发育为枝条的哪部分,紧接着用幻灯片动态展示枝条各部分结构名称及与芽各结构的对应关系,让学生初步形成概念及其内在联系;再以幻灯片呈现概念题,让学生填写并交流,其余同学点评和改进。通过这个过程,学生们较为清晰地形成了"芽发育成为枝条"的概念。

③概念巩固:上一环节后,学生以小组为单位,利用教具(卡纸做的芽、茎、叶等结构)模拟"芽发育为枝条"的过程,并描述对应的过程。讨论结束后,教师请小组代表上台展示、粘贴、解说芽发育为枝条的各个过程,其余同学认真聆听、思考与自己成果的异同并记住不太完美的地方。代表展示结束后,同学们自由举手发言,老师和同学们一起讨论完善整个过程。通过这个环节,巩固了芽、枝条各部分结构的名称,完全理解并掌握了"芽发育成为枝条"的概念。

(2)其他提高课堂教学效果的措施

反复改进,设计课堂活动:探究芽发育为枝条的过程比较抽象,是本节的重点和难点。教师原设想利用动画呈现动态过程,但实施后发现,学生走马观花地观看动画但并未将知识理解和记住,所以将其换成学生需要动手实践的活动。但是真实的枝条采摘下来之后就无法生长了,即使能生长速度也很慢,最终教师将活动确定为用卡纸模拟枝条的各部分结构,再由学生表述其生长过程。实施后,又遇到了问题,很多学生在拿到材料后并不知道该做什么,所以我们再次改进方案,设置好发育的起点和终点,并将活动任务打在显示屏上,再给出一句表述的示例……经过这些改进之后,同学们已经能自主开展活动,最后,再设计一些问题串加以引导,最终学生逻辑清晰地表述出芽发育为枝条的过程。

走进小组,管控活动秩序:在"模拟芽发育为枝条的过程"中,布置完任务后,由于七年级学生活泼好动,注意力容易分散,可能会出现小组活动中有的学生参与较少,容易走神的情况,这会导致活动难以达到所期望的目标。所以老师主动参与到各小组的活动中去,不仅观察学生们的活动成果,还要注意引导参与较少的学生,与他们交流,激发他们动手的兴趣,使他们融入其中,让学生都得到相应的收获。除此以外,还要纵观全局,在大多数小组完成的情况下及时叫停,把控课堂进程。

六、《尿液的形成与排出》[①]

(一)课堂教学实施流程

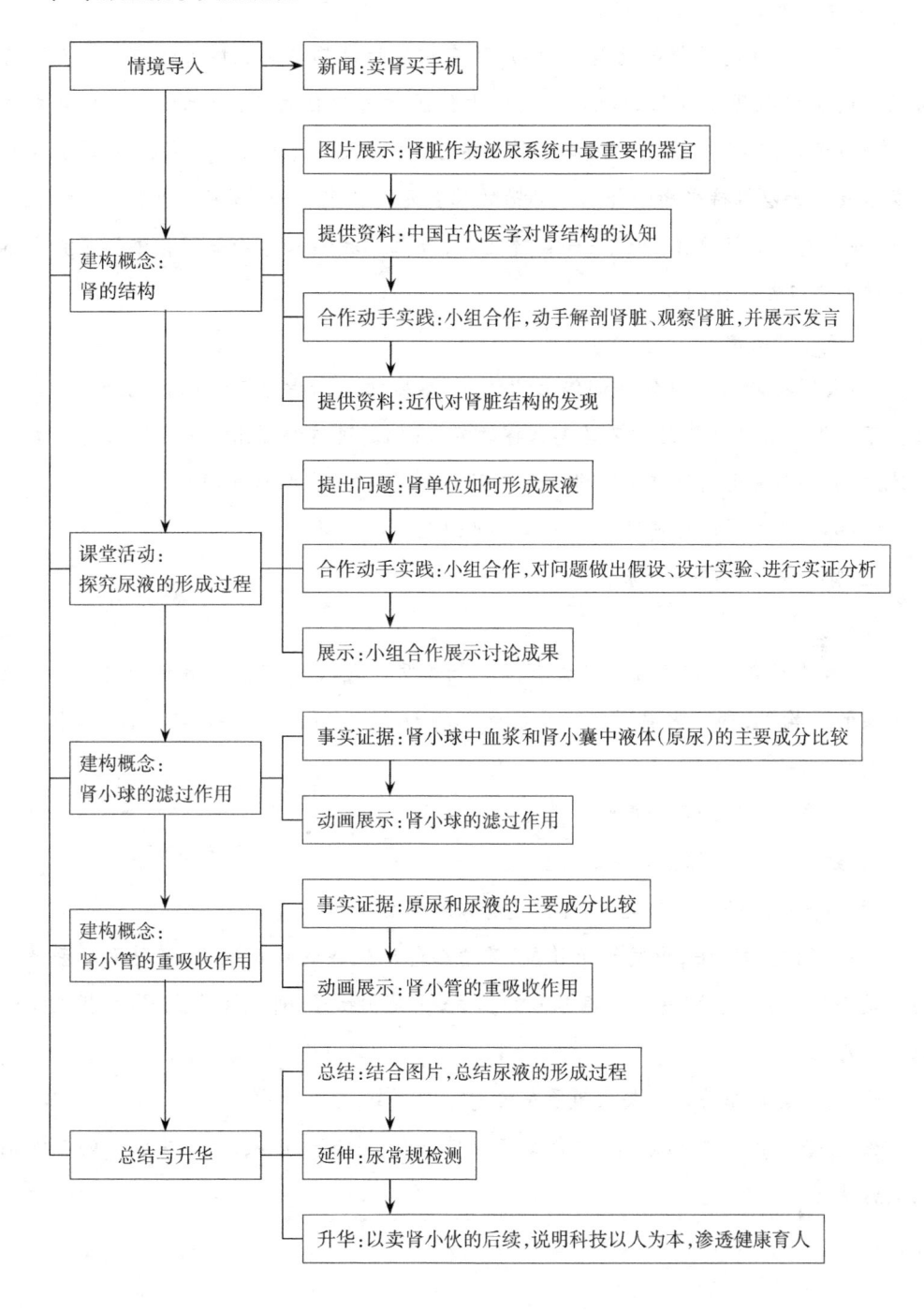

```
情境导入 ──→ 新闻:卖肾买手机

建构概念:        ├─ 图片展示:肾脏作为泌尿系统中最重要的器官
肾的结构         ├─ 提供资料:中国古代医学对肾结构的认知
                 ├─ 合作动手实践:小组合作,动手解剖肾脏、观察肾脏,并展示发言
                 └─ 提供资料:近代对肾脏结构的发现

课堂活动:        ├─ 提出问题:肾单位如何形成尿液
探究尿液的形成过程 ├─ 合作动手实践:小组合作,对问题做出假设、设计实验、进行实证分析
                 └─ 展示:小组合作展示讨论成果

建构概念:        ├─ 事实证据:肾小球中血浆和肾小囊中液体(原尿)的主要成分比较
肾小球的滤过作用  └─ 动画展示:肾小球的滤过作用

建构概念:        ├─ 事实证据:原尿和尿液的主要成分比较
肾小管的重吸收作用 └─ 动画展示:肾小管的重吸收作用

总结与升华        ├─ 总结:结合图片,总结尿液的形成过程
                 ├─ 延伸:尿常规检测
                 └─ 升华:以卖肾小伙的后续,说明科技以人为本,渗透健康育人
```

---

① 案例提供者:张雨婷,重庆市朝阳中学

(二)《尿液的形成与排出》教学实录(部分环节)

1. 古代医学对肾脏的认知

生:肾脏是如何形成尿液的呢？

师:肾脏既然有这样的功能,那就应该有相应的结构与它相匹配适应。古人对肾脏结构的探索经历了漫长的历程。我国古代医学对肾脏的认识,记载在了医学典籍中,在《黄帝内经》中有这样的记载:"肾者水脏,主津液。"意思就是,肾主水,具有主持全身水液代谢以维持平衡的作用。那肾的位置呢？在宋朝《欧希范五脏图》中,记载了位置"肾则有一在肝之右,微下；一在脾之左,微上。"我们来感知一下肾脏的位置。首先同学们可以做这样的动作。

生:一起竖起拇指。

师:大家把两只手放到臀部偏上的位置,然后你大拇指所在的位置就是你肾脏的位置了。那肾脏的具体结构又是怎么样的呢,我们通过这幅图来看一下。在肾脏弯曲的地方,有很多管道通过这个门进入到肾里面,我们把这个叫作肾门。

师:那有哪些管道会通过肾门进入肾里面呢？

生:肾动脉、肾静脉、输尿管。

2. 解剖观察肾脏

师:通过图解,我们已经对肾脏有了一个初步的认识了,那如果我们想要看到肾脏更真实的结构呢,那就需要同学们自己动手解剖了。在同学们解剖之前,我们来看一下解剖的方法和要点。

师:观察肾脏的颜色和形状？

生:红色的,形状像蚕豆或者豌豆。

师:第一小组的同学来说说,你们是怎么解剖的？

生:我们先切下去,中间就是肾盂,旁边颜色比较浅的就是髓质,最外面颜色最深的就是皮质。然后我们想找到输尿管的位置,于是用镊子,伸到了肾盂里面,找到了输尿管在哪里。

师:请问你们组为什么要用镊子穿过去？

生:根据已有的知识分析,输尿管在肾盂下面,连接着肾盂,将肾盂收集的尿液运输到膀胱。

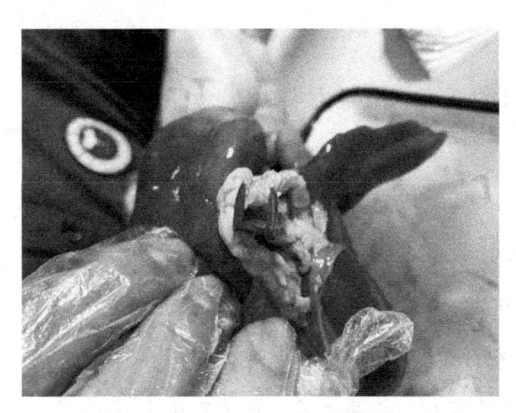

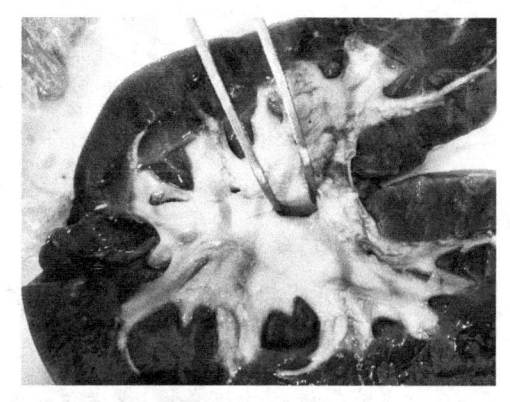

图4-8 学生运用已知知识,判断找出输尿管

师:外部观察好了,同学们就可以用解剖刀将肾脏纵剖为两半,观察各部分的颜色差异。最后用放大镜观察肾脏的皮质和髓质,观察结构差异。

3.近代对肾脏结构的发现

师:很好,又进一步地认识了肾脏的结构,但肉眼能看到的和放大镜放大的倍数是有限的,如果想看到肾脏更细微的结构,就必须要借助于显微镜了。1666年,马尔皮基首先发现肾实质的微小球体和相连的弯曲小管。

紧随其后,鲍曼和路德维希先后都发现微小球体是一团毛细血管球,就把这个球叫作肾小球。外面包裹着一个囊状结构,我们把它叫作什么?

生:肾小囊。

师:囊状结构后面连接着弯曲的管道,这个管道叫作?

生:肾小管。

师:我们把肾小囊和肾小球合称为什么?

生:肾小体。

师:三者合在一起呢?

生:肾单位。

图4-9 展示近代对肾脏结构的发现

4.肾单位的结构

师:大家可别小看肾单位。每个肾脏由100多万个肾单位组成。为了便于认识和学习肾单位的结构,我们用模式图来看一下。

师:首先我们可以看到同学们在实验中已经认识两根管道:肾动脉和肾静脉。肾动脉进入肾脏后,分支形成入球小动脉,入球小动脉再分支变细形成一团毛细血管球,也就是肾小球。肾动脉将血液运输到肾脏,流经入球小动脉进入肾小球,既然肾小球的本质是毛细血管球,在毛细血管处能发生充分的物质交换,那我们推测在肾小球这儿,应该也能够进行物质交换,或者说是物质的变化;完成之后,血液又从出球小动脉流出。从图中我们可以很明显地看出肾小管周围有丰富的毛细血管网,那应该在肾小管处,也能发生一些物质变化。我们再整体地看,这是皮质,这是髓质,皮质中的毛细血管丰富,因而我们在观察时会看到皮质的颜色和髓质的颜色。

生:皮质的颜色较深,而髓质的颜色较浅。

5.探究尿液的形成

(1)观察现象,提出问题

师:到现在为止,我们已经知道了肾脏作为产生尿液的器官,是由肾单位构成的。尿液是在肾单位中产生的。那肾单位是如何形成尿液的呢?

(2)做出假设

师:两位科学家各自提出了自己的猜想和假设。鲍曼推测:尿液中的代谢废物是由肾小管分泌的,肾小球的作用是分泌水分,用以溶解和冲洗肾小管分泌的各种代谢废物,形成尿液。路德维希推测:肾小球血浆中除蛋白质外的物质,包括代谢废物,都从肾小球壁滤出到肾小囊中,然后流经肾小管,经过肾小管的进一步作用,形成尿液。如何验证各自假说的正确性呢?

(3)设计实验

生:需要了解肾小囊中液体的成分。

师:科学家能够做出直径只有10微米的微吸管,可以抽取肾单位结构中的液体,进行成分分析。那我们预想一下实验结果。

(4)预期实验结果

生:如果肾小囊中液体只有水,说明肾小管中的代谢废物来自肾小管,则鲍曼假设正确;如果肾小囊中液体除了水,还有其他物质,说明肾小管中的代谢废物来自血液,则路德维希的假设正确。

(5)分析结果,得出结论

师:实际得到的结果如下,抽取了肾小球和肾小囊中的液体,肾小球中的是血液,肾小囊中的液体是肾单位产生的原尿。通过实证数据,我们可以确定谁的假设是正确的?

生:路德维希。

图4-10 探究尿液的形成活动

(三)课堂教学实施反思

1.体现的教学理念

(1)教师教育观

教学"双主"和谐发展理念:本节课有五个主要育人活动,包括观察泌尿系统的组成和功能、初识肾脏的位置和功能、探索肾脏的结构、探索尿液的形成、分析血检报告单等,组织的学生活动多样,全员深度参与,课程的广度和深度也较大。本节课中,老师精心组织了各个环节,明确学生活动的目的、流程、分工和注意事项,合理安排各环节的时间,充分体现教师是教学活动的组织者,是教学活动过程中的主导者。老师提前准备好猪的肾脏,课前自己做了解剖,尝试体会学生在解剖和观察中会遇到的困难,预设学生的问题,为开展学生活动提供充足且合适的准备,而在实验中,给予学生适当的知识储备、观察要点提示和安全提醒后,就放手让学生自主去实验,给学生创新的空间和表达交流的平台。教师提前准备好图文并茂的情境、形象生动的视频、文史资料等来帮助学生突破重难点,让课堂变成一个可以把控的课堂。课堂活动,采用了小组合作的方式进行,充分尊重学生的个体差异,在分组时遵从组内异质、组间同质的原则进行分组;各个活动中,全员参与,明确组内分工及学生学习任务,让每一个学生都成为活动的参与者,而不是旁观者,让学生成为学习活动的主体。

(2)课堂教学观

"活动化教学"的理念:本节课利用多样化的活动,通过肾脏结构探索的科学史、小组实践解剖肾脏、"现象—问题—实验—结论"等一系列科学探究过程,探究尿液的形成过程,最终建构了肾脏的结构与功能相适应的观点。

从"生活"到"知识"到"实践"的理念:本节课通过创设情境化的新闻案例来进行导课,引起学生对社会热点议题的关注,对自身健康的思考。提出问题:肾脏有何结构?通过还原科学史,从我国古代医学对肾的认知,再通过学生亲自动手解剖肾脏,再到近代的科学家在显微镜下对肾脏的认识,建构出肾脏的结构。自然而然引出了对肾脏功能的探索,还原科学史上对肾脏功能的探索历程,即解答尿液是如何形成的这个问题。通过"猜想假设—实证分析—事实证据—认知矛盾—得出结论"等一系列过程,让学生自主探究肾脏的功能,体现结构与功能观。

(3)课堂评价观

有效课堂评价的理念:本节课老师对学生的学习活动做出了发展性的评价。行为评价,如在实验解剖操作中,学生能准确地找到髓质、皮质、肾盂等结构,还能针对"肾动脉""肾静脉""输尿管"等结构的区别提出思考,并寻找解决办法。教师给学生提供展示和交流的舞台,并对课堂生成的这些问题和学生基于这些问题思考后寻找的解决办法给予掌声鼓励。发展性、激励性语言评价,教师对于积极回答问题的同学给予语言表扬等。

2.教学策略的应用

(1)概念教学的应用

概念引入:通过创设情境化的新闻案例"卖肾买手机"来进行导课,引起学生对社会热点议题的关注,对自身健康的思考。自然而然提出问题:肾脏有何结构?有何功能?导入"肾脏的结构和功能"的概念进行教学。

概念形成:充分利用对肾脏结构研究的科学史,如《黄帝内经》中"肾者水脏,主津液",《欧希范五脏图》中"肾则有一在肝之右,微下;一在脾之左,微上",借助科学史帮助学生建构肾脏结构的概念。

图4-11 学生们感知肾脏的位置

引导学生积极动手实践。教师提前准备好猪的肾脏,课前自己做解剖,尝试体会学生在解剖和观察中会遇到的困难,预设学生的问题,为开展学生活动提供充足且合适的准备;而在实验中,给予学生适当的知识和观察要点提示及安全提醒后,就放手让学生自主去实验,给学生创新的空间和表达交流的平台,让学生在动手实践中,建构肾脏结构的概念。

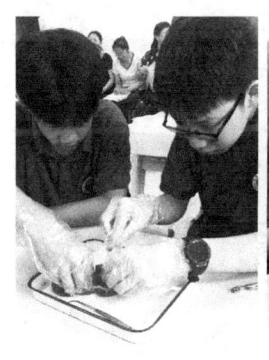

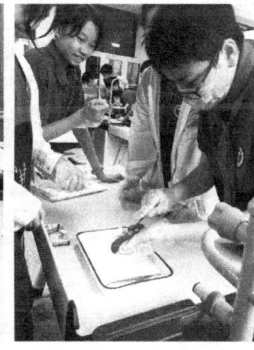

图4-12 学生亲自动手解剖肾脏并交流汇报

概念巩固:学生通过建构网络概念图的形式对所学的概念进行巩固。

在概念的学习中,教师通过提前设计并印制导学案,将本节课的主线和设计的活动都呈现在上面,让学生知道每个活动的目的,而不是盲目地进行学生活动。

(2)探究教学的应用

本次教学活动也体现出了探究教学的理念,以"问题—假说—方法—设计实验—实证数据—得出结论"为主线,通过两位科学家的猜想假设,引导学生设计实验对其进行求证。

呈现实证数据,让学生进行分析,通过事实证据来说明原尿是由血液经过肾小球滤过而形成的。原尿和终尿量的差异,引发学生思考,推测原尿流经肾小管时进行重吸收;同时又分析原尿和终尿成分及其含量的数据,说明原尿中的大分子蛋白质、葡萄糖、大部分的水和无机盐会重吸收到血液中,其余的物质形成终尿。通过探究活动,学生以教师提供的资料和数据作为材料,通过小组合作和独立思考分析出尿液的形成过程。

七、《植物的生殖方式》[①]

(一)课堂教学实施流程

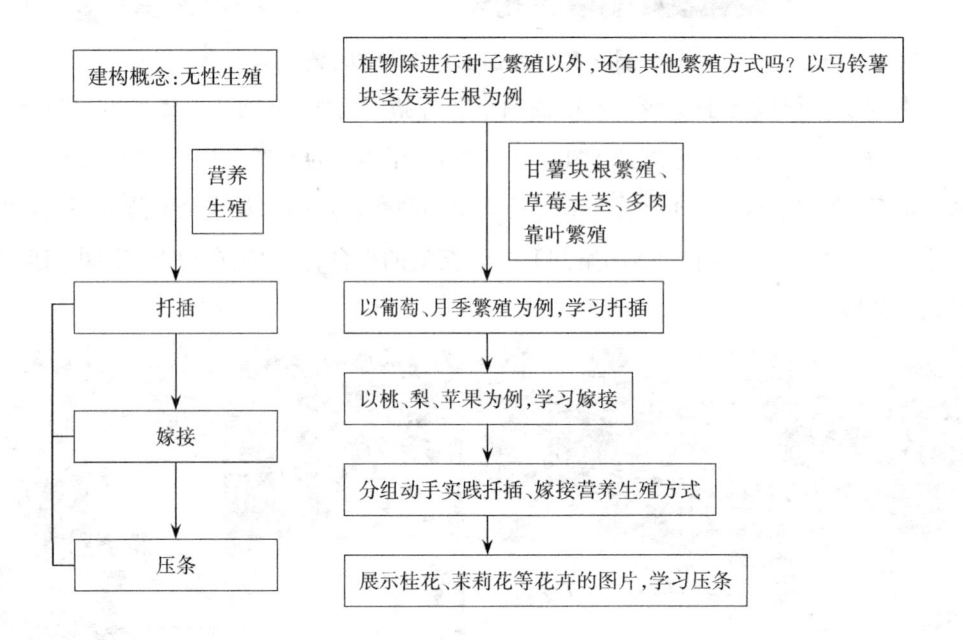

```
建构概念:无性生殖          植物除进行种子繁殖以外,还有其他繁殖方式吗?以马铃薯
                          块茎发芽生根为例
    ↓
  营养
  生殖                     甘薯块根繁殖、
                          草莓走茎、多肉
    ↓                     靠叶繁殖
  扦插                     以葡萄、月季繁殖为例,学习扦插
    ↓
  嫁接                     以桃、梨、苹果为例,学习嫁接
    ↓
                          分组动手实践扦插、嫁接营养生殖方式
    ↓
  压条                     展示桂花、茉莉花等花卉的图片,学习压条
```

(二)《植物的生殖方式》课堂实录(部分环节)

1.环节一:概念引入

师:想一想,植物除进行种子繁殖以外,还有其他繁殖方式吗?

生:根、茎、叶。

2.环节二:概念形成——无性生殖概念与营养生殖概念

师:在农业生产上还有其他的繁殖方式吗?马铃薯块茎发芽生根。通过马铃薯块茎发芽生根这个例子,就可以概括出无性生殖的概念。

师:根据有性生殖和无性生殖的概念,小组讨论:有性生殖和无性生殖主要区别是什么?

[①] 案例提供者:王晓泉,重庆市兼善中学蔡家校区

生：分析植物无性生殖和有性生殖的不同，小组讨论完成。

师：想一想，前面我们学习了哪些无性生殖方式？（通过图片引导学生再次学习分裂生殖、出芽生殖、孢子生殖）

生：学生回忆。

师：图片展示其他的无性生殖方式。

师：图一中的甘薯块根上长出新植物体——靠什么繁殖？

生：根。

师：图二中的草莓走茎——靠什么繁殖？

生：茎。

师：图三中的落地生根的叶上长出新植物体——靠什么繁殖？

生：叶。

师：思考根、茎、叶属于营养器官还是生殖器官？

生：营养器官。

师：那什么是营养生殖？其意义是什么？

生：归纳总结营养生殖概念及意义。

3.环节三：概念巩固——营养生殖的常用方法

师：营养生殖有哪些方法呢？

(1)扦插

师：图片展示，并示范。剪取葡萄、月季等一段枝条，把枝条的下部插入土壤，在适宜的水分和温度条件下，枝条下部长出根，上部发芽，最后长成新个体。有些植物的叶片或叶柄也能进行扦插繁殖。

师：思考扦插枝条时，为什么要剪叶子和顶芽？枝条下端为什么要削成斜口？

图4-13　老师对照演示扦插

生:叶子要蒸腾水分,扩大接触面。

师:同学们尝试活动——分组扦插、嫁接。

生:①一、二、三、四、五组扦插;

②六、七、八、九组嫁接;

③展示交流。

(2)嫁接

师:图片展示,并示范。选取桃、梨、苹果等健壮的枝或芽作为接穗,选取野生植株作为砧木,通过适当的操作技术使砧木与接穗结合在一起,就能达到繁殖的目的,包括芽接和枝接。

图4-14　小组动手扦插、嫁接实践活动

图4-15　小组代表展示嫁接实践成果

师:嫁接有什么优点?

生:嫁接成活的植株,能保持接穗和砧木的优良特性。

师:对。嫁接成活的植株,既能保持接穗母株的优良性状,又能利用砧木的特性,促使提早结果和提高抗病、抗旱、抗寒、抗倒伏等能力,从而提高果树的产量和品质。

(3)压条

师:第三种营养生殖方式就是压条。对于夹竹桃、桂花等植物扦插不易成活,若剥掉植株一个枝条中段下半部的半圈树皮,然后把枝条弯曲下来,将其中部埋在土壤里,让枝条的上段露出地面。不久,这个枝条就会长出不定根和新叶。

生:茉莉花就可以压条。

师:图片展示茉莉花压条。

师:营养生殖常用方法总结。

(三)课堂教学实施反思

1.体现的教学理念

(1)教师教育观

教学"双主"和谐发展理念:在无性生殖和营养生殖概念教学中,学生活动很丰富,如扦插、嫁接。如果老师不引导,学生自由发挥,或者两个活动不在同一时间内分组完成,那么本部分的内容在一堂课中根本无法按质按量完成。老师精心组织各个环节,合理安排并调控各环节的时间分配,充分体现教师是教学活动的组织者,是教学活动过程中的主导者理念。在课堂活动中,教师采用了小组合作的方式,充分尊重学生的个体差异,明确组内分工及学生学习任务,让每一个学生都成为活动的参与者,让学生成为学习活动的主体。

(2)课堂教学观

"活动化教学"的理念:本部分的内容贯穿劳动育人的思想,通过扦插和嫁接分组动手实践活动、小组讨论分析实践现象,建立"植物营养生殖的无性繁殖方式"。

从"生活"到"知识"到"实践"的理念:通过"甘薯块根上长出新植物体、草莓走茎、多肉落地生根的叶上长出新植物体"的环节,应用知识,再借助活动"扦插和嫁接"进一步实践。

尊重生命价值的理念:扦插枝条时,为什么要剪叶子和顶芽?枝条下端为什么要削成斜口?学生根据已学的相关知识,能回答植物的一些特征:减少水分蒸发,防止枝条干枯;增大切口与土壤的接触面积。在嫁接植株过程中,学生要有生命理念,想到植物需要有无机物和有机物顺利运输的路径。

(3)课堂评价观

有效课堂评价的理念:老师从多个角度、多种方式对学生的学习活动做出了激励性的语言和行为评价。如老师在扦插和嫁接小组实践活动中,对于能准确运用活动原则、抓住活动要点、实验完成度高的同学给予"点赞"。

2.教学原则的运用

依据目标性原则,教学目标定位清晰,准确把握课标要求——建构无性生殖、营养生殖概念以及营养生殖的常用方法。紧扣五育目标,依据"五育融合"原则,本部分内容实现了学科认知育人、德性育人、审美育人、健康育人和劳动育人。依据启发创造性原则;在教学中通过新颖的情景激发学生学习兴趣,启发思考,并运用学生合作实践、图片展示等多种方式突破重难点。依据互动性原则,通过小组合作的方式,本部分有效实现生生合作、生生互动;通过动手实践展示环节,本部分有效实现生生互动、师生互动。依据实践性原则,本部分通过学生扦插和嫁接实践活动实现。依据科学性原则,教师在教学中有效落实实践的基本原则,如对照原则、单一变量原则等,教学中注重培养学生科学思维。

3.教学策略的应用

(1)概念教学的应用

①概念形成

植物除进行种子繁殖以外,还有其他繁殖方式吗？农业生产上还采用其他方式进行繁殖——马铃薯块茎发芽生根。通过马铃薯块茎发芽生根这个例子,就可以概括出无性生殖的概念。教师让学生回忆前面已学习的无性生殖方式(通过图片引导学生再次学习分裂生殖、出芽生殖和孢子生殖),并展示甘薯块根发芽、草莓走茎和多肉落地生根及其他的无性生殖方式的图片。因根、茎、叶属于营养器官,师生归纳营养生殖概念。

②概念巩固

通过实践活动"植物的营养繁殖",学生亲历扦插和嫁接活动,进一步理解无性生殖和营养生殖概念。

(2)其他提高课堂教学效果的措施

①安全提醒

在扦插和嫁接分组实践活动中,学生要用到相关的实践材料,如扦插树枝、枝剪、接穗、砧木、小刀、泥土、塑料绳等。因此,在实践活动前,老师先要对学生进行安全教育,提醒学生在分组活动中注意安全,还要提醒学生把实践活动过程中产生的垃圾放在课桌上固定的地方,否则也会影响活动安全。

②体验活动

通过分组扦插和嫁接实践,加深学生对无性生殖和营养生殖的概念认识,让学生感受植物新生命诞生的奇妙。联系实际使无性生殖和营养生殖概念及营养繁殖方法知识点易于被学生接受和理解,较好地落实了本部分的育人目标。

③引导学生

在教学中,教师也注意引导学生思考,即使在新知识的学习中,也不能把现成的内容直接呈现给学生,而要通过已有知识引出新知识。教师通过图片展示及扦插和嫁接活动,联系生活现象总结出新知识(如无性生殖、营养生殖的引出),通过体验活动归纳出新内容(扦插、嫁接),激发学生思考,使学生认识到新知识的获得要通过自己的努力。

④课堂安排

本部分把落脚点重点放在了建构无性生殖、营养生殖概念以及营养生殖的常用方法。

第五章

初中生物学学科全息育人教学评价

教学评价是教学过程中不可或缺的重要环节，是教师和观课者了解育人过程、调控教和学的重要手段。对课堂教学做出全面、有导向性的评价，是初中生物学学科全息育人落实的重要保证。初中生物学学科全息育人教学评价（后简称教学评价）聚焦生物学学科核心素养，从多维度全方向展开学科育人评价，依据全息育人课程理念，完善了教学评价目标、要素、功能，形成全息育人教学评价方法。本章将从课堂教学评价和学生课堂学习评价两方面，为观课者提供完善的全息育人教学评价理念、原则、方法及案例分析。

初中生物学学科全息育人教学评价，以评价五育融合落实为导向，凸显初中生物学学科育人价值，力求提高初中生物学教师的教学积极性和学生学习的主动性。教学评价依据国家教育方针政策和课标要求提出，立足生物学学科核心素养，聚焦五育融合，为了培养全面发展的人，满足国家对人才的需求。完善教学评价体系，促进观课者从认知育人、德性育人、健康育人、审美育人、劳动育人全方面评价教师课堂教学行为与学生学习行为，促进育人效果的提升。

初中生物学学科全息育人教学评价的提出，基于建构主义和多元智能理论及全息育人课程理念，倡导挖掘教材育人点，观察课堂是否通过五育自然融合帮助学生理解事物之间的内在联系，关注学生的主体地位，以学生课堂学习评价为核心，对学习的过程、学习的结果、学习的行为、学习的风格，进行全面评价，促进"教"为"学"服务的转变，观察教学过程中对学生完整表达能力的锻炼、逻辑思维能力的培养和训练等，关注学生语言智力、逻辑数学智力、音乐智力、空间智力、身体运动智力、人际关系智力、内省智力、自然智力等方面全面发展。

初中生物学学科全息育人教学评价，充分体现了课标要求，课堂教学以课程内容为基础，蕴含生物学教师对学生生命的启迪和道德的感召，蕴含生物的真善美对学生心灵的沁润和情感的激发，蕴含生物科研或医学对学生发展劳动实践能力的激发，完善了对审美育人、健康育人、劳动育人效果的评价。

第一节　初中生物学学科全息育人教学评价理念

在教学实践中,我们发现"以选拔学生为唯一目标、以知识传授为唯一中心、以考试成绩为唯一依据、以观课者为唯一主体"的评价理念根深蒂固,但是以选拔学生为目标会忽视评价促进师生成长的功能;以知识传授为中心会忽视课堂对学生的全面培养;以考试成绩为唯一依据会贬低生物学课堂的育人价值;以观课者为唯一主体会导致评价过于主观和机械。初中生物学学科全息育人教学评价理念,从课堂教学和学生课堂学习两方面提出,旨在促进观课者、教师及学生的教学评价观念的转变。

一、初中生物学学科全息育人课堂教学评价理念

教师是全息育人课堂教学的具体实施者,全息育人课堂教学评价旨在促进教师成长和教学思想转变,完善教学评价机制,促进观课者评课理念的转变,从而引导教师改变课堂教学理念,建立个人发展目标,不断探索和实践,最终使初中生物学教师的角色完成从知识的传话筒到育人的引路人的转变,真正落实全息育人。

(一)评价内容全息化

全息育人课堂教学评价以立德树人为最终目标,评价的内容不只是检查学科知识的传授情况,更关注德性育人、健康育人、审美育人、劳动育人的有效性;不只注重教师的个人素质,更鼓励教师在教学中体现全息育人理念,重视教学的育人效果,促进评价功能全息化。相比传统教学评价,全息育人课堂教学评价在评价内容上有以下转变。

1.对教学目标的评价

全息育人课堂教学目标评价由三维目标达成情况向全息育人的落实情况转变,以认知育人为基础,融合德性育人、健康育人、审美育人、劳动育人,达成五育融合的教学目标。当今社会知识爆发式增长,信息渠道多元,教师不可能在有限的时间内把所有知识传授给学生,教师也不再是学生获取知识的唯一来源。学生从教师讲授中获取的知识由于科技的发展也可能很快被淘汰。课堂教学评价的目标应着眼于学生终身发

展最需要的核心素养的培养,即德智体美劳全面发展,而且关注目标的落实途径和效果,如对德性育人的评价,要求教师在教学中呈现与知识内容相关的生物科学成就和发展,前沿的生物科学技术和生物学相关法律,要与认知育人自然融合,要言之有物,将德育落到实处。

2.对教学过程的评价

全息育人课堂教学评价重点关注教师如何引导学生的"学"上,如观察教师如何培养学生的核心素养和终身学习能力;观察教师如何引导学生和谐发展,健康发展,使学生学会自我调试、自我选择、自我激励;观察教师在教学过程中能否把握住各种时机对学生的行为和思想进行正确地引导;观察教师如何对学生进行科学的思维、方法的训练,如何激发学生主动积极参与,如何突出学生主体地位等。

3.对师生关系的评价

提倡民主、和谐、平等、融洽的师生关系;促成良好的课堂氛围和师生关系是课堂教学评价的重要功能。教师课堂教学评价以学生全面发展为本,而不是以知识学习为本,如要求教师在教学中创造互动、开放的、平等的课堂氛围,观察学生是否享受学习的机会和过程等。

4.对教师角色定位的评价

倡导教师由知识的传授者、教材的执行者、课堂的掌控者,向学生发展的引导者、教学内容的开发者、学生学习的点拨者转变。全息育人课堂教学评价认为教师应成为课程的建设者和开发者,借鉴每个单元和章节的育人点,根据具体的学情、教情,进行本土化、校本化的改造,从学生的实际出发,增加自己对教材的感悟,充分联系生活实际,并能灵活运用课堂上随机发生的事件形成育人的契机,如观察教师教学能不能体现知识探究的过程,引导学生推理与发现知识结论的效果如何,能否创造性地使用教材、利用教学资源、设计学生活动,是否注重对学生成长的培养等。

(二)评价指标全息化

全息育人课堂教学评价在具体实施中,借助教学评价表开展课堂观察,倡导评价指标全息化,避免教学评价指标片面,过分重视知识的传授和落实情况,导致评价导向错误,避免"唯分数论"。

课堂教学评价由关注学业成就逐步向全息育人成就转变,在关注知识传授情况的同时,评价指标更加全面。在课堂教学评价表中,我们从教学目标、教学内容、教学过程、教学效果、教师素养五个维度,归纳了育人课堂的主要观察点,多角度观察教师如何培养学生创新精神和将知识运用于现实情境中提高分析与解决问题的能力,以及教师如何培养学生正确的人生观、价值观等,由观察教师教了什么知识,向观察教师是否对学生进行德智体美劳全方位的培养转变。

(三)评价主体全息化

全息育人课堂教学评价强调全员参与、自评与他评相结合,将被评价者从被动接受评价逐步转向主动参与评价。在听课评课过程中,我们借助全息育人教师课堂教学评价表积极开展自评、互评。首先由授课教师依据评价表进行说课、反思和自评;再由观课者进行评价,评价表的内容设计以肯定为主,注重评价的全面性,也有"对一个关键事件进行深入分析"的重点评价,观课者点面结合进行评价,更有助于授课教师的提高;最后由授课教师对评价结果做出合理的解释,提高评价反馈的时效性。不以管理者、观课者为单一评价主体,真正使听课评课成为促进教师开展学科育人的高效途径,使课堂教学评价表可以在教师、学校管理者、学生及家长等观课者共同参与的交互过程中使用。

二、初中生物学学科全息育人学生学习评价理念

初中生物学学科全息育人要求教师要充分解放学生的个性,体现学生在学习中的主体地位,以学生为本,最终目的是观察学生认知、德性、健康、审美、劳动的发展情况如何,学科核心素养提升情况如何。全息育人学生课堂学习评价同样关注教学是否根据学生的实际需要和具体学情展开,如学生兴趣如何,教学情境是否合适,教学氛围是否和谐,教学方法和教学策略是否适合。

(一)全目标评价

全息育人学生课堂学习评价淡化选拔和甄别目标,着眼于学生的终身发展,不是"选拔适合学习生物学的儿童",而是促成学生生物科学素养的提升。评价关注德性育人、健康育人、审美育人、劳动育人的有效性,关注学生各方面的成长过程与进步的状况,并通过分析指导,提出改进计划来促进学生的发展,如在学生课堂学习评价表对审美育人学习成果评价中,注重观察学生如何从与本节知识内容相关的生物形态、结构、功能和行为、协调性等方面欣赏美,通过具体的教学内容进行分析、评价,切实落实五育融合的有效性。学生课堂学习评价的根本目的是促进教学达到全息育人目标,观察

生物学习对学生的价值，分析学生存在的优势和不足，并在此基础上提出具体的改进建议。

学生课堂学习评价重视学生的学习态度和个性品质表现，如学习中自主学习的意识和习惯如何，参与互动的积极性如何等。知识是智力的基础，但知识价值的认识和获得知识的态度同样需要关注。通过学科全息育人教学，学生认同知识的价值，从而自觉地、主动地去学习掌握知识，在德智体美劳各方面得到提升。

（二）全主体评价

全息育人学生课堂学习评价关注个体差异，关注全体学生在认知、德性、审美、健康、劳动等方面的基础差异和成长提升。每个学生都具有不同于他人的素质和生活环境，都有自己的爱好、长处和不足。学生的差异不仅指考试成绩的差异，还包括德性、审美、健康、劳动等各方面的不同特点和不同发展的程度，有的学生成绩不好但品德高尚；有的学生身体健康但不认同劳动的价值，这使得每一个学生发展的速度和轨迹不同，人生的目标也具有一定的个体性。初中生物学学科全息育人学生课堂学习评价依据学生的不同背景和特点，可将学生自评、学生互评、教师评价、观课者评价相结合，及时将评价反馈给教师和学生，判断每个学生的不同特点及其发展潜力，为每一个学生提出合适的具体的有针对性的建议。

（三）全过程评价

学生课堂学习评价强调收集并保存表明学生发展状况的关键资料，教师对这些资料的呈现和分析能够形成对学生发展变化的认识，并在此基础上针对学生的优势和不足给予学生激励或具体的、有针对性的改进建议，如在学生课堂学习评价表中，关注学生在自主学习、合作学习、探究学习过程中的意识、习惯、表现，关注学生在学习过程中的收获，以及获得这些收获的方式，并给予及时的反馈和指导。学生的学习行为需在教师的正确引导下进行，全息育人学生学习评价强调学生学习由"自由"向"自主"发展，关注学生求知的过程、探究的过程和努力的过程，通过反馈呈现学生在各个时期的发展状况。

学生课堂学习评价更关注学生的思维而不是答案。教材中有很多活动只出题目不做答案，或者只提出一些原则性的要求，具体学习内容和活动过程由教师和学生在教学中生成，目的就是为教师创造性的教和学生创造性的学提供一个独立思考、自主创新的空间，学生是否充分体验和享受这种学习，也是评价的要素之一。

只有关注过程,评价才可能深入学生发展的进程,及时了解学生在发展中遇到的问题、所做出的努力以及获得的进步,这样教师才有可能对学生的持续发展和提高进行有效的指导,评价促进发展的功能才能真正发挥作用。与此同时,只有关注过程,评价才能有效地帮助学生形成积极的学习态度、科学探究精神,才能注重学生在学习过程中的核心素养的提升,注重学生德智体美劳全面发展。

第二节　初中生物学学科全息育人教学评价原则

初中生物学学科全息育人教学评价指标的构建,遵循科学性原则、导向性原则、可测性原则等。在构建评价指标的过程中,评价维度的选择、评价指标的设计能够将教学行为真实客观地呈现出来,从而使观课者能够根据观察结果做出正确的分析,具有明确的导向性。被评价者不断改进自身的教学行为,提高自身的专业技能,使得教学行为逐步靠近或达到一定的评价标准,从而逐步提高生物学学科教学质量。全息育人教学评价指标体系结合了生物学学科的特征,每一个评价指标都是可以观察到的,层次分明,表达清晰详细,使观察者能够利用指标体系观察到生物学教师教学行为特点,具有可测性。

在此基础上,全息育人教学评价结合发展性原则、可操作性原则、双向性原则和五育融合原则,使评价体系更加准确、全面、有效。

一、发展性原则

全息育人教学评价指标体系构建遵循发展性原则,通过对认知育人、德性育人、审美育人、健康育人、劳动育人的评价建议,可以有效地评价和改进课堂教师教学行为,提高教师的教学水平和专业技能。如在教师课堂教学评价表中,健康育人教学效果的观察为"介绍相关健康的标准,体现健康生活的意识,传授健康生活技能,与认知育人自然融合",既是评价也是建议,有利于教师教学效率的提升和专业化发展。同时,对学生课堂学习的评价具有引导和促进学生发展的功能。学生是发展的人,学生课堂学习评价指标体系为学生的发展服务,具有评价指标多元化、关注学生个性化发展、强调学生的参与性等特点,可以有效地评价和改进学生的学习行为,帮助学生树立成功的信心。

二、可操作性原则

全息育人教学评价是在多所有代表性的学校多年实践的基础上提出的,简便易行,具有可操作性。近几年来,编者又通过查阅大量文献,与大学合作,吸取有关专家对于此评价指标提出的建议,不断修改完善,能够较全面、真实地反映出全息育人课堂教学的优缺点。

三、双向性原则

全息育人教学评价针对教师课堂教学和学生课堂学习两方面的活动进行评价,而这两方面的评价可以相互促进,教师可根据学生学习评价,调整教学方式,设计教学情境,开展教学活动;学生也可以通过教师教学评价,明确学习目的,反思个人学习方式,达到教学相长的目的。如在学生学习评价中,观察学生的生物学认知、德性、审美、健康、劳动方面素养是否得到提高;相应地,在教师课堂教学评价中,观察教师在课堂教学中是否开展认知、德性、审美、健康、劳动育人培养,保持教与学评价的统一,既注重教与学的效果,也注重评价教与学的过程。

四、五育融合原则

五育融合原则是在五育并举的前提下提出的,通过对五育融合的评价应对认知育人、德性育人、审美育人、健康育人、劳动育人之间相互割裂、对立甚至矛盾的问题。全息育人教学评价重视教材知识中育人点的发掘,结合知识内容开展其他育人活动,强调言之有物,情景交融,顺其自然,观察教师如何将认知育人与其他四育自然融合,学生又是通过什么方式达成德性、审美、健康、劳动方面的发展。如对劳动育人教学成果评价,教师教学评价表评价教师如何培养劳动意识,开展劳动实践,体现劳动的价值,与认知育人自然融合开展实践教学;学生学习评价表评价学生劳动意识和劳动实践能力如何,通过什么方式认同劳动的价值、开展劳动实践。

脱离了认知育人,空谈德性育人、健康育人、审美育人、劳动育人的课堂教学是作秀,无法在日常教学中落实推进。德性育人、健康育人、审美育人、实践育人之间也可以相互融合促进,如在"肾脏观察"实验中开展以劳育德——体会医生和科学家的伟大,以劳启智——通过观察达成认知育人,以劳立美——体会肾脏结构的复杂与精细之美,以劳健体——学会科学养肾等,充分发挥劳动育人的功能。

全息育人教学评价除单独评价认知育人、德性育人、健康育人、审美育人、劳动育人成效之外,还以"五育融合"程度为评价指标,观察融合方式、融合是否自然等,如教师课堂教学评价表中对教学目标的评价,要求符合课标要求,五育融合一体。

第三节 初中生物学学科全息育人教学评价的内容和方法

本节从教师课堂教学评价、学生课堂学习评价和育人目标达成评价三个方面,提出教学评价建议;介绍了课堂教学评价和终结性评价的实践经验和评价方法,为观课者开展学科全息育人教学评价提供参考。

全息育人课堂教学评价过程包括说课、观课、议课、评课四个步骤:

说课,课前由授课教师说课。观课者通过教师说课,明确本节课目标预设、育人设计、育人活动开展方法等。观课者分为教师课堂教学观察组、学生课堂学习观察组、育人目标观察组。

观课,授课教师上课,观课者分别借助相应评价表,分坐在教室不同位置或通过摄像机画面,进行课堂记录、观察、评价。

议课,课后授课教师先对本节课进行自评,之后观课者分组讨论,小组成员依次发言,专人记录、整理。

评课,每组发言人从教师课堂教学、学生课堂学习、育人目标达成三方面对本节课进行评价,并提出切实可行的修改建议。

通过以上四个步骤,课堂教学评价以具体的课程为载体,提升了授课教师的育人水平,促进了学生的全面发展,更促进了所有观课教师育人意识的提升。通过评价他人来促进自身发展,从而达到了评价的发展功能。

但需要注意的是,观课者或教师应针对不同的教学内容、不同的教学风格,有选择、有针对性地观察本节课德性育人、审美育人、健康育人、劳动育人中最突出一项或几项育人目标的达成情况,观察该育人目标的达成途径,及与认知育人的融合方式等,单课时并不要求五育俱备,而更重视育人过程是否恰当有效。

一、教学评价的内容

(一)教师课堂教学评价

全息育人课堂教学评价从教学目标、教学内容、教学过程和教师素养评价四个方面展开观察,旨在改变教师教学理念、思维定式,将学科核心素养落实与课本知识落实相结合,减轻教师工作负担,提高初中生物学课堂育人效果。

丰富的课堂教学评价方式,可以让真正履行育人职责的教师得到认可和鼓励,促进教师专业发展。初中生物学学科全息育人为一线教师将常态教学转化成育人为主的生物学课堂教学奠定了一定的基础,同时为教师在新课程改革中改变与调节自身的教学行为提供理论与实践的依据,提高教师的专业知识水平与专业技能,丰富教师的教育观念。

教师课堂教学评价,包括课堂教学设计和课堂教学行为评价。课堂教学设计主要通过育人目标的达成、育人内容的设计、育人活动的设计、育人方式的设计和现代教学技术的应用五个方面展开观察;课堂教学实施主要通过导课、课堂引导、课堂教学、课堂即时评价、教学语言、教态、板书等方面展开观察。

1.教学目标评价

教师课堂教学评价建议教学目标定位全面,充分合理挖掘德、智、体、美、劳育人要点并落实到课堂教学中,育人目标定位于核心素养的落实和五育融合目标达成;育人内容关注核心概念和核心能力培养;育人活动关注探究和实践;注重现代教学技术与五育目标融合的创造性运用。

观课者重点观察预设目标的达成情况,是否从"育分"转变为育人;是否凸显立德树人思想,聚焦生物学学科核心素养;是否立足学科本质,蕴含德、智、体、美、劳育人要点;重、难点的确定与处理是否得当;是否符合课标要求和教材、学生实际等。

2.教学内容评价

在育人内容的评价方面,建议观课者重点观察教师能否正确把握核心概念及相关知识内容的内在逻辑联系,教学内容的结构,学科本质和核心科学思想与方法;对知识点与育人点的融合是否恰切,是否切合学生经验;对学科知识点的把握是否准确、具体,体现知识的形成过程,结论由学生自悟与发现,课堂教学自然生成。

建议教师尊重教材,合理开发、利用教学资源,育人点与材料视点相关度高,创造性地使用教材,教学策略适切。初中生物学中的核心概念具有丰富的育人价值,如一级主题生物与环境、生物圈中的绿色植物、生物圈中的人、健康的生活等。

建议教师将现代化教学技术与育人点融合,创造性地运用,既要有形,更要有实。通过现代教学技术的应用,可以更好地开展德性育人、审美育人、健康育人和劳动育人;促成更高效的学生小组分工合作,展示交流、自评互评、课前课后反馈等;也能够打破课堂时间、空间的限制,丰富课堂内容。

3.教学过程评价

教学过程要紧扣知识点,有效渗透育人思想,逐层逼近育人目标,坚持以学生为主,体现教师是组织者、指导者、合作者的思想;育人点渗透与知识、材料视点相关度高,全息育人表现形式丰富,自然结合知识点。初中生物学学科全息育人对课堂教学过程的观察,按照教学实施的一般程序分为导课情境、课堂教学、课堂引导、课堂提问、养成教育、关注学生与即时评价七个基本环节。

评价教师导课:创设情境贴近学生生活,贴近当地自然生物资源,真实性强,能够真正激发学生兴趣,或是紧密联系国家、时代、科技发展的重大事件,彰显生物学知识的魅力。

评价教学内容:将教学内容情境化,如绿色植物与生活的直接关系和间接关系,可以先引导学生列举身边的事物,哪些是直接由植物构成的,哪些是由植物转化而成的,或播放澳大利亚山火中逃难的动物,分析为什么动物要居住在森林里,考拉为什么要住在树上,推理绿色植物作为生产者的重要价值。

评价教学过程:将教学过程问题化,有效调动学生已有认知,课堂引导、组织及时、有效,坚持以学生为主,体现教师是组织者、指导者、合作者的思想,聚焦育人;问题类型多样,体现追问、反问、质疑、激励等互动评价氛围;注重培养学生完整表达的能力,学生出现错误要及时通过师生互动或生生互动进行指正,学生提出必要的质疑教师应给予回应。观课者还应观察记录教师提问的方式和问题的覆盖面,提问方式如直接点名、自由回答、举手者答、未举手者答、齐声回答等,在不同教学环节中的使用是否恰当;问题的覆盖面如教师是否只点名前排同学或表现积极的同学等,是否存在"提问视野盲区"等。

评价教师素质:观察教师教学是否讲授生动、育人自然,注重养成教育;充分关注学生学习动机、习惯、信心等非智力因素；关注学生学习状态和听课感受；从学生学习视角出发；能根据课堂生成调整预案，评价及时、有效，具有明显的以"五育"为抓手促进学生终身发展的理念意识。

评价课堂评价：观察教师评价学生是否及时、有效，激励氛围是否浓厚，作业设计是否彰显五育要点，是否聚焦育人点，体现追问、反问、质疑、激励等互动评价氛围。观课者可观察教学过程问题化程度，以及问题之间的层次性和逻辑性，能否有效调动学生已有认知等。在育人活动的评价方面建议教师转变教学方式，引导学生趋向深度学习，让学生在真实的情境中探究真实的问题，完成真实的任务，强化学生对探究过程的真实体验。

在育人方式的评价方面，全息育人课堂教学评价建议教学过程中教学方式多样化，知识点揭示准确，关注育人目标，内容与评价检测一致。生物课堂教学过程改革不能只是走形式，让学生看看泡在瓶子里的标本，而是要有目标、有方法地带领学生欣赏活生生的自然，认识世界，认识自己，领略思想的魅力，赞美科学的奇迹。教学过程不是平面地、按部就班地填满所有的育人点，而是将多种育人要素立体地全息地整合在教学活动过程中。

4.教师素养评价

在教师素养方面，全息育人课堂教学评价建议，观课者在课堂观察的过程中，关注教师教学过程中所呈现出来的教学态度、努力程度以及解决课堂生成问题的能力等方面进行评价。每一位教师的课堂都有其独特的风格和魅力，但都是可以继续发展和提高的，教师素养评价应以鼓励认可为主，以帮助授课者进一步改善教学为目的。观课者通过观察教师生物学素养水平，课堂组织与管理能力，教学语言是否标准，普通话水平如何，教态是否自然，板书是否美观大方、总结性是否强等，为授课教师提出具体的改进方案。

(二)学生课堂学习评价

初中生物学学科全息育人教学评价以生物学课程目标和课程内容为依据，体现新课程改革的基本理念，全面评价学生发展情况。学生课堂学习评价是对学生课堂学习行为和能力达成情况的评价，观察学生课堂学习中自主学习、合作互动、展示交流、探究实践四个环节中呈现出的学习文化、学习能力、学习态度等。

全息育人学生课堂学习评价提倡"评价目标全息化""评价指标全息化""评价过程全息化"，不仅要关注学生获取了多少知识，更要关注学生在学习过程中的发展和变化,德智同长,健勤并倡,尽善尽美,学生学习的有效性和全面性尤为重要,采用多元化的评价方式,多主体参与评价,恰当呈现并合理利用评价结果,从而发挥评价的激励作用。通过评价得到的信息,了解学生生物学课程学习中五育目标达到的水平和存在的问题,帮助师生进行总结与反思。

1. 自主学习评价

在自主学习方面,学生课堂评价建议观课者重点观察学生是否具备以下特征:

具备目标意识,知晓学习目标和结果,自主学习中熟悉导学案、课本要求,明确本节知识要点、模块安排、活动任务等,配合教师引导,具备一定的搜索信息能力、快速阅读能力、多媒体创作能力、创新能力、反思能力,按照时间规定完成自主学习任务,掌握一定的自主学习策略,主动学习的意识强,习惯好。在任务式学习中,积极尝试运用知识解决问题,具备创新能力。学生心情愉悦、参与度高,课堂形态丰富,学生自主学习、自我展示能力强,求知欲强、专注度高、思维活跃,积极主动参与到学习的全过程,师生互动、生生互动,课堂体现竞争合作的意识。学生能围绕学习内容积极开展自主学习,感受学习的快乐,人文素质、探究精神、审美意识、创新思想、德性认知得到提升和培养。

2. 合作互动评价

在合作互动方面,学生课堂评价建议观课者重点观察学生学习是否具备以下特征:

小组分工明确,每组人数六人以下,设置组长等学习负责人,管理纪律、时间、任务分工,人人有事做,参与率高;小组讨论时紧密围绕主题,深入讨论问题。

学生积极思考提问,教师及时引导,师生互评、生生互评,小组内与小组间有竞争有互助,共同完成学习任务。学习活动开展有趣、有序,强化分层训练,对学习的即时检验和练习到位,关注学生学习动机、习惯、信心等非智力因素。

3. 展示交流评价

在展示交流方面,学生课堂评价建议观课者重点观察学生学习是否具备以下特征:

学生自我展示能力强,与教师、同学间交流不怯场,发言注重逻辑性、科学性、趣味性、简洁性;不怕出错,阳光乐观,以健康的态度面对困难。

听课同学认真倾听同学的观点和意见,认真记录,发现错误和不足进行补充纠正,不在同学发言时讨论或干扰,不起哄不嘲笑,以发展的眼光看待自己和同学,价值观正确,课堂氛围良好,师生交流走心。学生通过开展自我评价深入思考,生生交流充分、融洽、有序,能够大胆质疑已有结论,并提出自己的见解等。

4.探究实践评价

生物科学探究实践既是科学研究工作的基本方式,也是初中生物学课程中极为重要的学习内容和学习方式。学生学习评价建议对学生科学探究实践过程进行评价,目前初中生物学实验教学评价主要体现在简单的方法训练,如观察、分类、使用实验器材等方面,对实验探究的过程和方法重视不够。

在探究实践方面,学生课堂评价建议观课者重点观察学生学习是否具备以下特征:

探究实践问题具有开放性,可博古通今,可畅想未来,强化学习时空的拓展,联系生活、科技前沿,有效打通学习与生产生活、与时代的联系,贴近实际;学生清楚为什么这样操作,为什么使用这件工具,如何改进操作,如何发现并提出问题、形成假说、设计实验操作;形成观察、归纳、收集、分析数据、表达和交流的能力等。培养学生的探究能力也是义务教育阶段生物学课程的主要目标。

探究实践方法多样,运用灵活,如角色扮演、竞赛式、场景模拟、辩论赛等,甚至成立小公司、兴趣研究小组等。学生将其成果和探究实践过程在课堂上进行交流,感受探究实践的快乐;人文素质、探究精神、审美意识、创新思想、德性认知得到提升和培养。学生积极参与、实验记录结果属实、体现合作精神、虚心听取他人意见、诚恳友善帮助他人、客观回顾实验过程、总结反思实验得失等。教师既要看到学生手中的操作是否科学,也要注意学生在参与实验过程中体现出的思想、态度是否科学,发现闪光点要及时表扬,发现问题要及时给予纠正,培养学生良好的学科素养。

(三)育人目标达成评价

达成育人目标,是初中生物学学科全息育人教学的根本任务,而如何客观评价德性育人、审美育人、健康育人、劳动育人的教学效果一直是困扰观课者的一大难题。以往评价研究不深、导向不明,导致五育并举难以进入课堂,或生搬硬套,与课堂教学内容脱节;或流于形式,无法走进学生内心。全息育人教学评价引导教师和观课者以认知育人为基础,关注课程中育人点的挖掘和运用,以评价育人路径、策略为主,注重过程性评价,关注课堂育人的落实而非形式。

1.认知育人评价

在认知育人方面,育人目标达成评价建议观课者关注学生能否准确掌握概念,能

否建立概念间联系,学生是通过什么方式达成对相应生命观念的理解,并重点观察教学是否具备以下特征:

注重培养学生信息处理、模型建构、实验操作和科学探究能力,引导学生通过概念图建立概念间联系,通过模型建构方式达成对生命结构和生理过程的全面理解。学生能多渠道收集生物学相关信息并能鉴别信息的科学性,通过对图文资料的阅读获得有价值信息;学生掌握基本实验技能,会处理实验材料,使用实验仪器进行实验观察;学生知道科学探究的一般过程和方法,能设计并完成探究性实验并能以多种方式表述实验结果,具备合作交流和表达的能力。

体现相应生命观念,注重科学思维的培养,如能体现生物结构和功能的统一性,物质和能量的统一性,生态系统的平衡等生命观念;能体现细胞、个体、生态系统是有机整体的观点;体现生物学相关证据的客观性;能够根据客观现象进行简单的逻辑推理;能够通过实验培养学生的理性思维、创新意识,让学生敢于通过探究实验进行创新活动,通过合作和交流获取创新的灵感。

2. 德性育人评价

在德性育人方面,育人目标达成评价建议观课者关注学生如何了解国际和我国生物科学的成就和发展,前沿的生物科学技术,生物学相关法律;通过什么方式认同社会主义核心价值观,并重点观察教学是否具备以下特征:

培养学生热爱祖国的情怀,拓宽学生的国际视野,激发对我国自然生态生物资源的热爱,激发对我国生物科学上成就的赞叹,激发民族自信心、增强爱国热情;了解国际生物科学的成就和发展,了解前沿的生物科学技术,对生物科学的未来充满希望和信心。

增强学生法治意识、生态文明意识和社会责任感,了解生物学相关法律法规,增强守法意识,养成守法行为,在课堂学习活动和社会实践活动中承担生活职责、学习职责,形成沿袭和发展社会文明及关心国家政治生活的意识。

注重学生道德修养和个性品质的引导,培养学生的科学品质和科学精神,培育勤奋节约、自强不息、宽厚兼容的道德修养,培育独立思考、独立实践、诚实守信、自我管控的独立人格和科学态度。

3. 审美育人评价

在审美育人方面,育人目标达成评价建议观课者关注学生通过什么方式从生物的形态、结构、功能和行为、协调性等方面欣赏美,并重点观察教学是否具备以下特征:

培养学生从不同的审美视角,感悟生物形态行为、结构功能、协调平衡之美,欣赏自然生态的多样之美和独特之美,欣赏生命过程严谨有序之美和生命结构精巧简约之美,欣赏生物自身、生物之间和生物与环境之间的协调之美。

注重学生在科学探究活动中获得思维之美和活动之美的体验,感受生物科学的逻辑思维和创新思维的美,体验科学探究活动中发现问题的美,体验探究过程美和结果交流过程产生的思想碰撞之美,学生在科技活动和社会实践活动中体验劳动创造的美。

培养学生对生命文化的审美,提升生命内涵,体现对生命的尊重和珍爱,欣赏生命文化、艺术作品美,欣赏生命的发生、发展过程中体现的生命力之美,欣赏生物的生长、繁殖以及在生态系统中的生命价值之美。

4.健康育人评价

在健康育人方面,育人目标达成评价建议观课者关注学生如何了解健康的标准,提高了哪方面健康生活的意识,掌握健康生活技能的程度如何,并重点观察教学是否具备以下特征:

注重健康意识的培养,关注疾病、环境对身体、心理和社会适应力的影响,知晓身体健康的标准,关注心理健康,学会适应社会;关注疾病对健康的影响,关注环境对健康的影响。

注重健康习惯的养成,培养一定的健康技能,培养合理膳食、适度劳动的健康日常生活习惯,培养健康的卫生护理习惯;在学习和生活中注重心理平衡,具备健康咨询知识,具备传染病或其他疾病预防知识,具备一定的救护技能。

5.劳动育人评价

在劳动育人方面,育人目标达成评价建议观课者关注学生劳动意识和劳动实践能力如何,通过什么方式认同劳动的价值、开展劳动实践,并重点观察教学是否具备以下特征:

注重劳动意识的培养,理解劳动的价值,珍惜劳动成果,培养学生认同劳动,热爱劳动的品质。

注重生物学相关劳动技能的培养,理解技术与科学、社会的关系,认识到劳动与自身成长和社会发展的关系。

注重劳动实践培养,增强学生在劳动过程中的体验感和劳动成果的获得感,学生了解劳动技术要求,能够应用劳动技术,体验劳动过程和成果。

二、教学评价的方法

随着课程改革的进行,教师的教学观和学生的学习观不断更新,课堂教学评价方法也在不断改进,目前常见的评价方法有使用评价表听课评价、问卷调查评价、终结性评价(如纸笔测验)等。鉴于问卷调查评价存在可信度低、无法量化等问题,初中生物学学科全息育人教学评价采用评价表听课评价,采用纸笔测验形式开展终结性评价。

通过多年的各类教研活动实践,我们总结了优秀教师的课堂育人行为、学生的有效学习行为和全息育人目标落实的课堂特征,构成了课堂教学观察点,提出了初中生物学学科全息育人课堂教学评价表、学生学习评价表、育人目标评价表,既可作为观课者开展全息育人教学评价的参考依据,又可帮助授课教师了解评价标准,通过对比、学习、反思,提升课堂价值和育人能力。

(一)课堂教学评价方法

全息育人教学评价的方法基于教学评价理念,遵循教学评价原则,采用课堂教学评价表、学生课堂学习评价表、育人目标评价表等,开展听课评课,并在初中生物学课程教学实践中长期应用,在近两年的区域教研活动、听课、评课中不断改进打磨,力求真实反映初中生物学课堂教学育人效果。

观课者在听课评课过程中,需要先明确观察对象,确定观察方法,即做好课前准备;在课上观察,要有相应的分工和程序;在课后交流时,提倡科学民主,以促进教师和学生成长为目标。

1.课前准备与评价工具

教学过程性评价主要运用评价表评价法对课堂育人行为和效果进行评价,是在全息育人视域下,评价师生在认知育人、德性育人、健康育人、审美育人、劳动育人等方面所做出的努力,促进教师树立促进学生主动发展、全面发展和终身发展的育人观念。

教学过程评价的观察对象为教师课堂教学行为,学生课堂学习行为和育人目标达成情况。观课者在听课前,应熟悉本节课的内容、育人目标;对授课教师和上课学生的学情有一定的了解;确定观察工具,如相应的课堂评价表;确定分工,如教师教学观察组、学生学习观察组、育人目标观察组等。

全息育人教学过程评价开展课堂观察前,首先请授课教师在课前用五到十分钟进行说课,如教学目标和教学实施的预设,便于观课者全面客观地开展观课评价。

课堂教学评价表主要提供相对客观的工具,帮助教师全面了解生物学课程教学的过程和结果,激励、改进教师教学,教师通过评价得到反馈,了解课程教学达到的水平和存在的问题,进行总结与反思。

初中生物学学科全息育人课堂教学评价表(见表5-1)促进立德树人、核心素养落实,从教学目标、教学内容、教学过程和教师素养四个维度展开观察,提炼出多个课堂要点进行评价,在评价表的最后设计"对课堂'关键事件'进行深入分析,提出优点、不足及改进意见"板块,点面结合,便于观课者和授课教师回顾和反馈课堂教学情况,评价指标涵盖认知育人、德性育人、审美育人、健康育人、劳动育人等全息育人目标,从五育融合的角度,全方位地评价教学目标的达成效果。

表5-1 初中生物学学科全息育人课堂教学评价表

课题:＿＿＿＿＿＿＿＿＿＿ 执教者:＿＿＿＿＿＿＿＿＿＿ 观察者:＿＿＿＿＿＿＿＿＿＿
学校:＿＿＿＿＿＿＿＿＿＿ 年级:＿＿＿＿＿＿＿＿＿＿ 时间:＿＿＿＿＿＿＿＿＿＿

评价维度	观察要点	课堂评价
教学目标	1.定位全面,充分合理挖掘德、智、体、美、劳育人要因并落实到课堂教学中	
	2.重、难点的确定与处理得当,符合新课标和教材要求	
	3.符合学生的认知基础,恰当可行	
教学内容	1.正确把握核心概念及相关知识内容的内在逻辑联系	
	2.尊重教材,合理开发、利用教学资源,育人点与材料视点相关度高	
	3.育人活动丰富,体现知识的形成过程,有利于提高学生的生物学学科核心素养	
	4.育人方式多样,既关注双基落实,又关注思维培养,更关注品性养成	
	5.利用现代信息技术整合教学资源,课件美观,交互性强	
教学过程	1.导课情境贴近生活,真实度高、趣味性强	
	2.结合知识视点,教学内容情景化,教学过程问题化,有效调动学生已有认知	
	3.课堂引导、组织及时、有效,坚持以学生为主,体现教师是组织者、指导者、合作者的思想	
	4.聚焦育人,问题类型多样,体现追问、反问、质疑、激励等互动评价氛围,注重培养学生完整表达的能力	
	5.讲授生动、育人自然,注重养成教育,充分关注学生学习动机、习惯、信心等非智力因素	
	6.关注学生的学习状态和听课感受,从学生学习视角出发,能根据课堂生成调整预案	
	7.评价及时、有效,具有明显的以"五育"为抓手促进学生终身发展的理念	

续表

评价维度	观察要点	课堂评价
教师素养	1. 教师的生物学素养	
	2. 课堂组织与管控能力	
	3. 教学语言、教态、板书	
对一个"关键事件"进行深入分析,提出优点、不足及改进建议:		

全息育人学生课堂学习评价是对学生课堂学习行为和能力达成情况的评价,以学生怎么学为观察视角,观察学生课堂学习能力、习惯和学习的成效,小组合作学习的参与情况,展示交流是否充分和有效性以及探究体验的成效;关注学情呈现出的学习文化、学习能力、学习态度等;促进学生感受学习的快乐以及人文素质、探究精神、审美意识、创新思想、德性认知的提升。

学生课堂学习评价主要采用课堂学习评价表开展听课评价,从自主学习、合作互动、展示交流、探究实践四个维度进行观察评价,静态评价与动态评价相结合、自评与他评相结合。此外,学生课堂学习评价倡导教师采用多样化的学习评价,促进学生全面发展,如用档案夹的形式记录学生全方面的发展情况;学生课堂学习评价建议在智能化教学环境中,通过全过程学习数据的分析,构建动态学习诊断和评价体系。课前阶段,基于学生学前数据和预习测评反馈,实现准确的学情分析;课中阶段,通过课堂的实时评测和互动交流,准确了解学生课堂实时学习的状态,实施精准课堂学习评价;课后阶段,通过学生成长档案、个性特征记录等,开展全息育人评价。

在使用时初中生物学学科全息育人学生课堂学习评价表(见表5-2),可结合导学案,让学生明确目标要求,开展自评、互评和教师课堂即时评价,促进学生自主学习、合作学习、探究学习,培养学生良好的学习习惯、主体意识、自我规划。该评价表也可用于观课者观察、评价学生学习行为、学习习惯、五育目标达成情况,能够较真实全面地反映学生学习能力、课堂氛围、师生关系、生生关系,以及班级、学校的课堂文化建设情况等。

表5-2 初中生物学学科全息育人学生课堂学习评价表

课题:＿＿＿＿＿＿＿＿＿＿ 执教者:＿＿＿＿＿＿＿＿＿＿ 观察者:＿＿＿＿＿＿＿＿＿＿
学校:＿＿＿＿＿＿＿＿＿＿ 年级:＿＿＿＿＿＿＿＿＿＿ 时间:＿＿＿＿＿＿＿＿＿＿

评价维度	观察要点	课堂评价
自主学习	1. 知晓学习目标和结果,自主学习策略、意识、习惯好	
	2. 求知欲强、专注度高、思维活跃,积极主动参与自主学习的全过程	
	3. 任务式学习,知识运用能力和创新能力强	

续表

评价维度	观察要点	课堂评价
合作互动	1.小组分工明确,参与率高	
	2.讨论问题紧密围绕主题,深入性强	
	3.师生互评、生生互评,课堂体现竞争合作意识	
展示交流	1.自我展示能力强,师生交流、生生交流充分、融洽、有序	
	2.能大胆质疑已有结论,并提出自己的见解,课堂氛围良好	
	3.不怕出错,阳光乐观,以健康的态度面对困难,具备正确的价值观	
探究实践	1.探究实践问题具有开放性,强化学习时空的拓展,有效打通学习与生活、与时代的联系	
	2.感受到探究实践的快乐,人文素质、探究精神、审美意识、创新思想、德性认知得到提升和培养	
	3.探究实践过程中学生积极性高,探究后产生了新的问题	
对一个"关键事件"进行深入分析,提出优点、不足及改进建议:		

初中生物学学科全息育人目标评价表(见表5-3)根据初中生物学学科全息育人框架,从认知育人、德性育人、审美育人、健康育人、劳动育人五方面,结合教学观察、评价的实践经验,整理出育人课堂的重要特征,为观课者和授课者提供可参考的评价建议,并指导教师有针对性地进行育人设计和育人教学实施。

表5-3 初中生物学学科全息育人目标评价表

课题:＿＿＿＿＿＿＿ 执教者:＿＿＿＿＿＿＿ 观察者:＿＿＿＿＿＿＿
学校:＿＿＿＿＿＿＿ 年级:＿＿＿＿＿＿＿ 时间:＿＿＿＿＿＿＿

评价维度	一级指标	观察要点	课堂评价
育人目标达成	认知育人	1.知识结构合理,重、难点的确定与处理符合新课标要求和学生实际 2.注重培养学生信息处理、模型建构、实验操作和科学探究能力 3.体现相应生命观念,注重科学思维的培养	
	德性育人	1.培养学生热爱祖国的情怀,拓宽学生的国际视野 2.增强学生的法治意识、生态文明意识和社会责任感 3.注重学生道德修养和个性品质的引导,培养学生的科学品质和科学精神	
	审美育人	1.培养学生从不同的审美视角,感悟生物形态行为、结构功能、协调平衡之美 2.注重学生在科学探究活动中获得思维之美和活动之美的体验 3.培养学生对生命文化的审美,提升生命内涵,体现对生命的尊重和珍爱	
	健康育人	1.注重健康意识的培养,关注疾病、环境对身体、心理和社会适应力的影响 2.注重健康习惯的养成,培养一定的健康技能	

续表

评价维度	一级指标	观察要点	课堂评价
育人目标达成	劳动育人	1.注重劳动意识的培养,理解劳动的价值,珍惜劳动成果 2.注重生物学相关劳动技能的培养,理解技术与科学、社会的关系 3.注重劳动实践培养,增强学生在劳动过程中的体验感和获得劳动成果的成就感	
对一个"关键事件"进行深入分析,提出优点、不足及改进建议:			

2.课堂观察

课堂观察中,评课者应分工合作,确定观察方位,便于观察教师的教学、学生的学习,比如坐在教室后面,便于观察教师,但很难全面观察学生的学习行为。

在使用全息育人教学评价表时,观课者应注意记录育人活动的过程细节和时间,便于在课后整理,对特定时间内的育人活动进行分析,如观察的主题是教师教学,对教师提问的分析应记录提问的类型、层次、目的指向、引导、即时评价等;如观察的主题是学生学习,对学生的合作互动进行分析应记录合作讨论的时间,简单画出分组位置,标记每组学生参与的情况,记录有没有发呆的学生,记录学生讨论的内容是不是课堂布置的任务,记录每组学生的讨论效果如何,观察要点中已有的内容可以直接标记组号,在分组位置图上做一些简单的标记,观察全体学生的全程学习情况。

3.课后交流

主观评价和客观评价相结合,主观评价有教师自评,客观评价有观课者评价、教师互评、学生对教师进行评价等。全息育人教研活动在评课环节中先由授课教师自述,分析其育人目标、育人过程及预期的育人效果,进行教学反思,再开展教师讨论、互评,最后由学校管理者、专家进行总结评价,从而最大程度上发挥以评促教的功能。

观课者评价时,结合授课教师的自评,从教师课堂教学、学生课堂学习、育人目标达成三个方面分组讨论,专人记录、总结发言,倡导平等、民主、真诚的教研文化。实践中一般一线生物教师先讨论评价,客观接地气,符合校情、学情,有针对、有侧重、有证据,便于授课教师学习改进;再由学校管理者、教研员总结评价,解释教学行为背后的理念,将某些教学行为上升到理论高度,从而影响更多教师的课堂教学。

(二)终结性评价方法

随着社会的发展,纸笔测验终结性评价的导向性已经从知识考查转向核心素养、立德树人,但目前侧重知识、技能的命题仍是主流,究其原因,受主观及客观两方面因素的影响。主观因素表现为师生接受的教学评价习惯、评价思维定式及教育评价理念的偏差,考什么教什么,效率至上;客观因素表现为教师评价制度的干扰以及各级各类考试的影响,例如生物学实验教学,讲授实验和准备实验材料让学生动手做实验,前者偏重让学生背诵实验原理、步骤、现象、结论,后者可以锻炼学生的动手能力、探究能力、合作能力等,育人效果差别巨大。作为终结性评价的考试,试题命制往往形式单一,只考课本原文,课堂上只讲实验或者只进行演示实验,学生不动手不探究也能考高分,用这样的考试成绩来评价教学效果,评价教师工作,不问过程,不谈育人,会严重打击教师的教学育人积极性,会导致全息育人教学只能出现于公开课、表演课中;而用这样的考试成绩来评价学生,也是非常落后的表现,不能体现人的发展。而考试成绩仍将长期作为中考、高考升学的主要依据,作为社会、家长评价学校和教师的主要参考。因此,考试题目全息化,是改变教学现状一条可行的途径,初中生物学学科全息育人对终结性评价提出了一些命题建议。

课堂教学终结性评价,如纸笔测验终结性评价,建议命题的目的应是考查生物学全息育人达成情况,生物学作业、测验要针对生命观念、科学探究、科学思维和社会责任等生物学核心素养命制,体现立德树人的国家意志和五育融合的教学观念。

终结性教学评价应精选命题内容,避免知识清单、原文填空式的评价,考查学科全息育人教学育人水平。命题内容的选择应重视学科知识,渗透五育融合;认知育人的考核强调生物学核心概念、原理的理解、掌握和应用情况,以及学生的分析、综合能力,不用偏、难、怪的知识误导学生和教师。

终结性教学评价命题的方式建议设计真实的问题情境。如科学思维和科学探究可通过考查学生能否在新的问题情境中基于事实和证据,选择适当的科学思维方法解释生物学规律或机制,或在面对生活中与生物学相关的问题时进行合理的逻辑推理,并做出正确决策的能力。判断德性育人、健康育人、审美育人和劳动育人效果通过纸笔测试考查显然是非常困难的,但是外显行为都有内在的逻辑基础,因此通过设计真实的问题情境,考查学生德性逻辑、健康逻辑、审美逻辑、劳动逻辑就是纸笔测试的落脚点,以概念为载体、思维为表现,但应避免照搬课本内容,否则会导致学生死记硬背。下面列出几点命题建议:

创设常见的生活情境,如利用当地传统、民族文化等,考查学生对概念的了解、理解、掌握或应用的程度,引导学以致用,促进学生全面发展。

【例1】"日啖荔枝三百颗,不辞长作岭南人"中,人们吃的荔枝在生命系统的结构层次中属于(　　)

A.组织　　　　B.器官　　　　C.系统　　　　D.个体

参考答案:B

【例2】"白日不到处,青春恰自来。苔花如米小,也学牡丹开",诗中的苔花描述的是苔藓植物,其不具有的结构是(　　)

A.花　　　　B.茎　　　　C.叶　　　　D.孢子

参考答案:A

【例3】"天高云淡,望断南飞雁",诗中雁的行为属于(　　)

A.取食行为　　B.迁徙行为　　C.繁殖行为　　D.防御行为

参考答案:B

创设生物实验情境,考查学生的学科能力和学科思想:如考查光合作用探索过程中各实验之间的逻辑关系和设计意图、设计思路,体现学生思想水平。

创设农业生产情境,在应用中考查德性育人、劳动育人:如考查无土栽培技术,体现学生对劳动价值的认同情况和劳动技术的掌握情况。

创设健康生活情境,体现科技与健康的关系,树立学生的健康生活观,彰显健康育人价值:如考查泌尿系统与尿毒症的关系,考查学生是否具有健康意识和健康习惯;如以糖尿病的发病机制为情境,考查激素调节和物质代谢的相关知识,同时渗透关爱病人、健康生活的思想。

【例4】下列关于毒品的危害的叙述中,正确的是(　　)

A.吸毒一两次不易成瘾,问题不大

B.毒品都是白色的粉末,有奇特的香味

C.毒品主要包括鸦片、海洛因、吗啡等

D.毒品具有极强的成瘾性,但容易戒断

参考答案:C

创设热点社会问题情境,考查德性育人、健康育人、审美育人、劳动育人:如以新冠感染中逆行的白衣天使为情境,考查呼吸系统和免疫,体现学生社会责任意识、健康意识、劳动意识、审美意识。

【例5】中国工程院院士、解放军少将陈薇,毕业于清华大学生物化工专业,是中国首席生化武器防御专家,从2003年狙击严重急性呼吸综合征(SARS),到2014年研发出全球首个进入临床阶段的埃博拉疫苗,从2020年大年初二进驻武汉,短短半年时间,制造了属于中国人自己的"新冠疫苗",关于"新冠疫苗"的叙述,下列说法正确的是(　　)

A."新冠疫苗"注射到人体后相当于抗体

B."新冠疫苗"注射到人体后人体不会患流行性感冒

C."新冠疫苗"注射到人体后相当于抗原

D."新冠疫苗"注射到人体后人体的免疫力会降低

参考答案：C

创设环境问题情境，考查德性育人、审美育人：如考查生态系统，以身边环境的破坏和保护为情境，考查学生法治意识和审美能力。

【例6】为加大对濒危物种绿孔雀的保护，我们将割裂的栖息地连接起来，建立了自然保护区，促进了绿孔雀种群数量的增加。下列说法错误的是（　　）

A. 将割裂的栖息地连接起来，有利于绿孔雀间的基因交流

B. 可以将保护区内其他鸟类赶走，以保证绿孔雀的生存

C. 绿孔雀成年雄鸟在繁殖期发出鸣叫声，体现了生态系统的信息传递

D. 提高出生率是增加绿孔雀数量的重要途径

参考答案：B

此外，试题应重视生物学专业语言书写，但记忆内容考查比例不宜过大，不宜将课本原文挖空作为选项，这类题多了就会导致教师"扫描课本"式的教学或复习。初中生物学作为科学类课程，就是尊重事实、证据，用逻辑思维来认识和解释事物发展的规律，因此纸笔测试终结性评价对概念的考查应以理解和应用为主，在新的情境中考查学生对概念的理解和应用，而不是直接将课本原文挖空填空。

总之，终结性教学评价要体现全息育人课堂教学的核心功能，考试命题要充分发挥教学指挥棒的指导作用，命题时不必过分强调枝节内容、零散知识、单纯的生物学事实以及对内容记忆情况的考核；要特别强调核心内容、具有良好结构的知识、生物学概念、原理的理解和应用、对分析和综合等思维能力的考查，体现积极正确的育人导向，鼓励教师实现育人目标。紧紧围绕着五育融合命制试题，尽量在真实的情境中考查学生生物学五育水平，落实党的教育方针，为学科全息育人课堂教学的实现提供必需的保障。

第四节　初中生物学学科全息育人教学评价案例分析

全息育人教学评价通过长期实践应用，切实促进了五育融合的全息育人课堂落实，力求实现立德树人和学生核心素养的提升，取得了初步成效。教学评价案例均来源于真实的初中生物学课堂教学，有优质课、展示课，也有常规课，具体评价过程可参考课例集或观看录课视频，本节以北师大版初中生物学七年级下册《尿液的形成与排出》为例（教学过程参考本书第四章），介绍如何运用初中生物学学科全息育人教学评价方法，进行听课评课，力求达到以评促教、以评促学、以评促评的教学评一体化发展。

一、课堂教学评价分析

表5-4　初中生物学(北师大版)七年级下册《尿液的形成与排出》课堂教学评价

\multicolumn{3}{c	}{初中生物学学科全息育人课堂教学观察总表}	
观察维度	一级指标	观察要点	评价
教师教学	教学目标	1.定位全面,充分合理挖掘德、智、体、美、劳育人要因并落实到课堂教学中。 2.重、难点的确定与处理得当,符合新课标和教材要求。 3.符合学生的认知基础,恰当可行。	1.了解学生情况,教学面向全体学生,全员参与。 2.问题设计有梯度,情境、活动设计合理有趣,具有一定的思维训练量。 3.能够及时有效地引导学生思考和实验。 4.条理清晰,层次分明。 5.紧密围绕教学目标组织教学内容,重点突出,德性育人、健康育人、审美育人、劳动育人与认知育人融合度高。 6.教学资源丰富、形象,视频制作精良、清晰,针对性强。 7.结构严谨,思路清晰。 8.开展学生动手活动,激发学生积极性,突出学生的主体地位。 9.活动组织合理有序,课堂秩序好。 10.课堂生成问题处理及时。 11.多媒体使用有效。 12.教师的生物学基本素养高,热爱生物学。 13.课堂组织管控能力强,照顾到绝大多数学生的需要。 14.教学语言准确、精练、亲和力强,教态自然,板书恰当。 15.设计了观察肾脏和解剖肾脏的学生活动,通过一系列有梯度的问题串引导和调动学生思维,体现了结构与功能相适应的基本生命观念。在教学中根据内容需要,引入古代医学典籍中对肾脏的认识,创造性地使用教学资源,增强了育人内涵,如文化之美的陶冶和对中国传统文化所产生的民族自豪感等,实现了以认知育人为主线,进行五育融合。
	教学内容	1.正确把握核心概念及相关知识内容的内在逻辑联系。 2.尊重教材,合理开发、利用教学资源,育人点与材料视点相关度高。 3.育人活动丰富,体现知识的形成过程,有利于提高学生的生物学学科核心素养。 4.育人方式多样既关注双基落实,又关注思维培养,更关注品性养成。 5.利用现代信息技术整合教学资源,课件美观,交互性强。	
	教学过程	1.导课情境贴近生活,真实性强,趣味性足。 2.结合知识视点,教学内容情景化,教学过程问题化,有效调动学生已有认知。 3.课堂引导、组织及时、有效,坚持以学生为主,体现教师是组织者、指导者、合作者的思想。 4.聚焦育人,问题类型多样,体现追问、反问、质疑、激励等互动评价氛围,注重培养学生完整表达的能力。 5.讲授生动、育人自然,注重养成教育,充分关注学生学习动机、习惯、信心等非智力因素。 6.关注学生学习状态和听课感受,从学生学习视角出发,能根据课堂生成调整预案。 7.评价及时、有效,具有明显的以"五育"为抓手促进学生终身发展的理念意识。	
	教师素养	1.教师的生物学素养。 2.课堂组织与管控能力。 3.教学语言、教态、板书。	

续表

初中生物学学科全息育人课堂教学观察总表

观察维度	一级指标	观察要点	评价
学生学习	自主学习	1.知晓学习目标和结果,自主学习策略、意识、习惯好。 2.求知欲强,专注度高、思维活跃,积极主动参与自主学习的全过程。 3.采取任务式学习,提升知识运用能力和创新能力。	1.学生自主学习意识、习惯、策略较好,平时训练扎实。 2.小组三人合作和谐,全员参与,讨论热烈。师生、生生之间互动较多。 3.展示交流充分、融洽,学生表达清晰,能力得到了锻炼。 4.探究问题生成自然,学生能够观察现象,提出问题,做出假设,进行验证。 5.知识掌握较好,通过动手实验、描述现象、分析数据、总结归纳,建构肾脏的结构与功能知识体系;了解器官买卖是违法行为,关心患病群体,增强社会责任心;提升民族自豪感;体会了肾结构的精密之美和功能之美;具备健康饮水和肾脏健康意识;进行解剖实践,认同医生劳动的价值。 6.学生在课堂中能积极思考,学科兴趣浓厚,有较强的自主学习意识和习惯。学生活动中参与度高,问题讨论积极深入,体现了良好的学科素养。问题交流充分,部分小组对肾动脉和肾静脉及输尿管的辨别还体现了思维和实践的创造性。师生之间,学生之间合作协调。
	合作互动	1.小组分工明确,参与度高。 2.讨论问题紧密围绕主题,深入性强。 3.师生互评、生生互评,课堂体现竞争合作意识。	
	展示交流	1.学生自我展示能力强,师生交流、生生交流充分、融洽、有序。 2.能大胆质疑已有结论,并提出自己的见解,课堂氛围良好。 3.不怕出错,阳光乐观,以健康的态度面对困难,具备正确的价值观。	
	探究体验	1.探究问题具有开放性,强化学习时空的拓展,有效打通学习与生活、与时代的联系。 2.探究方法的运用,使学生感受到探究的快乐,人文素质、探究精神、审美意识、创新思想、德性认知得到提升和培养。 3.探究过程积极性高,探究后产生了新的问题。	
育人目标达成	认知育人	1.知识结构合理,重、难点的确定与处理符合新课标要求和学生实际。 2.注重培养学生信息处理、模型建构、实验操作和科学探究能力。 3.体现相应生命观念,注重科学思维的培养。	1.知识落实较好,突破重点难点。 2.学生了解器官买卖是违法行为。注重实证,培养实事求是的科学态度。通过引用《黄帝内经》相关内容,培养学生对传统文化的认同和自豪。关爱尿毒症人群。 3.通过对肾脏的解剖和模型的学习,学生体验结构的精密和功能之美。 4.通过介绍泌尿与健康,传授健康生活技能。 5.通过组织解剖肾脏,开展劳动实践;介绍医生、科学家通过认知肾脏结构治病救人,认同劳动的价值。 6.本节课教学资源的选择和课堂设计新颖,总体育人目标达成好。以认知育人为主线,体现出知识结构完整,知识水平的要求把握准确,突出了生物学学科能力和学科思想。在此基础上,新颖的课堂情景导入和思考也丰富了育人内涵,丰富了学生对社会热点的关注,提升了学生的健康意识,增强了学生的法治意识和社会责任感。通过精美的图片和适度引入古代中医文献,体现出生物体结构、形态与功能之美和文学之美,进而上升到对生命尊重的价值之美。本节课通过学生活动让学生感受到了科学实践之美,增强了学生的劳动意识。
	德性育人	1.培养学生热爱祖国的情怀,拓展学生的国际视野。 2.增强学生法治意识、生态文明意识和社会责任感。 3.注重学生道德修养和个性品质的引导,培养学生的科学品质和科学精神。	
	审美育人	1.培养学生不同的审美视角,感悟生物形态行为、结构功能、协调平衡之美。 2.注重学生在科学探究活动中获得思维之美和活动之美的体验。 3.培养学生对生命文化的审美,提升生命内涵,体现对生命的尊重和珍爱。	
	健康育人	1.注重健康意识的培养,关注疾病、环境对身体、心理和社会适应力的影响。 2.注重健康习惯的养成,培养一定的健康技能。	
	劳动育人	1.注重劳动意识的培养,理解劳动的价值,珍惜劳动成果。 2.注重生物学相关劳动技能的培养,理解技术与科学、社会的关系。 3.注重劳动实践培养,增强学生在劳动过程中的体验感和劳动成果的获得感。	

二、课堂教学改进

本节课活动丰富,教师课前准备工作扎实到位,充分体现了生物学课程的育人价值。观课者在课堂教学观察中充分体现了评价内容全息化、评价指标全息化、评价主体全息化的课堂教学评价理念,在学生学习观察中体现了全目标评价、全主体评价、全过程评价的学习评价理念。

主要有以下三方面优点:

首先,在"已有的知识经验推导出泌尿系统的组成"这一环节中,设置的问题难度合理、层层递进,能有效带动学生在回忆旧知识的基础上,对泌尿系统有整体的认识,初步形成整体全局观。教师在整堂课中,知识把握准确,活动设计合理,通过对肾脏的结构和功能的讲解,帮助学生建立结构与功能相适应的观点,提升学生的生物科学思维能力,评价方式也多样。

其次,通过对课堂教学活动的观察,教师教学设计注重学生思维的训练,基于科学史的背景,还原科学家的时代背景,让学生像科学家一样,学会实验探究、现象分析、得出结论等一系列科学研究方法,如基于问题"肾脏的结构"引导学生感受到从古至今科学家的研究思路和历程;再如在探究尿液的形成过程中,引导学生根据肾小囊腔中液体的成分的实证数据进行科学判断。同时在课堂教学中教师及时有效地对学生的学习进行引导。在肾单位的学习中教师通过层层设问、追问,有效调动学生已有认知。课堂活动解剖观察肾脏的结构,充分体现了五育融合与落实。课堂中学生充分地自主学习,如填写学案,更深入地合作互助,在小组中合作解剖观察肾脏的结构,在小组讨论中深入探究尿液的形成过程。合作学习后,学生代表充分地进行展示交流,结合信息技术,将解剖观察的实验结果用图片的形式展示和讲解,充满自信、有见解。这堂课,较好地达成了全息育人目标。在认知育人上,学生能说出泌尿系统的组成器官和各个器官的功能;能概述肾脏的结构,以及肾脏与尿液形成相关的结构特点;说出尿液形成的过程;并提高了实验操作能力、养成了探究实践的思维。在德性育人上,学生认识到科技以人为本,树立正确的价值观;在探究实践过程中,学生重视科学证据,养成实事求是的科学态度;通过对科学史的学习,认同人类对肾脏的结构和尿液形成生理现象的认识是不断深化的过程。在审美育人上,学生了解了人体泌尿系统的结构,感受对称结构的美,并能欣赏生物界的各种对称美,在实验操作和探究实践中感受到思维美和劳动产生的价值美。在健康育人上,学生通过对人体肾脏的生理结构、功能和尿液的形成与排出的生理现象的学习,明白了健康的意义,学会健康地生活,实现对健康的认知升级。在劳动育人上,学生观察了哺乳动物肾脏的外形和结构,就科学家探索肾脏的结构和尿液的形成过程进行分析，领悟了科技进步对理解生物结构和生命现象的推动作用。

最后，在活动"解剖观察肾脏的结构"中，教师通过让学生先整体观察肾脏的外部形态，如颜色和外形，并根据图示，找到三根管道。然后再动手解剖观察肾脏的内部结构，3人小组分工合作，学生用解剖刀将肾脏纵剖为两半，观察各部分的颜色差异。最后用放大镜观察肾脏的皮质和髓质，观察结构差异。在观察过程中，教师深入各组进行有效的指导，并及时对小组的观察结果进行拍照记录。在小组观察活动结束后，学生代表上台与全班同学进行交流。其后教师进行总结归纳，讲解肾脏的基本结构。本活动的层次分明，逐步推进，教师指导有效，遵循学生的认知规律，从整体到局部，由外到内，由具体到抽象。课堂活动组织实施有序高效，学生在知识、能力、审美方面都有所收获。

可改进之处有以下四点：

一是活动开展前，教师可以先把任务全部展示再开始进行活动，分步展示任务导致学生探究过程经常被打断。

二是作为导入的"卖肾买手机情境"，距今比较久远了，学生兴致不高，可以改用尿毒症作为引入，引起学生重视，而且从尿毒症的病因、治疗手段等方面可以将本节内容全部贯穿其中。

三是可以让学生扮演医生或科学家，开展解剖肾脏活动，使学生合作探究更积极、更有意义，将智育、德育、美育、健康育人、劳动育人自然融合在其中。

四是学生在解剖肾脏时发现操作比较困难，观察肾脏时发现结构难以辨认，教师可以稍加引导，让学生更加深刻地体会科学家与医生的不易和伟大，更加珍惜自身和家人的健康，也对医生和科学家产生职业向往。

通过总结优点与不足，观课者肯定了师生在育人课堂中的努力，同时为师生日后完善教学提供参考。观课者以全息育人评价的理念为出发点，明确课堂育人目标，观察育人目标达成的途径，以帮助和促进师生进步为目的，开展听课、评课，体现全息育人课堂教学评价的全部价值。

初中生物学学科全息育人教学评价立足教学实际问题，以促进师生发展为本，基于建构主义和多元智能理论及全息育人课程理念，依据国家教育方针政策、课标要求，聚焦生物学学科核心素养，对教师课堂育人活动和学生课堂学习活动的现实价值或未来发展的潜在价值做出判断，为观课者对全息育人课堂教育教学评价提供了新的路径，将发挥诊断、规范、指引、完善课堂教学活动，提高课堂教学质量，引领教师专业发展，促进学生健康成长的作用。

第六章 初中生物学学科全息育人学科研修

研修是指带有研究性质的学习进修。教师研修作为教师的在职教育,对我国义务教育质量的提高起到了重要作用。为贯彻落实中共中央、国务院印发的《关于深化教育教学改革全面提高义务教育质量的意见》中关于"加强和改进新时代教研工作"的精神,进一步提升教研工作服务课程教学改革,落实立德树人的根本任务,教育部于2019年11月25日印发了《关于加强和改进新时代基础教育教研工作的意见》,其主要任务是服务学校教育教学,引领课程教学改革,提高教育教学质量;服务教师专业成长,指导教师改进教学方式,提高教书育人能力。初中生物学学科全息育人教师研修强化学科育人功能,指导教师将德智体美劳全面育人的要求有机融入教育教学全过程,突出德育实效、提升智育水平、强化体育锻炼、增强美育熏陶、加强劳动教育,从而促进教师专业成长及学生德智体美劳全面发展,更有利于提高初中生物学教育教学质量。

　　教师有效地参与初中生物学学科全息育人研修活动,学习教育教学理念并积极实践,成为促进自身专业发展的重要方式。本章在全息育人视域下从理念、原则、设计及案例方面系统地介绍了初中生物学学科全息育人教师研修。

第一节　初中生物学学科全息育人研修理念

研修理念就是研修观念、观点、思想的综合。研修理念是研修行动的先导,为研修行动指明方向。有效研修活动的愿景构建首先是研修理念上的构建,没有研修理念的支持与引导就容易偏离正确的方向。全面推进"依托课例、对话课堂、全员参与"的初中生物学学科全息育人教师研修,致力于初中生物学教师全息育人教学理念的形成,有利于教师全息育人教学能力的提升,以达成教师全息育人教学行为的改善。同时,要充分发挥全息育人研修评价的积极作用,用定性评价方式来推进评价过程,增强评价的针对性和有效性,确保评价结果的完整性和准确性,从而促进教师专业的发展。服务教师专业发展是教师研修的首要功能。因此,初中生物学学科全息育人教师研修是促进教师专业发展的一种活动,遵循教师发展、全员参与、课例跟进和定性评价的基本理念。

一、教师发展

从教育学理论层面看,教师发展是指教师的专业发展,包括教师专业知识、技能和情意的发展。教师专业知识除了学科专业知识外,还有教育专业知识、普通文化知识等。教师专业技能是指在组织教育教学活动中,教师对学生施加有目的、有影响的主体"行动"能力,包括教学设计技能、教学实施技能、教学评价技能、组织技能、管理技能等。教师专业情意是指教师在教育教学活动中表现出的教师专业精神,包括教育理念、专业态度、师德等。

二、全员参与

在教育领域,参与被认为是一种十分有效的方法,愈来愈受到重视和推崇。"参与"意味着走进某种活动中,共同生成成果。初中生物学学科全息育人教师研修全员参与有多种参与形式,如年级组全体初中生物学教师参与形式、学校全体初中生物学教师参与形式、集团全体初中生物学教师参与形式、重庆市北碚区全体初中生物学教师参与形式。

三、课例跟进

课例是课堂教学改进的实例,是对教学改进过程中的问题和教学决策的再现及描述。课例以教师的实践教学为主,是教师叙述个人在专业生涯过程中经历的改变,包括知识、行为、态度、教学技巧、期望、关注等。教师并不能靠一两次的实践就能形成认识,改变教学行为。顾泠沅教授等在《教师在教育行动中成长——以课例为载体的教师教育研究》中,结合具体的教学实践,提出并实施了"课例跟进式教研"。课例跟进式教研是以课堂为载体,以问题为中心,以提高教师专业水平和课堂教学质量为目的,实现教研工作可持续发展的教研方式。[①]

全息育人研修的课例跟进方式主要包括同一课题、三次上课和两次研讨反思环节,强调行为的连环跟进,边反思、边实践、边进步。一人执教,其他教师集体观课、议课、反思,上课教师根据议课意见及反思对教学设计进行修改,再次上课、观课、议课、反思、改进,直至找到解决问题的有效策略为止;上课教师再次根据议课意见及反思对教学设计进行第二次修改,第三次上课、观课。在初中生物学学科全息育人教师研修活动过程中,教师通过课例不断地实践,深入观察、反思和分析,研究把握具体的教学行为,在学习、讨论的同时,还要关注教学行为的连环跟进,真正把握、理解学科全息育人的实质,提高专业水平和教育教学质量。

四、定性评价

定性评价是不采用数学的方法,而是根据评价者对评价对象平时的表现、现实的状态或文献资料的观察和分析,对评价对象做出定性结论的价值判断。定性评价强调观察、分析、归纳与描述。就应用于全息育人研修活动评价这一领域而言,定性评价更加关注研修活动在"质"方面的发展,关注研修结果与研修目标之间的一致性;强调对全息育人研修的优缺点进行系统的改进,并对一些独特性做出"质"的分析与解释,是具有实质性内容的一种评价机制。定性评价关注"质"而走向具体并且侧重定性描述,因而,定性评价是更具有现代人本思想和发展性评价的理念。

[①] 顾泠沅,王洁.教师在教育行动中成长——以课例为载体的教师教育研究[J].全球教育展望,2003(1):44~49.

第二节　初中生物学学科全息育人研修活动原则

百年大计,教育为本;教育大计,教师为本。初中生物学学科全息育人研修活动基于21世纪知识经济时代发展和终身教育思想对教师的新要求,在实践中建立有效的研修体系,为不同层次、不同类型教师提供专业发展渠道,变"要我发展"为"我要发展",从而激起每一个教师专业发展的内驱力,实现"育己"与"学科全息育人"的双重目的。由此全息育人研修活动遵循的基本原则主要有主体原则、发展原则、差异原则、实践原则、改善原则。

一、主体原则

作为专业人员的教师要经历由不成熟到成熟的专业发展过程。在岗教师虽然具备相应的学位、学历和教师资格证等条件,但不意味着他们是成熟的专业人员。于是,他们需要在教育教学中通过不断地学习和实践,发展其专业水平,完善自我。

全息育人研修作为一种成人研修,必须充分尊重参与活动者的主体地位,按照成人学习的特点和规律,发挥其主体作用。同时,要以参与活动者为中心,因为参与活动者是信息加工的主体,是意义的主动构建者,而不仅仅是外界刺激的被动接受者和被灌输的对象。

学科全息育人研修主题源于参与活动者发展中的真问题,研修课程基于参与活动者主体经验来设计,研修实践让参与活动者主体来经历,研修成果让参与活动者主体来生成。全息育人研修包括多个环节,如上课、观课、分组议课、交流、总结、开展微讲座。通过多个环节,初中生物学学科全息育人研修活动让每位参与活动者充分融入,在过程中、在经历中、在理论中、在学习中和在实践操作中逐渐成长。

二、发展原则

教师的专业成长呈现由不成熟到成熟的螺旋式上升的趋势。每一位教师都要经历从"入格教师"到"合格教师",再到"特色型教师"的磨砺过程。教师在磨砺的过程中会参加不同形式、不同层级的研修活动。这些研修活动的目的是让参与活动的不同层次、不同类型人员都有收获,从而促进个人的专业发展。教师专业发展实际上是教师内化教育专业所必需的专业知识、技能和情意的统一的整合过程。教师通过参与全息育人研修活动,有利于教师全息育人能力的培养,从而促进教师专业的发展。

教师专业发展目的在于教师不断适应变化的教育教学环境,不断提高自身的专业能力,从而胜任相应的角色,进而实现自我的价值。教师的在职需求是教师专业发展的动力,也是研修的重点。研修关注教师如何适应外在环境的变化和自身发展的需要。在学科全息育人视域下,教师着眼于其现有的素质与生物学学科全息育人之间的距离,指向有针对性。因此,全息育人研修活动引导教师尽可能地适应生物学学科全息育人要求,同时充分考虑教师的专业发展要求。

三、差异原则

建构主义认为,学习者以自己的方式建构对于事物的理解,因此不同的人看到的是事物的不同方面,不存在唯一标准的理解。教师的教学本身具有个体劳动的特性,他们由于学习背景、教学阅历与经验、教学环境、继续学习和研修等的差异,在教学理念、教学能力、教学认知、教学策略、教学反思、教学研究等方面也有很大不同[1]。

在学科全息育人研修活动中,教师个体都存在差异。教师个体差异的存在意味着教育本身实际差异的存在,也意味着在研修中通过观察发现而进行的改进空间更大。

全息育人研修差异原则要求我们在研修中应该尊重差异,把差异视为一种学习资源,不同层次、不同类型的参与活动者之间可以互相学习。组织者及时点评、总结,充分发挥引领作用,差异互补,最终构建一个良好的参与活动者相互学习的统一体,并形成参与活动者之间互相借鉴学习的良好机制。

四、实践原则

中学教师的实践阵地在课堂,主要以上课方式进行。因此,教师专业成长与发展的关键在于教育教学实践知识的不断增长,教育教学理论与教育教学实践经验的恰当融合。初中生物学学科全息育人研修活动,只有贴近学校,才能突出"以校为本"的问题意识,增强教师研修的现实性;只有贴近课堂,才能凸显"以教为本"的专业意识,增强教师研修的针对性;只有贴近教师心灵,才能彰显"以师为本"的发展意识,增强教师研修的发展性[2]。

全息育人研修活动组织者在研修中基于实践性原因,主要以课例研讨式为基本研

---

[1] 朱福荣.浇根式改善型教师培训[D].重庆:西南师范大学出版社,2016:10.
[2] 朱福荣.浇根式改善型教师培训[D].重庆:西南师范大学出版社,2016:10.

修方式,大力推进"五育融合、学科全息育人"行动研修,强化具体课例教育教学现场,走进真实课堂的研修环节,通过现场评价和案例教学解决"重智育,轻德育、美育、健康教育和劳动教育"实际问题,采取情境体验的方式改善初中生物学教师的教育教学行为,提升教师的课堂教育教学技能,为教师成长搭建平台。

五、改善原则

全息育人研修为教育服务,发挥"五育融合、学科全息育人"的引领作用,帮助教师转变陈旧的教师观、教育观、教学观和学生观,提高教师践行"五育融合、学科全息育人"的能力和水平;为教学服务,以中学教师专业标准为重要依据,提高教师专业实践能力,助推教师专业发展,解决课堂教育教学中发生的"重智育,轻德育、美育、健康教育和劳动教育"的问题和矛盾;为教师服务,以课例的形式呈现研修内容和方式,在教师研修活动中参与活动者建立起小组内双向交流、相互对话和小组间积极互动发言的关系,关注教师的专业发展与自我成长。

全息育人研修的核心任务是帮助参与活动者解决"重智育,轻德育、美育、健康教育和劳动教育"问题。"问题"是研修的主题,根植于研修的各个环节,贯穿于教育教学的始终,最终促进教师形成"五育融合、学科全息育人"的教学理念,并将此理念落实到课堂教育教学行为中。全息育人研修活动基于改善原则,通过具体问题解决、真实情境体验,改善教师的教育教学行为;通过组织者引领、团队协作,促进教师的专业发展。如《尿的形成与排出》第1课时课例研修活动从认知育人、德性育人、审美育人、健康育人、劳动育人方面深挖育人点,解决了课堂教育教学中发生的"重智育,轻德育、美育、健康教育和劳动教育"的问题。小组内研讨、小组代表分享交流、育人组代表发言、组织者的点评总结有利于初中生物学教师形成"五育融合、学科全息育人"教学理念以及改善自己课堂教育教学的欲望。

第三节 初中生物学学科全息育人研修设计

为了避免开展研修活动的盲目性、随意性,初中生物学学科全息育人研修活动要科学规范、适合教师身心发展:首先要根据促进教师专业发展和培养学生全面发展而确定研修目标;其次要根据研修目标明确研修方式、研修模式和研修流程;最后建立科学的定性研修活动评价体系,有利于对研修活动进行诊断,更有利于加强研修活动的质量监测与评估,从而对推动研修活动价值的提升。

一、研修目标

全息育人研修活动的开展,不但要同课标教育目标以及教师发展目标相关联,更要基于中学生德、智、体、美、劳全面发展的教育目标。全息育人研修目标主要规整为以下三点:直接目标——解决教育教学问题,间接目标——促进教师专业发展,根本目标——促进学生全面发展。

(一)直接目标——解决教育教学问题

解决教师在课堂中"重智育,轻德育、美育、健康教育和劳动教育"的教育教学问题是全息育人研修活动最直接的目标,是实现全息育人研修活动其他目标的基础。全息育人研修是将学习、研讨与实践真正相结合起来的专业活动,让教师通过学习,用"五育融合、学科全息育人"理念指导当前教育教学中的实际问题,做到教学与研修的同步进行;通过研讨,找出解决"重智育,轻德育、美育、健康教育和劳动教育"的教育教学问题的方法;通过实践,检验研讨的成果是否适合教育教学的现实需要,从而较好地解决育人现实问题。从某种意义上讲,体现了育人促进研修、研修反哺育人的思想。

(二)间接目标——促进教师专业发展

在参与中教育自己、提高自己和促进自己发展是全息育人研修活动的间接目标。在全息育人研修活动参与中,教师能较好地提高自己的教育教学能力、研修能力等方面的教育教学素质。教师研修活动是教师专业发展的有效途径。全息育人研修活动主要就是针对教师在课堂教育教学中出现的"重智育,轻德育、美育、健康教育和劳动教育"各种问题进行研讨。教师通过研修活动参与研讨发现自身教育教学过程中存在的问题,并修改完善,有利于促进教师专业发展。

(三)根本目标——促进学生全面发展

促进学生全面发展是全息育人研修活动的根本目标。教师通过参与全息育人研修活动,深刻领会国家的教育方针政策,真正在课堂教育教学执行过程中既关注自身教育教学效果,又关注学生德、智、体、美、劳诸方面的培育,更好地贯彻教师法中明确规定的教育目的:把学生培养成德、智、体、美、劳全面发展的社会主义建设者和接班人;按照"学科全息育人"的要求,形成自己的教育教学思想,组织课堂教育教学,促进学生全面发展。

以上三种目标之间的关系,如图6-1[①]:

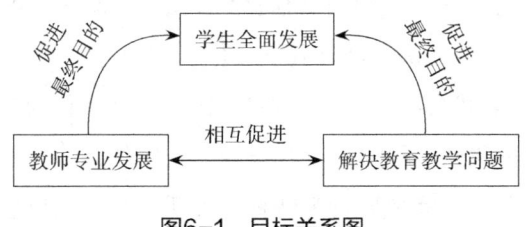

图6-1 目标关系图

二、研修方式

课堂是教师研修的实践场地。全息育人研修是教师立足于课堂开展的研修。通过以课例为载体的实践学习,使外在的理论、经验转化为教师的实践行为。教师学习属于行动学习和实践学习的范畴,"实际上是一个集体验学习、创造性解决问题、获得相关专业知识以及小组成员相互支持的综合性活动"[②]。课例研讨式是实践操作中的一种研修方式。

课例研讨式是指参与活动者以课堂教育教学过程中需要改进的教育教学问题为研究对象,以提高参与活动者课堂执行力为研究重点,以真实的课例为载体,以研修目标为指引,利用研修团队研讨的方式来确立研修主题、设计研修内容、制订研修计划,并在课例的基础上进行不断地议课反思,通过反思不断修正自己的教育教学内容,直至形成成功的课例,最终达到改进参与活动者的教育教学行为、提升参与活动者教学技能目的的一种研修方式。[③]全息育人课例研讨式研修的组织形式有校本研修和区域研修,两种研修形式的核心价值就是以教师为本,从教师的需求出发,以教师的教育教学课堂为实践场地,通过自身参与、研修团队帮助和组织者指导来改善参与活动者的行为,促进教师形成"五育融合、学科全息育人"的教学理念,并将此理念落实到课堂教育教学行为中。

[①] 喻晗.教研员主导下的中学音乐教师教研活动研究——以武汉市为例[D].武汉:华中师范大学,2018.
[②] 王栋.教师行动学习研究——以高中英语学科教师为例[D].上海:上海师范大学,2013.
[③] 朱福荣.浇根式改善型教师培训[M].重庆:西南师范大学出版社,2016.

三、研修模式

模式是指客观事物系统的整体运动形式和方式。它是根据观察某一主题涉及的各种要素和它们之间的相互关系概括出的一种完整的结构和框架,一般还包括可供实施的程序和策略。全息育人课例研讨式研修模式是"三课两反思"即课堂设计、反思、再设计、再反思、再设计的"三次上课,两次研讨反思"的过程。三节课是同样的课堂内容设计三次。反思一,寻找自身与他人的差距,在反思已有行为与新理念、新经验间的差距中完成更新理念的飞跃;反思二,寻找设计与现实的差距,在反思理性的教学设计与学生实际收获间的差距中完成向行为转移的飞跃。"三课两反思"使教师专业发展真正落实到自身教学的每一个过程、每一个环节。[①]全息育人课例研讨式研修以"三课两反思"的形式为核心操作[②],如图6-2。根据课堂观察、议课反思,从而达到改进教育教学的目的。

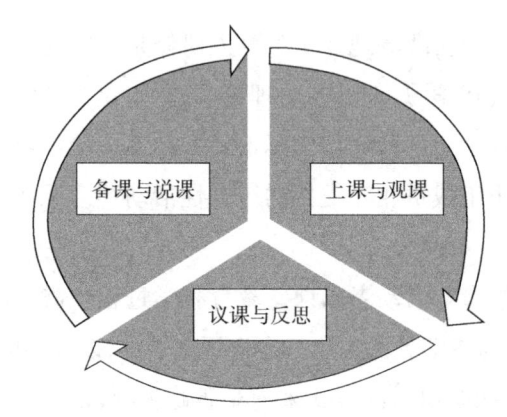

图6-2 课例研讨式研修"三课两反思"环节

四、研修流程

将"三次上课,两次研讨反思"作为课例研修的主干部分,细化了准备与总结阶段。在准备阶段,研修组织者首先组建研修团队,并根据教师在课堂中"重智育,轻德育、美育、健康教育和劳动教育"等情况,确定研修主题与实践课例,然后研修团队着手制订研修计划。一旦全面进入实践阶段,"课前备课→课中实践与观察→课后议课反思"依次进行。在总结阶段,研修组织者就归纳整理各类生成性资料、运用教育教学成果到

---

① 富学,程传银.基于PCK结构的体育教师课例研修程序及其实践路径研究[J].天津体育学院学报,2016,31(05):388-392.
② 刘晓红.基于"课例研修"的中学化学教师教学研究能力研究[D].石家庄:河北师范大学,2018.

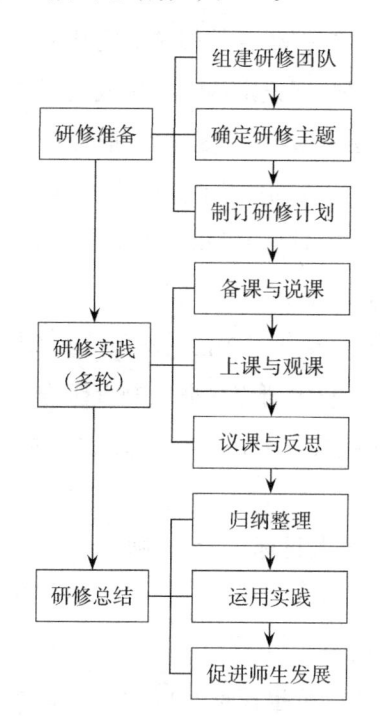

教育教学实践和促进师生发展做出总结,如图6-3。

图6-3 课例研讨式研修流程图

(一)研修准备

1.组建研修团队

全息育人研修团队由初中生物学教研员、教研组长、全息育人组成员、一线教师等组成。

2.确定研修主题

首先是发现问题。教师要时刻具备问题意识,对平时教学过程中所遇到的问题进行及时的总结、归纳、整理,并与同事、研修活动组织者等相互交流探讨,为后续研修活动提供内容借鉴。研修活动组织者要随时收集教师在教育教学中所遇到的困难、困惑,并将这些问题归纳整理,总结出教师发展中的具有典型性的真问题确定为研修主题。

课例研讨式研修主题源于实践中的问题。全息育人课例研讨式研修主题源于教师在课堂中"重智育,轻德育、美育、健康教育和劳动教育"等问题。研修组织者经过分析收集的信息可知教师普遍对全息育人目标确定、教学设计及课堂教学策略等感兴趣。于是,研修团队经过归纳总结,拟定"初中生物学学科全息育人目标的确定及教学策略"等为研修主题。

3.制订研修计划

全息育人研修活动组织者根据整合的问题确定教学主题后,根据研修活动的基本目标、基本思路来制订研修计划,即设定活动的执教教师、执教时间、执教地点、执教班级、参与活动者。实施研修分层参与:一是根据研修活动需求,对参与活动者进行分层,激励每位参与活动者在研修活动中扮演好适切的角色,充分发挥参与活动者在研修活动中的主体意识,敢于表达自己的思想。二是留给参与活动者更多独立思考的研修时间,有利于自身的专业发展。

制订研修计划是课例研讨式研修实施前的一项重要工作,需要提前拟订整个研修过程中的任务分工与计划。全息育人研修团队在制订研修计划过程中集思广益,各抒己见,依据课例研讨式研修模式从以下几个方面考虑,完成研修计划工作:

(1)团队分组情况

全息育人研修团队根据育人目标达成、教师教学行为、学生学习行为分别从三个方面分组并分配任务。

(2)教学进度与课时安排

七、八年级的学生处于课业负担较重、科目繁多、课时安排紧凑的阶段,所以在研修过程中不仅需要保证研修活动顺利实施,还不能影响其他学科的教学进度,所以在课时安排上相对紧凑。

(3)研修计划需要

为了保证研修保质保量完成,在设计计划时首要考虑的是研修需要,研修团队本着不影响研修计划,又能周全其他方面的原则,在研修活动组织者的带领下,制订了课例研修活动实施计划表,见表6-1。

表6-1 初中生物学学科全息育人课例研修活动实施计划表

日期	时间	实践内容	组织者	参与活动者	地点
×年×月×日	上午或下午	确定研修主题	×××老师	×××	××学校
×年×月×日	上午或下午	根据学校进度确定实践内容和实践班级	×××老师	×××	××学校
×年×月×日	上午或下午	展开研修课前会议	×××老师	×××	××学校
×年×月×日	上午或下午	第一次上课与观课	×××老师	×××	××学校
		第一次课后议课与反思			
		第一次整理研修资料			

续表

日期	时间	实践内容	组织者	参与活动者	地点
×年×月×日	上午或下午	第二次上课与观课 第二次课后议课与反思 第二次整理研修资料	×××老师	×××	××学校
×年×月×日	上午或下午	第三次上课与观课 第三次整理个人研修总结 总结实践过程、整理形成课例研修资料	×××老师	×××	××学校

(二)研修实践

计划的实践阶段是课例研修过程的重中之重,是研修团队根据所设计的有计划性地进行的研修活动。研修团队根据课例研讨的主题从备课与说课、上课与观课、议课与反思三个环节展开探讨。

1.备课与说课

教师先备课,然后根据备课的情况进行说课。

2.上课与观课

教师进行课例展示,同时研修团队利用课堂观察表分组观课并做好观课记录,观课的重点放在与研讨主题相关的内容上。

3.议课与反思

研修团队被分为三个小组,三个小组分别把育人目标达成、教师教学行为、学生学习行为作为观察任务对课例进行议课与反思。议课是为了找到教育教学过程中存在的问题。反思是上课教师和小组成员对课例中出现的问题进行梳理并反思问题出现的原因,提出解决问题的办法,进行教学设计的修订。

研修团队对改进后的教学设计进行再次的实践,以课例跟进的方式检验策略是否有效,最后,还要对跟进课再反思,对跟进课中暴露的不足进行改进并重修教学设计。

(三)研修总结

1.归纳整理

研修活动组织者在研修过程中对参与活动者的发言进行记录,在研修尾声时进行点评和引领总结,并在研修活动结束后将活动概况整理成文字材料进行存档。

2.运用实践

在全息育人研修活动后,参与活动者要把研修成果积极主动地应用在自己的教育教学实践中,继续不断完善和提高。

3.促进师生发展

全息育人研修活动的目的就是完成研修目标,获得研修成果,促进教师专业发展。教师将研修成果运用在自己的教育教学课堂中,实现研修成果转化,有利于促进学生全面发展。这是研修活动的根本目标和检验研修活动质量的关键因素。

五、研修评价

研修活动评价是促进研修活动发展的有效途径,研修活动发展是促进教师专业发展的有效手段,教师专业发展是促进教育教学质量提高的有效方法。全息育人研修评价的作用就在于引导、督促、检查全息育人视域下教师的发展状况。因此,全息育人研修评价遵从以教师为本,注重发展,重视过程,从评价主体和评价内容方面构建评价体系,以期对促进学科全息育人研修的良性发展有一定的指导意义。

(一)评价主体

评价主体,就是主导评价的人或团体。全息育人研修评价的主体是多元的,包括初中生物学教研员、教研组长、学科全息育人组成员和一线教师,这些评价主体都参与到了评价中去。

教研员有更丰富和更先进的经验,通过听评课和讲座等形式参与全息育人研修,在提供咨询和指导研修的过程中,提供"理论服务和启发引导"。全息育人组成员是"五育融合、学科全息育人"研究人员,他们作为研修评价主体是必不可少的。教研组长和一线教师是研修活动的核心主体,因此他们也是评价主体。在多元评价主体中,教师虽然只是其中的一元,却是居于核心的一元,忽视了教师主体及其专业发展在教师评价中的核心地位,围绕其他工作大做文章无异于舍本逐末,结果也会得不偿失。[①]多元主体参与评价能提高评价的客观性和公正性,促进主体间相互理解和研修活动有效地开展。

(二)评价内容

全息育人研修活动评价强调评价主体多元,突出评价的多向性,即多层面、多方

---

① 张红霞.走向发展的教师评价[D].开封:河南大学,2006.

向、多角度的评价。因此，全息育人研修活动评价内容包括评价目标、评价指标、评价方式和评价结果运用。

1. 评价目标

全息育人研修评价的目标是通过定性评价促进教师专业行为改善，为教师进一步的专业发展提供指导与参考，进而激发教师专业发展的信心与动机。

2. 评价指标

全面而科学的评价标准是研修活动评价顺利实施的重要条件，促进教师专业发展是研修活动评价的灵魂。按照一般的逻辑顺序，研修活动作为一项活动，首先是研修活动的准备，包括确定研修主题和研修目标；其次是研修活动的过程；最后这种活动要有一定的效应来表征即研修效应。围绕"学科全息育人"教育教学理念，全息育人研修评价是以特征性的质性评价方式进行的定性评价，分别从"研修主题、研修目标、研修过程、研修效应"4个维度和9项一级指标"主题发现、主题落实；目标确定、目标特色；活动指导、活动参与、活动生成；目标达成、活动成效"分别设计评价观察点，见表6-2。

表6-2 初中生物学学科全息育人研修活动评价表

主持人		学科		年级		参与人数		时间	
研修主题									

维度	一级指标	观察点	评价
研修主题	主题发现	研修主题源于初中生物学教师发展中具有典型性的真问题。	
	主题落实	1.组织者提前告知参与活动者主题。 2.组织者和参与活动者针对研修主题做好研修活动前准备。 3.研修过程紧扣主题且有效落实主题。	
研修目标	目标确定	1.活动目标符合实际且明确具体可测。 2.有初中生物学学科全息育人教学指导目标。 3.有初中生物学教师发展指导目标。	
	目标特色	1.活动准备充分，通过研修活动，有利于促进参与活动者形成初中生物学学科全息育人教学理念，并将此理念落实到课堂教学行为中。 2.设计体现生物学学科和地域特色，有利于生物学学科发展和初中生物学教师全息育人能力的发展，从而促进学生德智体美劳全面发展。	
研修过程	活动指导	1.内容丰富且重点突出，研讨手段与方式切实有效，对初中生物学教师开展研修活动有指导性。 2.指导策略多样且具有学科性和学段性，理论联系实际，实践操作具体可行。 3.中心问题解决好且有余味，参与活动的不同层次、不同类型人员有收获。	
	活动参与	1.参与活动者在活动中能协同互助解决问题。 2.参与活动者积极性高，对研修主题有兴趣，能围绕主题展开深入研讨。 3.活动互动性强，对话交流注重信息来源的真实性和信息分析的科学性。 4.组织者及时点评、总结，充分发挥引领作用，有利于初中生物学教师全息育人能力的培养，从而促进初中生物学教师专业的发展。	

续表

研修过程	活动生成	1.研修主题和内容具有开放性和探索性,研修方式符合参与活动者学习特点。 2.处理好主题内容与生成内容的关系,既聚焦主题又捕捉有价值的生成内容,为后续研究留有空间。	
研修效应	目标达成	研修目标达成度好,促进参与活动者形成初中生物学学科全息育人教学理念,进行初中生物学学科全息育人教学实践,从而落实立德树人的根本任务。	
	活动成效	1.能引发参与活动者对课标、教材、初中生物学学科全息育人等的深入思考,理论水平有所提升。 2.能引起参与活动者对自己的教育教学行为进行反思,改善教育教学行为。 3.对参与活动者的研究有启发,对参与活动者开展研修活动有一定示范。	
对本次研修活动进行深入分析,提出优点、不足及改进建议:			

(1)研修主题评价指标

初中生物学学科全息育人研修主题评价指标包括主题发现和主题落实。教师在平时教育教学过程中存在"重智育,轻德育、美育、健康教育和劳动教育"等现象,在这样的情况下,全息育人团队成员经过整理、归纳、提炼,筛选出具有典型意义和普遍意义的问题作为全息育人研修的主题。教师围绕主题开展了一系列教育教学课例研修活动。如重庆市北碚区朝阳中学南校区举行了以"初中生物学学科全息育人目标的确立和教学设计的方略"为研修主题的《尿的形成与排出》第1课时两次校本研修活动和一次区域研修活动。

(2)研修目标评价指标

全息育人研修目标评价指标包括目标确定和目标特色。依据《基础教育课程改革纲要(试行)》和《中学教师专业发展标准(试行)》,全息育人研修目标包括解决教育教学问题、促进教师专业发展和学生全面发展。学科全息育人研修目标有利于教师从学科教学向学科全息育人观念的转变,有利于教师专业的发展,从而促进学生德、智、体、美、劳全面发展。

(3)研修过程评价指标

全息育人研修过程评价指标包括活动指导、活动参与和活动生成。全息育人研修活动过程需要教师围绕研修主题以及研修目标参与深入研讨,组织者参与研修过程中充分发挥引领作用。研修手段、方式符合教师学习规律,处理好与主题相关的有价值的生成内容,为后续研究留有空间,对教师开展研修活动具有指导性。

(4)研修效应评价指标

全息育人研修效应评价指标包括目标达成和活动成效,是研修成功与否的重要标准。全息育人研修效应的价值体现在研修目标的达成情况以及参与活动者的理论水平、教育教学行为反思和后续研究方面。

总之,全息育人研修活动评价表中的评价指标基本上涵盖了全息育人研修活动的各个方面,同时也体现了全息育人所提倡的促进教师专业发展的精神。

3.评价方式

关于教师研修活动评价的方法有多种,如笔试法、观察法、访谈法、问卷调查法等。学科全息育人研修评价,根据前述四层次评价维度的内容特点与时间安排,可概括为"研修中现场评价"[①]。全息育人研修过程中的评价主要针对活动指导、活动参与和活动生成,是对参与活动者在研修现场内的表现评价,是最直观、最方便、最有效的现场评价方式。全息育人研修活动现场评价方式采用观察法,因为在全息育人研修活动现场可直接观察参与活动者在提问、研讨、分享交流时最真实的心理状态和现场表现。

4.评价结果运用

全息育人研修活动评价是一种手段,其评价结果的运用价值在于可以为教师专业发展提供学习指引和研修效果优化提供改进依据。

全息育人研修活动评价无论指标还是方式上,给予教师全面及全程的从"学科全息育人"教育教学理念到课堂实践行为改善的专业引领。通过评价,教师能知其专业发展的长处,也能知其不足及努力改进的方向。

全息育人研修活动评价除了评价参与活动者在提问、研讨、分享交流时最真实的心理状态和现场表现外,还应评价研修活动条件、方式、资源和师资教育教学水平。通过评价可及时优化研修方案,强化研修过程管理,落实研修课程,达成研修目标,增强研修效果,为后续研修提供更加科学、有效的方案。

第四节 初中生物学学科全息育人研修案例分析

为了促进初中生物学教师专业发展,全息育人研修团队遵循了前述的研修理念、研修原则和研修设计,开展了以"初中生物学学科全息育人目标的确定及教学策略"

---
① 朱福荣.浇根式改善型教师培训[M].重庆:西南师范大学出版社,2016.

"初中生物学学科全息育人课堂教学策略""初中生物学学科全息育人目标的确立和教学设计的方略"为研修主题、以课例为载体的校本研修活动和区域研修活动,提供了校本研修活动和区域研修活动案例。

【案例1】

《运输作用》课例研修[①]

一、课例研修背景

为了促进学生德智体美劳"五育"的全面发展,在初中生物学课堂教学中落实"五育融合、学科全息育人"理念,以西南大学附属中学蒋汶洮老师执教的北师大版初中生物学七年级上册第3单元《生物圈中的绿色植物》第5章《绿色开花植物的生活方式》第5节《运输作用》课例为例,举行了三次研修活动。其中,第一次和第二次都是校本研修活动,第三次是区域研修活动。

二、课例研修设计

《运输作用》第一次校本研修活动

(一)研修准备

1.组建研修团队

本次研修团队成员由初中生物学教研员、全息育人组部分成员、西南大学附属中学初中生物学教研组长、西南大学附属中学七年级生物学教师组成。

2.确定研修主题

北碚区初中生物学教研员、西南大学附属中学教研组长、学科全息育人组成员与授课人蒋汶洮一起讨论在实际授课过程中存在的问题,经过归纳总结,拟定"初中生物学学科全息育人目标的确定及教学策略的研究"为研修主题。

3.制订研修计划

全息育人组成员依据课例研讨式研修模式制订了初中生物学学科全息育人课例研修活动实施计划表,见表6-3。

---

① 案例提供者:蒋汶洮,重庆市西南大学附属中学。

表6-3 初中生物学学科全息育人课例研修活动实施计划表

日期	时间	实践内容	组织者	参与活动者	地点
2018年12月6日	上午	确定研修主题	汪晓珍老师	教研组长、育人组成员、蒋汶洮	北碚区教师进修学院
2018年12月10日	下午	根据学校进度确定实践内容和实践班级	汪晓珍老师	教研组长、育人组成员、蒋汶洮	北碚区教师进修学院
2018年12月12日	下午	展开研修课前会议	汪晓珍老师	教研组长、育人组成员、蒋汶洮	北碚区教师进修学院
2018年12月17日	下午	第一次上课与观课 第一次课后议课与反思 第一次整理研修资料	汪晓珍老师	教研组长、育人组成员、七年级生物学教师	西南大学附属中学

(二)研修实践

1.备课与说课

七年级学生学习科目较多，课程安排比较紧，为了不影响其他科目的教学安排，不影响学校的正常工作及教学进度，所以选取《运输作用》为教学题目。另外本节教学内容既有实验性又有探究性，是非常有代表性的课例。

蒋汶洮老师有三年高中生物学教学经验及三年初中生物学教学经验，具有上进心与求知欲，一直积极参与课程改革相关研究活动。第一轮的实践授课，蒋汶洮老师依据课标，根据本次研修主题，结合已有的教学经验，对《运输作用》这节课进行备课。

"运输作用"是绿色开花植物生活方式的五大作用之一，是北师大版初中生物学七年级上册第五章教学内容，是上一章内容《生物体的结构层次》的延伸，也为下一章做铺垫。根据课标要求：(1)列举茎输导水分、无机盐和有机物的实验证据；(2)说出植物茎运输水分和无机盐以及有机物的部位、方向。教材编排顺序是：先通过探究实验分析水和无机盐的运输，再通过观察现象剖析有机物的运输，结合多个实验观察活动，认识植物体的运输通道——导管和筛管等，从而达成课程目标(列举茎输导水分、无机盐和有机物的实验证据)。本着"倡导探究性学习"的课程理念，通过自己设计的实验，对教材的教学内容做了合理补充，设计两个课时完成本节内容。本节课为第一课时，将认识根吸收的水分和无机盐在木质部中运输、光合作用制造的有机物在韧皮部的运输并初步分析导管和筛管在茎中的分布、结构和功能，最终形成结构决定功能的基本观点。

2.第一次上课与观课

蒋汶洮老师进行第一轮授课，按组分发不同观课量表，陶永平老师、李娟老师、任志刚老师等人分别承担课堂观察的核心任务,他们的观课意见是课后研讨的重要依据。

3. 第一次课后议课与反思

(1)观察发现:教学各环节的逻辑性较强,分为"建构:水分和无机盐运输结构和方向的概念"和"建构:有机物运输结构和方向的概念"两大板块,探究教学贯穿始终。但是教学素材不够生动,吸引力不强,育人内容的挖掘还有待加强。同时,在课堂实验活动、探究活动中,教师对学生的关注和引导不够。

(2)改进意见:课后议课与反思是为了找到教育教学过程中存在的不足。本次议课由汪晓珍老师主持,全体成员参与,在议课的过程中各位老师给予蒋汶洮老师很多肯定的评论,但是同时也指出需更新育人理念。

活动"探究:水分和无机盐的运输与茎的哪个结构有关":用玫瑰花作为实验材料,分组实验,学生课堂实验与教师课前实验结合,提高课堂教学效率,更好呈现完整的探究过程,帮助学生形成科学探究的方法和严谨的思维。

枝瘤的形成部分比较抽象,学生感受不够深刻,建议利用更直观的素材。

4. 第一次整理研修资料

组织者汪晓珍老师要对参与活动者的发言进行随时点评,在活动尾声对研修活动做出整体性总结,并在研修活动结束后将活动概况整理成文字材料进行存档。

(三)研修评价

主要是不足及改进建议:组织者和参与活动者针对研修主题要做好研修活动前的准备。活动过程需要进一步有效落实研修主题。研修目标达成度不是很好,未能促进参与活动者形成初中生物学学科全息育人教育教学理念。

《运输作用》第二次校本研修活动

(一)研修准备

1. 组建研修团队

本次研修团队成员由初中生物学教研员、全息育人组部分成员、西南大学附属中学生物学教研组长、西南大学附属中学一线初中生物学教师等组成。

2. 制订研修计划

全息育人组成员依据课例研讨式研修模式完成了学科全息育人课例研修活动实施计划表,见表6-4。

表6-4 初中生物学学科全息育人课例研修活动实施计划表

日期	时间	实践内容	组织者	参与活动者	地点
2018年12月20日	下午	第二次上课与观课 第二次课后议课与反思 第二次整理研修资料	汪晓珍老师	教研组长、育人组成员、西南大学附属中学初中生物学教师	西南大学附属中学

(二)研修实践

1. 第二次上课与观课

第二轮教学由蒋汶洮老师执教。观课老师分别对学生行为、教师行为、育人目标层面进行观课。他们的观课意见将是第三次上课改进的重要依据。

2. 第二次课后议课与反思

议课由汪晓珍老师主持,在议课的过程中各位老师给予蒋汶洮老师较多肯定的评论,如素材丰富、生动,对学生及时评价等。但是教学语言不够简洁,过渡衔接不够自然。建议提炼出各教学环节的关键词,作为教学语言的提示点;课件的呈现不够精简,育人素材可以进一步整合并进行深度应用。

3. 第二次整理研修资料

组织者汪晓珍老师对参与活动者的发言进行记录,对研修活动做出整体性发言,为第三次上课确定教学思路。在研修活动结束后将活动概况整理成文字材料进行存档。

(三)研修评价

主要是提出改进意见,如教师对课堂实验操作的指导和组织要加强,育人内容要在跟学生的互动中更自然地生成。

《运输作用》第三次区域研修活动

(一)研修准备

1. 组建研修团队

本次研修团队成员由初中生物学教研员、全息育人组部分成员、西南大学附属中学初中生物学教研组长、北碚区初中生物学教师组成。

2. 制订研修计划

全息育人组成员依据课例研讨式研修模式完成了学科全息育人课例研修活动实施计划表,见表6-5。

表6-5　初中生物学学科全息育人课例研修活动实施计划表

日期	时间	实践内容	组织者	参与活动者	地点
2018年12月24日	下午	第三次上课与观课 第三次整理个人研修总结 总结实践过程、整理形成课例研修资料	汪晓珍老师	教研组长、育人组部分成员、北碚区初中生物学教师	西南大学附属中学

(二)研修实践

1.第三次上课与观课

第三轮教学由蒋汶洮老师执教。针对第二次研修中的不足,蒋汶洮老师对实验活动"探究:水分和无机盐的运输与茎的哪个结构有关"环节进行了改进,利用白色花可以制作出蓝色妖姬的小实验激趣导入,利用科学探究方法探究茎对水分和无机盐的运输。由于这个实验实际操作比较耗时,现场实验不实际,老师通过提供兴趣小组提前做实验制成的微视频引导学生进行观察,并提供提前准备好的材料,进行现场解剖茎,对比观察茎的变化。最后可以下结论:水分和无机盐是通过木质部进行运输的。这样的活动既锻炼了学生的思维,又让学生体验了探究的乐趣。教材只设计了两组实验,而缺少空白对照。老师通过引导学生分析茎内部变化,提出疑问"你们知道自然生长的玫瑰茎内部的颜色吗",引导学生设计出清水培养组,培养学生的质疑探究精神。

老师制作微课,帮助学生观察"植物体流动的有机物",真实的教学情境更能激发学生的求知欲,王晓泉老师、任志刚老师、石云英老师、李娟老师等人分别承担课堂观察的任务,主要任务是对学生答题情况以及教师提问情况进行观察记录,填写整理观察表。这些观察表将是课后研讨的重要依据。

2.第三次整理个人研修总结

这节课在前一轮的基础上做了改进,教学环节过渡自然,小组活动环节设计恰当,课堂"五育"融合自然,教学策略适当,教育教学效果显著,学生很容易建立"结构功能观"。蒋老师肢体语言丰富,在教学中语速适当,课堂气氛十分活跃。

3.总结实践过程、整理形成课例研修资料

全息育人研修活动组织者汪晓珍老师归纳整理资料,就本次的课例研修做出整体性发言。通过整个一轮的课例研修活动,初中生物学教师在教学设计、课堂预设以及课堂调控等方面的能力都得到了提高。每次上完课之后,教师都会对课进行评议,针对教育教学过程中的方方面面提出改进意见。在这个过程中教师自身的教学设计、课堂把控和评课、议课的能力得以提高。课例研修更新了初中生物学教师的教育教学观

念,有效地提高了教师的整体素养,使教师能够从"五育融合、学科全息育人"的角度分析教育教学情境中的问题。课例研修采用研修团队团体研修的方法,增强了教师的合作意识,为教师提供一个开放、包容的表达交流的大环境。教师之间取长补短、互相学习,共同进步。

通过课例研修,教师的实践与反思的能力有了很大的增长。教师通过关注自己的教学实践,发现问题,解决问题,不断地反思,丰富自身专业发展中所必须具备的教育教学实践知识和实践智慧,最终促进学生德智体美劳全面发展。

本次研修活动,有利于促进参与教师形成全息育人教育教学理念,并将此理念落实到课堂教学行为中,把认知育人、德性育人、审美育人、健康育人、劳动育人这"五育"自然融入课堂教育教学中,从而有效促进教师专业成长和学生德智体美劳全面发展。

(三)研修评价

初中生物学教研员、西南大学附属中学初中生物学教研组长、初中生物学学科全息育人组成员和北碚区初中生物学教师根据本次课例研修情况填写"初中生物学学科全息育人研修活动评价表",见表6-6。

表6-6 初中生物学学科全息育人研修活动评价表

主持人	汪晓珍	学科	生物学	年级	七年级	参与人数	45	时间	2018年12月24日
研修主题		初中生物学学科全息育人目标的确定及教学策略							
维度	一级指标	观察点				评价			
研修主题	主题发现	研修主题源于初中生物学教师发展中具有典型性的真问题。				全息育人的育人目标正处于确定阶段,如何确定育人目标,以及该用哪些教学策略来达到育人目标,这都是初中生物学教师在教育教学中需要解决的真问题。			
	主题落实	1.组织者提前告知参与活动者主题。 2.组织者和参与活动者针对研修主题做好研修活动前准备。 3.研修过程紧扣主题且有效落实主题。				1.组织者提前两周通过"北碚区初中生物学工作坊"教师QQ群告知参与活动者研修主题。 2.组织者和参与活动者针对研修主题做好研修活动前期的准备。 3.本次研修活动过程环环相扣,而且紧扣研修主题,有利于研修主题的落实。			
研修目标	目标确定	1.活动目标符合实际且明确具体可测。 2.有初中生物学学科全息育人教学指导目标。 3.有初中生物学教师发展指导目标。				1.研修活动以课例为载体,其活动目标确定合理、符合实际情况、明确具体可测。 2.本次研修活动课堂观察表从初中生物学学科全息育人的角度进行了观察,并有小组讨论和分享,具有较强的学科全息育人教学指导目标。 3.专题讲座对全区初中生物学教师的发展有指导性。			

续表

研修目标	目标特色	1. 活动准备充分,通过研修活动,有利于促进参与活动者形成初中生物学学科全息育人教学理念,并将此理念落实到课堂教学行为中。 2. 设计体现生物学学科和地域特色,有利于生物学学科发展和初中生物学教师全息育人能力的发展,从而促进学生德智体美劳全面发展。	1. 整个研修活动准备非常充分。通过开展研修活动,有利于初中生物学教师将全息育人的教育教学理念落实到课堂教育教学行为中,进一步促进师生的发展。 2. 通过"观课—议课—专题讲座"的方式,将全息育人的教育教学理念辐射到参与研修活动者,有利于生物学学科教师全息育人能力的发展。
研修过程	活动指导	1. 内容丰富且重点突出,研讨手段与方式切实有效,对初中生物学教师开展研修活动有指导性。 2. 指导策略多样且具有学科性和学段性,理论联系实际,实践操作具体可行。 3. 中心问题解决好且有余味,参与活动的不同层次、不同类型人员有收获。	1. 研修内容有说课、观课、分组议课和初中生物学学科全息育人专题讲座;内容丰富,重点突出初中生物学学科全息育人理念下如何确立育人目标及教学策略,对教师的教学指导性很强。 2. 通过"三课两反思"课例研修活动,把第一、二次校本研修活动和第三次区域研修活动相结合,教学策略具有指导性、多样性和可操作性。 3. 三次研修活动围绕同一个已确定的研修主题展开。在三次研修中参与活动者的不同,使不同层次、不同类型人员都有收获。
研修过程	活动参与	1. 参与活动者在活动中能协同互助解决问题。 2. 参与活动者积极性高,对研修主题有兴趣,能围绕主题展开深入研讨。 3. 活动互动性强,对话交流注重信息来源的真实性和信息分析的科学性。 4. 组织者及时点评、总结,充分发挥引领作用,有利于初中生物学教师全息育人能力的培养,从而促进初中生物学教师专业的发展。	1. 参与活动者被分为三个小组,小组内协同互助氛围很好。 2. 参与活动者围绕研修主题积极主动参与交流和讨论。 3. 研修活动既有小组内的讨论交流,也有小组间的相互交流,互动性强。 4. 汪晓珍老师点评本次研修活动、开展专题讲座和总结,有利于参与活动者全息育人专业的发展。
	活动生成	1. 研修主题和内容具有开放性和探索性,研修方式符合参与活动者学习特点。 2. 处理好主题内容与生成内容的关系,既聚焦主题又捕捉有价值的生成内容,为后续研究留有空间。	1. 研修主题"初中生物学学科全息育人目标的确定及教学策略"具有开放性和实践性;研修方式符合初中生物学教师的学习特点。 2. 育人框架中的有些指标无法"落地",反过来以课例为载体的研修活动可用于检验和完善育人框架中的指标。
研修效应	目标达成	研修目标达成度好,促进参与活动者形成初中生物学学科全息育人教学理念,进行初中生物学学科全息育人教学实践,从而落实立德树人的根本任务。	研修目标达成度高,活动效果显著,有利于初中生物学教师全息育人的教育教学实践能力的培养。

续表

研修效应	活动成效	1. 能引发参与活动者对初中课标、教材、初中生物学学科全息育人等的深入思考,理论水平有所提升。 2. 能引起参与活动者对自己的教育教学行为进行反思,有改善教育教学行为的动力。 3. 对参与活动者的研究有启发,对参与活动者开展研修活动有一定示范。	1. 通过真实的课例进行研讨,有助于参与活动者发现并解决教育教学中的实际问题,能引发参与活动者提升自己相应的理论水平。 2. 通过"三课两反思"打磨后的课例展示,能引发参与活动者积极主动反思、有改善教育教学行为的动力。 3. 本次研修活动对参与活动者开展全息育人研修活动有一定的示范作用。

对本次研修活动进行深入分析,提出优点、不足及改进建议:

优点:课例研修活动效果不错,利于启发教师开展有育人价值的教学。本节课采用了丰富的教学素材,学生实验活动、探究活动有效融入课堂教学环节,有利于初中生物学教师形成初中生物学学科全息育人的教育教学理念,有利于初中生物学教师全息育人能力的培养,从而促进初中生物学教师专业的成长以及学生德智体美劳的全面发展。

不足及改进建议:初中生物学教师对课标、教材、初中生物学学科全息育人等还需要继续深入思考,进一步提升自身的理论水平。

【案例2】

《人体产生的代谢废物》课例研修[①]

一、课例研修背景

为了有效落实初中生物学学科全息育人教育教学理念,更好实现课堂教学中的"五育"融合,促进师生共同发展。重庆市江北中学以文贻勤老师执教的北师大版初中生物学七年级下册第4单元《生物圈中的人》第11章《人体代谢废物的排出》第1节《人体产生的代谢废物》课例为例,举行了两次校本研修活动和一次区域研修活动。

二、课例研修设计

《人体产生的代谢废物》第一次校本研修活动

(一)研修准备

1.组建研修团队

本次研修团队成员由江北中学初中生物学教研组长、江北中学初中生物学教师等组成。

[①] 案例提供者:文贻勤,重庆市江北中学。

2.确定研修主题

初中生物学教研员、全息育人核心组成员经过共同讨论，拟定"初中生物学学科全息育人课堂教学策略"为研修主题。

3.制订研修计划

在制订研修计划过程中考虑到团队分组情况、教学进度与课时安排，依据课例研讨式研修模式完成了全息育人课例研修活动实施计划表，见表6-7。

表6-7 初中生物学学科全息育人课例研修活动实施计划表

日期	时间	实践内容	组织者	参与活动者	地点
2019年3月25日	上午	确定研修主题	汪晓珍老师	江北中学生物学教研组长、初中生物学学科全息育人组成员	重庆市北碚区教师进修学院
2019年3月26日	下午	根据学校进度确定实践内容和实践班级	汪晓珍老师	江北中学生物学教研组长、初中生物学学科全息育人组成员	重庆市北碚区教师进修学院
2019年3月28日	下午	展开研修课前会议	王清华老师	江北中学生物学教研组长、江北中学初中生物学教师	重庆市江北中学
2019年4月3日	下午	上课与观课	王清华老师	江北中学生物学教研组长、江北中学初中生物学教师	重庆市江北中学
		课后议课与反思			

(二)研修实践

1.备课与说课

七年级生物学课程时间安排得较少，根据原有教学进度的安排，选取《人体产生的代谢废物》为教学题目，并以此展开全息育人课例研修活动。

本次实践授课由文贻勤老师承担，文贻勤老师有二十年的工作经验，具有较强的教学实践经验。依据课标，结合本次研修主题，文贻勤老师提前上传了《人体产生的代谢废物》教学设计和课件，并在上课前对课堂实施构想和所要体现的育人内容进行说课。

2.上课与观课

文贻勤老师进行授课，江北中学初中生物学老师分别承担课堂观察任务、对学生答题情况以及教师提问情况进行观察记录，填写整理"分析观察表"，以此作为课后研讨的依据。

3.课后议课与反思

(1)观察发现：教学各环节的逻辑性较强，以"尿疗"这一社会现象引入人们对尿液成分的思考，总结人体产生的其他代谢废物，通过资料展示代谢产物积累过多对人体危害的例子,学生小组合作讨论并构建代谢废物排出体外的途径,最后总结排泄的意义,回答了"尿疗"的科学性问题。但是教学语言不够简洁,建议提炼出各教学环节的关键词,作为教学语言的启示点;课件的呈现不够精简,育人内容还需继续挖掘。

(2)改进意见:课后本次议课与反思是为了找到教育教学过程中存在的不足。本次议课由王清华老师主持,江北中学全体初中生物学教师参与,在议课的过程中各位老师给予文贻勤老师很多中肯的评论,指出在教育教学理念上还显得有些传统、在全息育人的教育教学理念上体现得不够突出、需要充分利用已有的素材、从深度和广度方面继续挖掘育人要素等问题。

4.第一次整理研修资料

组织者王清华老师对参与活动者的发言进行随时点评,在活动尾声对研修活动做出整体性发言,并在研修活动结束后将活动概况整理成文字材料进行存档。

(三)研修评价

主要是不足及改进建议:本次课例研修活动是由江北中学生物学教研组按照北碚区教师进修学院的安排组织的一次校本研修活动。由于江北中学初中生物学教师对初中生物学学科全息育人的认知较少,在听课和评课环节中对育人目标和育人目标的达成情况分析不够透彻,对课堂的修改建议多停留在认知育人层面上。建议在研修活动前,加强对初中生物学教师全息育人的育人体系进行培训,从生物学学科全息育人的视角观课和议课,从而实质性提高初中生物学教师开展学科全息育人的意识和能力。

《人体产生的代谢废物》第二次校本研修活动

(一)研修准备

1.组建研修团队

本次研修活动由北碚区教师进修学院汪晓珍老师组织,研修团队成员包括江北中学初中生物学教研组长、全息育人组部分成员和江北中学一线初中生物学教师。

2.制订研修计划

依据课例研讨式研修模式,制订全息育人课例研修活动实施计划表,见表6-8。

表6-8 初中生物学学科全息育人课例研修活动实施计划表

日期	时间	实践内容	组织者	参与活动者	地点
2019年4月8日	下午	上课与观课	汪晓珍老师	教研组长、江北中学初中生物学教师、初中生物学学科全息育人组部分成员	重庆市江北中学
		课后议课与反思			
		整理研修资料			

(二)研修实践

1.上课与观课

第二轮教学由文贻勤老师执教。针对第一次研修中的不足,文贻勤老师对实验"尿液成分的测定"进行了改进,由教师演示实验改为学生活动,学生亲自动手体验,在体验中领悟知识。江北中学初中生物学教研组长、初中生物学学科全息育人组部分成员和江北中学一线初中生物学教师分别承担课堂观察的任务,对师生的问答情况进行观察记录。

2.课后议课与反思

本次议课由汪晓珍老师主持,江北中学初中生物学教研组长、全息育人组部分成员和江北中学一线初中生物学教师参与,在议课过程中各位老师充分肯定了教学改进后的育人效果,并在此基础上做出了进一步修改完善的建议。

(1)观察发现:与第一次上课相比,不足之处主要体现在:学生在"尿液成分的测定"实验中,实验的基本素养还有欠缺,实验活动开展的有序性还有待加强。学生在课堂构建代谢废物的排出途径过程中,呈现形式还显得单一。文老师在调动学生思维活动方面还需要加强。虽然第二次上课在第一次的基础上有很多改进,课后议课时所有成员都给予积极肯定,但是客观评论后团队成员还是提出了建议。

(2)改进意见:文老师在学生实验过程前应给予学生安全提醒,如酒精灯的使用、加热时的注意事项等。同时注重学生的实验基本素养,如文明操作、实验废弃物的处理等。课堂语言需精练,把握好每个教学环节的时间,预设好学生的反馈,课堂对学生的评价是应该及时有效。还需要升华到健康价值观方面,目的是引导学生有健康意识并学会健康生活。

3.整理研修资料

组织者汪晓珍老师对参与活动者的发言进行及时点评,在活动最后对研修活动做出整体性总结,活动概况最后整理成文字材料进行存档。

(三)研修评价

主要不足及改进建议:全息育人处于研究的初期,部分参与活动者对学科全息育人设计的理解还存在不少误区。虽然从理论上全体与会人员能认同由学科教学转向学科育人这一观点,但在操作层面上还受到思维的局限性,在评课和本堂课的修改建议方面挖掘还不够。建议多开展初中生物学学科全息育人的理论讲座,增强初中生物学学科全息育人的可操作性。

《人体产生的代谢废物》第三次区域研修活动

(一)研修准备

1.组建研修团队

本次研修团队成员由初中生物学教研员、初中生物学教研组长、初中生物学学科全息育人组成员、北碚区全体初中生物学教师等组成。

2.制订研修计划

依据课例研讨式研修模式,制订了全息育人课例研修活动实施计划表,见表6-9。

表6-9 初中生物学学科全息育人课例研修活动实施计划表

日期	时间	实践内容	组织者	参与活动者	地点
2019年4月11日	下午	上课与观课	汪晓珍老师	初中生物学教研组长、初中生物学学科全息育人组成员、北碚区全体初中生物学教师	重庆市江北中学
		整理个人研修总结			
		总结实践过程、整理形成课例研修资料			

(二)研修实践

1.上课与观课

经过两轮课的反思改进,文贻勤老师自然融入"尿疗"这一社会现象,并能够与课堂最后的拓展升华进行很好的呼应。学生操作实验、模型构建和交流讨论等开展效果比较明显。育人要素和育人效果得到了明显提高。任志刚老师、蒋汶洮老师、石云英老师等人分别承担课堂观察的任务,本阶段王晓泉老师等人的主要任务是对师生的问答情况进行观察记录,填写整理观察表。

2.整理个人研修总结

这节课在前两轮的基础上做了改进,教学环节衔接自然,小组活动环节设计很好,课堂"五育"融合自然,教学策略恰当,教育教学效果显著,在教学中情绪激昂,课堂气氛活跃,学生很容易形成完整的知识系统。

3.总结实践过程、整理形成课例研修资料

初中生物学学科全息育人研修活动组织者汪晓珍老师就本次"三课两反思"课例研修活动做出整体性总结,包括文老师全要素分析本课时的育人目标、使用的教学策略等。本次研修活动有利于促进参与教师形成初中生物学学科全息育人教育教学理念,把认知育人、德性育人、审美育人、健康育人和劳动育人这"五育"自然融入课堂教育教学中，有利于生物学学科发展和初中生物学教师全息育人能力的培养，从而促进教师专业成长和学生德智体美劳全面发展。

（三）研修评价

北碚区初中生物学教研员、江北中学初中生物学教研组长、初中生物学学科全息育人组成员和北碚区初中生物学教师根据本次课例研修活动情况填写"初中生物学学科全息育人研修活动评价表"，为后续研修提供改进依据，见表6-10。

表6-10　初中生物学学科全息育人研修活动评价表

主持人	汪晓珍	学科	生物	年级	七年级	参与人数	42	时间	2019年4月11日
研修主题		初中生物学学科全息育人课堂教学策略							
维度	一级指标	观察点				评价			
研修主题	主题发现	研修主题源于初中生物学教师发展中具有典型性的真问题。				本次研修活动是在初中生物学学科全息育人的育人框架初步形成时开展的课例研修，育人框架的指标还需要通过教师的课堂教学实践来进一步修改和完善。研修主题来源于初中生物学学科全息育人在课堂教学策略中的实施情况。			
	主题落实	1.组织者提前告知参与活动者主题。 2.组织者和参与活动者针对研修主题做好研修活动前准备。 3.研修过程紧扣主题且有效落实主题。				1.生物学教研员汪晓珍老师对本次研修活动主题、计划以文档形式提前一周发在了"北碚区初中生物学工作坊"QQ群中。 2.在进行区级研修活动前一周，由文贻勤老师上传本节课的教学设计和课件供参与活动者了解，便于组织者和参与活动者对课例和研修活动主题有初步的认识，提前做好研修活动的相关准备工作。 3.本次研修活动围绕研修主题，目的是提供学科全息育人课堂教学范例和教学策略。			
研修目标	目标确定	1.活动目标符合实际且明确具体可测。 2.有初中生物学学科全息育人教学指导目标。 3.有初中生物学教师发展指导目标。				1.本次研修活动通过分组进行三个不同层面的课堂观测，为研修活动提供了直接的研讨依据。 2.本次研修活动课堂观察表专门从生物学学科全息育人的角度进行了观察，并进行了小组讨论和分享。课堂具有较强的学科全息育人教学指导目标。 3.通过课堂教学与初中生物学学科全息育人框架进行比较，拓展教师课堂育人视域，有利于教师专业发展。			
	目标特色	1.活动准备充分，通过研修活动，有利于促进参与活动者形成初中生物学学科全息育人教学理念，并将此理念落实到课堂教学行为中。 2.设计体现生物学学科和地域特色，有利于生物学学科发展和初中生物学教师全息育人能力的发展，从而促进学生德智体美劳全面发展。				1.在研修活动前，组织者和参与活动者对本次研修活动准备很充分，有利于参与活动者形成初中生物学学科全息育人教育教学理念，并将此理念落实到课堂教育教学行为中。 2.以真实课例为载体的研修活动对参与活动者开展学科育人组织教学有很好的促进作用，有利于教师全息育人能力的发展和学生的全面发展。			

续表

研修过程	活动指导	1.内容丰富且重点突出,研讨手段与方式切实有效,对初中生物学教师开展研修活动有指导性。 2.指导策略多样且具有学科性和学段性,理论联系实际,实践操作具体可行。 3.中心问题解决好且有余味,参与活动的不同层次、不同类型人员有收获。	1.研修内容有说课、观课、分组讨论交流和初中生物学学科全息育人专题介绍;内容丰富,重点突出初中生物学学科全息育人理念下如何开展课堂教学。 2.通过"三课两反思",校本和区域研修活动相结合,对教师的教学指导性较强。 3.三次研修活动分层次围绕同一研修主题展开,随着参与活动者组成结构的改变,使不同层次、不同类型人员的学科育人理念和实践得到了提高。
	活动参与	1.参与活动者在活动中能协同互助解决问题。 2.参与活动者积极性高,对研修主题有兴趣,能围绕主题展开深入研讨。 3.活动互动性强,对话交流注重信息来源的真实性和信息分析的科学性。 4.组织者及时点评、总结,充分发挥引领作用,有利于初中生物学教师全息育人能力的培养,从而促进初中生物学教师专业的发展。	1.本次研修活动共分为三组,分别从教师行为、学生行为和五育目标三个层面上进行课堂观察和研讨交流,小组内协同互助较好。 2.几乎所有参与活动者在小组讨论过程中都能积极发言,围绕研修主题进行激烈地讨论。 3.研修活动分小组内部讨论交流和小组间的相互交流,分析科学,互动性很强。 4.研修活动最后由汪晓珍老师点评、总结。从初中生物学学科全息育人的内涵解读和实践操作上引领初中生物学教师的学科育人观念和行为的转变,促进了初中生物学教师的专业发展。
	活动生成	1.研修主题和内容具有开放性和探索性,研修方式符合参与活动者学习特点。 2.处理好主题内容与生成内容的关系,既聚焦主题又捕捉有价值的生成内容,为后续研究留有空间。	1.本次研修主题是"初中生物学学科全息育人课堂教学策略"。教学策略可以从教师教学行为、学生学习行为、教育教学活动等多方面来展开,具有开放性。以课例为载体的研修方式符合成人的学习特点。 2.在研修活动中教师感觉初中生物学学科全息育人某些指标的理解和实践的操作有些脱离实际、有些牵强和过于繁杂,需要在后续的研修中从育人指标、育人素材和育人活动方面做进一步的优化。
研修效应	目标达成	研修目标达成度好,促进参与活动者形成初中生物学学科全息育人教学理念,进行初中生物学学科全息育人教学实践,从而落实立德树人根本任务。	研修目标达成度较好,参与活动者对初中生物学学科全息育人有了进一步的认识,拓展了初中生物学学科全息育人在课堂教育教学中的实践应用思路。
	活动成效	1.能引发参与活动者对课标、教材、初中生物学学科全息育人等的深入思考,理论水平有所提升。 2.能引起参与活动者对自己的教育教学行为进行反思,改善教育教学行为。 3.对参与活动者的研究有启发,对参与活动者开展研修活动有一定示范。	1.本次研修活动的示范性较强。参与活动者进一步认识到在教育教学实践中对初中课标、教材和生活中的育人素材需很好地充分合理应用。 2.参与活动者结合自身的教育教学经验进行了坦诚交流,对自己今后的教育教学方向有了重新定位。 3.参与活动者通过本次研修活动启迪了教育教学思维,拓宽了眼界,对自身参与研修活动的能力有较大提高。本次研修活动具有一定的示范性。

续表

> 对本次研修活动进行深入分析,提出优点、不足及改进建议:
> 优点:活动主题明确,准备充分;经过多次反复打磨课堂,预设研修效果;在研修过程中生成的问题能够引发教师的思考和讨论,有利地促进了教师教育教学观念的转变和教师专业化的发展。
> 不足及改进建议:由于初中生物学学科全息育人尚处于早期研究阶段,很多教师对学科全息育人的育人框架和各种评价指标的理解还不够透彻,且有些指标还处在不断完善的阶段。因此,初中生物学学科全息育人理念对教师的指导性还不够强,"全息性"达成方面还有待进一步挖掘。

【案例3】

《尿的形成与排出》第1课时课例研修[①]

一、课例研修背景

为了促进学生德、智、体、美、劳"五育"的全面发展,教师落实"五育融合、学科全息育人"理念,重庆市朝阳中学南校区以张雨婷老师执教的北师大版初中生物学七年级下册第11章第2节《尿的形成与排出》第1课时为课例,举行了两次校本研修活动和一次区域研修活动。

二、课例研修设计

《尿的形成与排出》第1课时第一次校本研修活动

(一)研修准备

1.组建研修团队

本次研修团队成员由北碚区初中生物学教研员、重庆市朝阳中学南校区生物学教研组长、全息育人组部分成员、重庆市朝阳中学南校区一线初中生物学教师等组成。

2.确定研修主题

北碚区初中生物学教研员、重庆市朝阳中学南校区生物学教研组长、学科全息育人组成员、一线初中生物学教师讨论在实际授课过程中存在的问题,经过归纳总结,拟定"初中生物学学科全息育人目标的确立和教学设计的方略"为研修主题。

3.制订研修计划

全息育人组成员依据课例研讨式研修模式完成了学科全息育人课例研修活动实施计划表,见表6-11。

[①] 案例提供者:张雨婷,重庆市朝阳中学南校区。

表6-11 初中生物学学科全息育人课例研修活动实施计划表

日期	时间	实践内容	组织者	参与活动者	地点
2020年6月1日	上午	确定研修主题	汪晓珍老师	教研组长、育人组成员、初中生物学教师	重庆市朝阳中学南校区
2020年6月1日	下午	根据学校进度确定实践内容和实践班级	汪晓珍老师	教研组长、育人组成员、初中生物学教师	重庆市朝阳中学南校区
2020年6月3日	下午	展开研修课前会议	汪晓珍老师	教研组长、育人组成员、初中生物学教师	重庆市朝阳中学南校区
2020年6月4日	下午	第一次上课与观课 第一次课后议课与反思 第一次整理研修资料	汪晓珍老师	教研组长、育人组成员、七年级生物学教师	重庆市朝阳中学南校区

(二)研修实践

1. 备课与说课

按照正常教学进度安排,选取《尿的形成与排出》第1课时为研修课例。

第一轮实践授课由张雨婷老师承担,所教班级学生有强烈的生物学求知欲。张雨婷老师依据课标、教材,根据本次研修主题,结合已有的教学经验,对《尿的形成与排出》第1课时进行备课。

本节课主要有三大部分内容,一是泌尿系统的组成,二是肾脏的结构,三是尿液的形成和排出。

2. 第一次上课与观课

张雨婷老师在七年级16班进行第一次授课,吴用老师、李于波老师、向亚建老师、胡世健老师、段静老师、石云英老师、王晓泉老师、汪晓珍老师等人分别承担课堂观察的任务,他们的观课意见将是第二次上课改进的重要依据。

3. 第一次课后议课与反思

观课发现:教学各环节的逻辑较强,以从古至今对肾脏的结构与功能的探究,作为思维主线贯穿整节课;对肾小球的滤过作用和肾小管的重吸收作用以视频动画的方式呈现,形象清晰。但教学语言不够简洁,课件的呈现不够精简。

改进意见:提炼出各教学环节的关键词,作为教学语言的启示点;通篇阅读课件、教学设计、育人活动的设计和呈现方式,完善、优化环节间的转化过渡。

4. 第一次整理研修资料

组织者汪晓珍老师对参与活动者的发言进行记录,对研修活动做出整体性总结发言,为第二次上课确定教学思路。在研修活动结束后将活动概况整理成文字材料进行存档。

(三)研修评价

主要不足及改进建议:本次课例研修的用时较长,参与活动者的积极性下降。结合课标、教材和学情,本次课例将课标中的两个课时进行整合,将肾脏的结构和尿液的形成整合为一课时,让学生思维具有逻辑性和连贯性;但教学内容较多,对一些教学资源可以进行删减和优化。

《尿的形成与排出》第1课时第二次校本研修活动

(一)研修准备

1.组建研修团队

本次研修团队成员由初中生物学教研员、重庆市朝阳中学南校区生物学教研组长、全息育人组部分成员、重庆市朝阳中学南校区一线初中生物学教师等组成。

2.制订研修计划

全息育人组成员依据课例研讨式研修模式完成了初中生物学学科全息育人课例研修活动实施计划表,见表6-12。

表6-12 初中生物学学科全息育人课例研修活动实施计划表

日期	时间	实践内容	组织者	参与活动者	地点
2020年6月9日	下午	第二次上课与观课 第二次课后议课与反思 第二次整理研修资料	汪晓珍老师	教研组长、育人组成员、重庆市朝阳中学南校区初中生物学教师	重庆市朝阳中学南校区

(二)研修实践

1.第二次上课与观课

第二轮教学由张雨婷老师在七年级12班执教。针对第一次上课中的不足,张雨婷老师对情境创设、泌尿系统的组成、解剖肾脏从时间上做了调整,以卖肾去买手机的新闻作为切入点,及时快速进行导课;然后将重点放在肾脏的结构和功能的学习。为增强教学的劳动实践性,教师课前准备了猪肾脏,给学生提供必要的知识储备和解剖的观察要点,同时在教室巡回演示,关注全体学生,并给予学生表达的平台,便于学生及时反馈。吴用老师、李于波老师、向亚建老师、胡世健老师、段静老师、石云英老师、王晓泉老师、汪晓珍老师等人分别承担课堂观察的任务,他们的观课意见将是第三次上课改进的重要依据。

2.第二次课后议课与反思

议课由汪晓珍老师主持,重庆市朝阳中学生物学教研组长、全息育人组部分成员、重庆市朝阳中学一线初中生物学教师参与,在议课过程中各位老师给予张雨婷老师较多的肯定评价,同时也提出了很好的改进建议。

观课发现:教学设计还要加强,要充分研究课标、教材、学情,确定的育人目标可以进一步丰富。学生在解剖前,对解剖的过程和主要观察点不明确,说明在实验前缺少知识储备。

改进意见:实验前注意给予学生必要的知识储备,指导学生注意解剖顺序,注意观察方法的指导,以及必要的安全提示。环节之间的过渡要更加自然和有逻辑性,还要推敲打磨课堂语言,预设每个教学环节的时间及学生的反馈。在大框架下找小逻辑,以知识为载体体现生物学中的理念,达到全息育人的目的。

3.第二次整理研修资料

组织者汪晓珍老师对参与活动者的发言进行记录,对研修活动做出整体性点评,为第三次上课确定教学思路。在研修活动结束后将活动概况整理成文字材料进行存档。

(三)研修评价

主要不足及改进建议:研讨方式单一。在"听课—议课—评课"的环节中,部分教师在研修中积极性较低,未深入参与到教学研讨中。研修的形式应更多样化,过程紧凑,耗时短,效率高。

《尿的形成与排出》第1课时第三次区域研修活动

(一)研修准备

1.组建研修团队

本次研修团队成员由初中生物学教研员、初中生物学教研组长、全息育人组成员、一线初中生物学教师等组成。

2.制订研修计划

全息育人组成员依据课例研讨式研修模式完成了学科全息育人课例研修活动实施计划表,见表6-13。

表6-13　初中生物学学科全息育人课例研修活动实施计划表

日期	时间	实践内容	组织者	参与活动者	地点
2020年6月11日	下午	第三次上课与观课 第三次整理个人研修总结 总结实践过程、整理形成课例研修资料	汪晓珍老师	教研组长、育人组成员、初中生物学教师	重庆市朝阳中学南校区

(二)研修实践

1.第三次上课与观课

第三轮教学由张雨婷老师在七年级15班执教。针对第二次上课中的不足，张雨婷老师将重点放在肾脏的结构和功能的学习上，让学生解剖肾脏，增强教学直观性和劳动实践性，课前准备了猪肾脏，给学生提供必要的知识储备和解剖的观察要点，同时在教室巡回演示，关注全体学生，并给予学生表达的平台，便于学生及时反馈。蒋汶洮老师、任志刚老师、文贻勤老师、石云英老师、王晓泉老师、汪晓珍老师和北碚区的初中生物学教师分别承担课堂观察的任务。

2.第三次整理个人研修总结

这节课在前两轮的基础上做了改进，教学环节过渡自然，小组演示活动环节设计很好，课堂"五育"融合自然，育人目标确立很恰当，教学策略适当，教育教学效果显著。张雨婷老师肢体语言丰富，在教学中情绪激昂，课堂气氛活跃，也给学生提供了充分表达的平台，学生很自信地交流发言。

3.总结实践过程、整理形成课例研修资料

全息育人研修活动组织者汪老师归纳整理资料，就本次的"三课两反思"的课例研修做出整体性总结。张老师全要素分析本课时的育人目标，合理使用教学策略，充分准备"三课两反思"的课例研修活动。本次研修活动，有利于促进参与教师形成初中生物学学科全息育人教育教学理念，并将此理念落实到课堂教育教学行为中，把认知育人、德性育人、审美育人、健康育人、劳动育人这"五育"自然融入课堂教育教学中，有利于初中生物学学科发展和初中生物学教师全息育人能力的培养，从而促进教师专业成长和学生德智体美劳全面发展。

(三)研修评价

初中生物学教研员、初中生物学教研组长、全息育人组成员和初中生物学教师根据本次课例研修情况填写"初中生物学学科全息育人研修活动评价表"，见表6-14。

表6-14 初中生物学学科全息育人研修活动评价表

主持人	汪晓珍	学科	生物	年级	七年级	参与人数	45	时间	2020年6月11日
研修主题	\multicolumn{9}{l	}{初中生物学学科全息育人目标的确立和教学设计的方略}

维度	一级指标	观察点	评价
研修主题	主题发现	研修主题源于初中生物学教师专业发展中具有典型性的真问题。	1.本次研修活动是在初中生物学学科全息育人教学设计和课堂教学策略初步形成后开展的课例研修，需要通过教师的教学实践来完善。 2.研修主题能够真实反映初中生物学学科全息育人在教学设计和课堂教学策略中如何实施的问题。
	主题落实	1.组织者提前告知参与活动者主题。 2.组织者和参与活动者针对研修主题做好研修活动前准备。 3.研修过程紧扣主题且有效落实主题。	1.研修活动的组织者汪晓珍老师提前在北碚区初中生物学工作坊QQ群内发布研修主题"初中生物学学科全息育人目标的确立和教学设计的方略"以及时间和地点，让参与的教师提前明确研修主题和课例，更有效地开展研修活动。 2.参与研修活动的上课教师提前几周做好准备，多次校级研修进行磨课，在磨课中反思和完善；全息育人核心组各章的负责人提前准备好不同视角的观察量表，在研修活动前发放给参与的一线教师。参与活动者也要提前做好准备，回顾并总结自己已有教学经历中对本课例的教学设计，与研修活动中的上课教师进行对比和思考。 3.研修活动前组织者会提前说明活动的主题和流程，确保研修活动中的"上课—议课"环节都紧扣"初中生物学学科全息育人目标的确立和教学设计的方略"的主题。
研修目标	目标确定	1.活动目标符合实际且明确具体可测。 2.有初中生物学学科全息育人教学指导目标。 3.有初中生物学教师发展指导目标。	1.本次参与研修活动的教师分组进行教师教学行为、学生学习行为、育人目标达成三方面的课堂观测，为研修活动提供了直接的研讨依据。 2.本次研修活动课堂观察表专门从初中生物学学科全息育人的角度进行了观察并小组讨论和分享；具有较强的学科全息育人教学指导目标。 3.通过微讲座，对北碚区初中生物学教师提出全息育人的发展目标。
	目标特色	1.活动准备充分，通过研修活动，有利于促进参与活动者形成初中生物学学科全息育人教学理念，并将此理念落实到课堂教学行为中。 2.设计体现生物学学科和地域特色，有利于生物学学科发展和初中生物学教师全息育人能力的发展，从而促进学生德智体美劳全面发展。	1.通过"观课—议课—微讲座"的方式，将初中生物学学科全息育人的教学理念辐射到研修活动的参与活动者。 2.本次研修活动围绕课例进行，具有实践价值，有利于生物学学科的发展和教师专业成长，最终促进学生全面发展。

续表

研修过程	活动指导	1.内容丰富且重点突出,研讨手段与方式切实有效,对初中生物学教师开展研修活动有指导性。 2.指导策略多样且具有学科性和学段性,理论联系实际,实践操作具体可行。 3.中心问题解决好且有余味,参与活动的不同层次、不同类型人员有收获。	1.研修内容有说课、观课、分组讨论交流和初中生物学学科全息育人微讲座;内容丰富,重点突出初中生物学学科全息育人理念下如何确立育人目标。 2.通过"三课两反思",校级和区级的研修活动相结合,对教师的教学指导性强。 3.三次研修活动分层次围绕研修主题展开,随着参与人员的组成结构的改变,使不同层次、不同类型人员从学科育人理念和实践上得到了提高。
	活动参与	1.参与活动者在活动中能协同互助解决问题。 2.参与活动者积极性高,对研修主题有兴趣,能围绕主题展开深入研讨。 3.活动互动性强,对话交流注重信息来源的真实性和信息分析的科学性。 4.组织者及时点评、总结,充分发挥引领作用,有利于初中生物学教师全息育人能力的培养,从而促进初中生物学教师专业的发展。	1.本次参与研修活动的教师分组进行教师教学行为、学生学习行为、育人目标达成层面的课堂观测和研修交流,小组内协同互助较好。 2.参与活动者积极参与,围绕研修主题进行深入地交流和讨论。 3.研修活动既有小组内的讨论交流,也有小组间的相互交流,并针对课堂中的真实问题进行评课,提出改进意见。 4.研修活动最后由汪晓珍老师进行点评、开展微讲座和总结。从初中生物学学科全息育人目标的确立和教学策略的实施引领北碚区初中生物学教师转变学科育人观念,促进了初中生物学教师专业发展。
	活动生成	1.研修主题和内容具有开放性和探索性,研修方式符合参与活动者学习特点。 2.处理好主题内容与生成内容的关系,既聚焦主题又捕捉有价值的生成内容,为后续研究留有空间。	1.本次研修活动主题来源于真实的教学实践问题,具有开放性和探索性;以课例为载体的研修方式符合参与活动者学习的特点。 2.通过初中生物学学科全息育人组搭建的育人点框架来指导教育教学,反过来又以课例为载体的研修活动来检验和完善育人框架。
研修效应	目标达成	研修目标达成度好,促进参与活动者形成初中生物学学科全息育人教学理念,进行初中生物学学科全息育人教学实践,从而落实立德树人的根本任务。	研修目标达成度较高,通过理论和实践结合,促进参与活动者形成全息育人的教育教学理念,并指导实际的教育教学。
	活动成效	1.能引发参与活动者对课标、教材、初中生物学学科全息育人等的深入思考,理论水平有所提升。 2.能引起参与活动者对自己的教育教学行为进行反思,改善教育教学行为。 3.对参与活动者的研究有启发,对参与活动者开展研修活动有一定示范。	1.本次研修活动引导参与活动者再次学习课标、教材和初中生物学学科全息育人的相关理论。 2.通过真实的课例进行研讨,发现并解决教育教学中的实际问题,促进参与活动者改善自己的教育教学行为。 3."三课两反思"打磨后的课例展示让参与活动者产生有价值的反思和深入的思考,具有一定的示范性。

对本次研修活动进行深入分析,提出优点、不足及改进建议:

优点:研修活动的形式多样,活动目标的达成度较好。通过这次以课例研修为基础的初中生物学学科全息育人研讨活动,区内的初中生物学教师对全息育人的教育教学理念有了更深入的理解。通过观课、评课、微讲座等方式促进了初中生物学教师全息育人教育教学理念的形成、育人目标的确立和课堂教学策略的掌握。

不足及改进建议:由于初中生物学学科全息育人的研究还处于待成形阶段,初中生物学教师需要深入地理解学科全息育人的育人框架和评价指标,继续研究全息育人教育教学理念下的育人目标的挖掘和课堂教学策略的实施。因此初中生物学教师对初中生物学学科全息育人的理念指导性理解还要加强,进一步挖掘"全息性"信息。

参考文献

[1]吴成军.生物学科核心素养的教学与评价[M].上海:华东师范大学出版社,2020.

[2]林崇德.发展心理学[M].第2版.北京:人民教育出版社,2008.

[3]陈琦,刘儒德.教育心理学[M].第2版.北京:高等教育出版社,2011.

[4]彭聃龄.普通心理学[M].修订版.北京:北京师范大学出版社,2004.

[5]霍力岩.多元智力理论及其对我们的启示[J].教育研究,2000(9).

[6]顾泠沅,王洁.教师在教育行动中成长——以课例为载体的教师教育研究[J].全球教育展望,2003(1).

[7]朱福荣.浇根式改善型教师培训[M].重庆:西南师范大学出版社,2016.

[8]喻晗.教研员主导下的中学音乐教师教研活动研究——以武汉市为例[D].武汉:华中师范大学,2018.

[9]王栋.教师行动学习研究——以高中英语学科教师为例[D].上海:上海师范大学,2013.

[10]赵富学,程传银.基于PCK结构的体育教师课例研修程序及其实践路径研究[J].天津体育学院学报,2016,31(5).

[11]刘晓红.基于"课例研修"的中学化学教师教学研究能力研究[D].石家庄:河北师范大学,2018.

[12]张红霞.走向发展的教师评价[D].开封:河南大学,2006.

[13]叶澜.中国基础教育改革发展研究[M].上海:中国人民大学出版社,2009.

[14]刘燕.科学教学育人价值探寻[D].上海:华东师范大学,2006.

[15]王涛.找准初中生物德育点,彰显学科育人魅力[J].中学生物学,2019,35(8).

[16]廖茂.中学审美化生物教学的研究[D].重庆:西南师范大学,2004.

[17]钟平,周春华.生物学科核心素养的本质及育人价值[J].中学生物教学,2019(23).

[18]李懿敏.渗透生物学科思想方法培养高中学生科学素养[J].课程教育研究(新教师教学),2016(29).

[19]张明佐,施问华.试谈青少年学生的社会公德教育[J].思想政治课教学,1997(09).

[20]乔春艳,袁昭岚.给教材"找找茬"[J].科学教育,2012,18(02).

后记

我们倾听历史的回声,细细梳理每次课程改革的破与立,叩问坚持课程改革何缘何故;我们观察现实的情况,探析初中生物学教学现状,从多元视角下分析教育何状何貌;我们透视现象,追寻未来,关注教育优化的新动向,思考发展学生核心素养何经何途。

《初中生物学学科全息育人》历时三年有余,终于成稿,要让一群从事一线教学的教师来完成学科育人的理论与实践探索,实属不易。为此,北碚区教师进修学院充分利用节假日聘请专家进行理论培训,统筹各学科不同阶段的研究成果,搭建学科全息育人的基本框架,为书稿的撰写夯实了理论基础,开启了破冰之旅。在此,感谢北碚区教师进修学院的精心组织;感谢西南大学教育学部霍静教授、唐小为教授、重庆市生物教研员吕涛老师在研究过程中给予我们的悉心指导。

《初中生物学学科全息育人》由北碚区教师进修学院汪晓珍老师具体组织筹划,确保整个编写过程方向明确、方法得当、推进有序。在书稿撰写过程中,研究团队各成员互助互信,团结协作。各章的撰写情况如下:第一章由石云英、肖兴红、张雨婷负责撰写;第二章由文贻勤、段静负责撰写;第三章由汪晓珍、石云英、李娟、王艳秋负责撰写;第四章由蒋汶洮、汪晓珍、周小容负责撰写;第五章由任志刚、张飞、周仪宣负责撰写;第六章由王晓泉、汪小蓉、张芳媛负责撰写。此外,研究团队成员还积极主动承担研讨课,为书稿提供了丰富的教学设计、课堂实施、课堂评价和研修活动的案例。其中蒋汶洮提供《运输作用》课例,石云英提供《生殖器官的生长》课例,文贻勤提供《人体产生的代谢废物》课例,张雨婷提供《尿液的形成与排出》和《苔藓植物和蕨类植物》课例,周仪宣提供《动物运动的形成》课例,李娟提供《新生命的孕育》课例。所有研究团队成员的艰苦付出,难以尽述!唯愿这份书稿不负编者的心血,也不负读者的期望。

囿于理论水平和撰写经验,《初中生物学学科全息育人》难免会有瑕疵,而其在初中生物学的教学实践中所起到的育人效果也尚难估量。但我们坚信,从"重智育轻德育、重分数轻素质"全面转向"立德树人、潜心育人"的教育教学已是大势所趋,初中生物学学科全息育人的前景必将是"道阻且长,行则将至"。